1000 Freizeittipps

MITTELHESSEN
UND HESSISCHE RHÖN

Ausflugsziele, Sehenswürdigkeiten
Sport, Kultur, Veranstaltungen

Annerose Sieck

Wartberg Verlag

Anmerkung des Verlages

Die im nachfolgenden Text verwendeten Symbole haben folgende Bedeutung:
📞 = Telefon, ✉ = E-Mail-Adresse, 🌐 = Internet-Adresse,
😊 = Attraktionen für Kinder und Junggebliebene

Alle Angaben wurden gewissenhaft geprüft, trotzdem können Autor
und Verlag keine Gewähr für die Richtigkeit übernehmen. Anregungen,
Berichtigungen und Ergänzungsvorschläge senden Sie bitte an den
Wartberg Verlag, Gudensberg-Gleichen.

1. Auflage 2018
Alle Rechte vorbehalten, auch die des auszugsweisen Nachdrucks
und der fotomechanischen Wiedergabe.
Layout: Gerald Halstenberg, Berlin
Karte: KGS Kartographie und Grafik Schlaich, Geislingen
Druck und Bindung: Druck- und Verlagshaus Thiele & Schwarz GmbH, Kassel
© Wartberg-Verlag GmbH
34281 Gudensberg-Gleichen, Im Wiesental 1
Telefon (0 56 03) 9 30 50
www.wartberg-verlag.de
ISBN: 978-3-8313-2899-4

Einige Worte vorweg

Liebe Leserin, lieber Leser,

ob Sie dem Alltag entfliehen und bei Wellness- und Kurangeboten neue Kraft tanken, die abwechslungsreiche Natur beim Reiten, Wandern, Radfahren, Walken oder auf einer erholsamen Kutschfahrt erleben, den besonderen Reiz der Lahn zu Wasser genießen oder aktiv Wintersport am Vogelsberg oder auf der Wasserkuppe treiben: Die hessische Mittelgebirgslandschaft mit Wiesen, Wäldern und wunderbaren Ausblicken zwischen Vogelsberg, Taunus, Westerwald, Rothaargebirge und Hessischer Rhön heißt Sie in jeder Jahreszeit willkommen. Mittelhessen bietet nicht nur unvergessliche Naturerlebnisse, sondern auch Geschichte zum Anfassen. Märchenhafte Fachwerkstädte mit malerischen Winkeln und kopfsteingepflasterten Gassen laden ebenso zum Erkunden ein wie die Barockstadt Fulda, die traditionsreiche Universitätsstadt Marburg, die ehemaligen Residenzstädte Limburg, Weilburg und Wetzlar mit seinen mittelalterlichen Plätzen, verspielten Barockbauten und dem eindrucksvollen Dom. Nicht zu vergessen die vielen kleinen Orte mit liebevoll restaurierten Gebäuden und Kirchen. Museen zum Mitmachen, regionale Märkte, traditionelle Feste und vieles mehr machen einen Aufenthalt in dieser Region zu einem unvergesslichen Erlebnis.

Der Freizeitführer Mittelhessen und Rhön hilft Ihnen bei der Planung Ihrer Freizeit. Er stellt die Orte in alphabetischer Reihenfolge vor und nennt die wichtigsten Sehenswürdigkeiten, Ausflugsziele, Museen, Veranstaltungen und Freizeitangebote. Ein umfangreiches Orts- und Stichwortverzeichnis sowie die Übersichtskarte am Anfang des Buches helfen Ihnen, die Ziele schneller zu finden. Danken möchte ich an dieser Stelle allen Gemeinden, Städten, Fremdenverkehrsverbänden und Tourist-Informationen, die mich nicht nur mit Informationen, sondern auch mit Fotomaterial unterstützt haben.

Schöne und erlebnisreiche Tage in Mittelhessen und in der Hessischen Rhön wünscht Ihnen

Annerose Sieck

Allendorf (Lumda)

(Landkreis Gießen)

Zwischen Lahntal und Vogelsberg liegt Allendorf an der Lumda (ca. 4400 Einwohner), das mit Nordeck, Winnen und Climbach eine Gemeinde bildet. Als „Alten Dorfa" wurde das Städtchen Ende des 8. Jh. erstmals erwähnt.

Stadt Allendorf
Bahnhofstraße 14
35469 Allendorf (Lumda)
📞 06407/91120
🌐 www.allendorf-lda.de

Sehenswertes

In der Fußgängerzone entdeckt man alte restaurierte Fachwerkhäuser, auch in der Marktstraße und am Nouvion-Platz hat sich Fachwerk erhalten. Schließlich zeugen noch Reste der Befestigungsanlange und der historische Stadtturm von der Vergangenheit. Wer sich einer Führung anschließen möchte, kann sich beim Heimat- und Verkehrsverein unter 📞 06407/6376 anmelden.

▶ Stadtturm
Der runde Turm misst 6 m im Durchmesser und ist bis zur Dachtraufe 13 m hoch. Er trägt eine sogenannte welsche Haube. An beiden Seiten ist der Maueranschluss mit dem ehemaligen Wehrgang noch erkennbar. Der Turm wurde als Speicherraum und Verlies genutzt. Auf seine Nutzung als Gefängnis deutet die im Volksmund übliche Bezeichnung für das etwa 1 m schmale Gässchen „Seufzerallee" hin, das von der Borngasse dorthin führt.

▶ Ehemalige jüdische Schule
1870 wurde das hübsche Fachwerkhaus mit gut erhaltenem Portal in der Nordecker Straße 3 erbaut. Es wurde lange Zeit als jüdische Schule benutzt und befindet sich heute in Privatbesitz.

▶ Burg Nordeck mit Burgkapelle
Die in ihrer Entstehung auf das 12. Jh. beurkundete Burg prägt noch heute das Bild Nordecks. Gut sichtbar auf einer kleinen Anhöhe liegt sie idyllisch mit Kapelle und Park am Waldrand. Die romanische Anlage ist eine Hangburg mit Halsgraben, Schildmauer und rundem Bergfried an der Angriffsseite. Seit 1925 wird die Burg als Landschulheim genutzt.
Adresse: Burg Nordeck, Otto-Erdmann-Straße 6, 35469 Allendorf (Lumda), 📞 06407/40490
Der Bergfried kann nach Voranmeldung besichtigt werden.

▶ Kirche und Wasserturm Climbach
Im Zentrum des kleinsten Stadtteils, in der Turmstraße 11, steht der zur Verbesserung der Wasserversorgung erbaute historische Wasserturm. Direkt daneben befindet sich die Kirche aus dem Jahr 1783.

▶ Wasserhäuschen Climbach
Versteckt im Wald entdeckt man das Wasserhäuschen von 1908, ein Kulturdenkmal, das bis 1956 in Betrieb war. Es handelt sich um einen am Hang errichteten, überwölbten Bau aus Natursteinmauerwerk mit schlichter Fassadengestaltung. Im Inneren befindet sich noch die ursprüngliche Technikanlage.

▶ Kirche Winnen
Die ältesten Teile der wehrhaften Kirche aus Bruchstein-Mauerwerk gehen auf das 13. Jh. zurück. Weithin sichtbar ist der Chorturm. Wände und Decken im Chorraum und in der Sakristei (15. Jh.) wurden von Nicolaus

Dauber aus Marburg im neugotisch-spät-romantischen Stil ausgeschmückt. Besichtigung möglich: 📞 06407/905279.

▶ Jüdischer Friedhof
Gut erhaltene Gräber legen Zeugnis der einstigen jüdischen Bevölkerung ab, die bis zu ihrer Deportation 1942 in Allendorf zu Hause war. Ein Gedenkstein (1988) erinnert an die ehemaligen Bewohner.
Adresse: Nordecker Straße/Richtung Winnen (100 m nach Ortsausgang)

Museen

▶ Künstlerhof Arnold
Ein Museum mit Speisekarte: Im ehemaligen Wohn- und Arbeitshaus des Kunstbildhauers und Malers W. H. Arnold (1897–1984) kann man nicht nur seine Werke, sondern auch traditionelles Handwerk bestaunen und Gastronomie genießen. Bei schönem Wetter dient der Hof mit großen Bäumen, Brunnen und Plastiken als Biergarten. In den Nebengebäuden und der Scheune sind Gerätschaften des traditionellen Dorfschmiede-, Schuster- und Wagnerhandwerks sowie der Landwirtschaft ausgestellt.
Adresse: Marktstraße 7, 35469 Allendorf (Lumda), 📞 06407/905636, 🌐 www.kuenstlerhofarnold.de, **Öffnungszeiten:** Sa/So 11.00–24.00 Uhr, Mo und Mi–Fr 16.00–24.00 Uhr.

▶ Heimatmuseum Allendorf
Im Mittelpunkt der ehemaligen „Rostschule" (1731) stehen die Volkskultur des Lumdatales sowie typische Gebrauchsgüter. Die Exponate spiegeln das bäuerliche und dörfliche Leben einer hessischen Kleinstadt wider. 2004 wurde der Museumskomplex um ein weiteres Gebäude erweitert, in dem die Wohnkultur der 1950er-Jahre präsentiert wird.
Adresse: Heimatmuseum, Kirchstraße 42, 📞 06407/6376, **Öffnungszeiten:** jeden ersten So im Monat 14.00–18.00 Uhr und nach Voranmeldung.

Freizeit und Natur

▶ Wandern und Radfahren
Sanfte Hügel, herrliche Wiesentäler und Wald: Das idyllische Lumdatal empfiehlt sich all jenen, die Entspannung vom hektischen Alltag suchen. Zu Fuß, auf dem Drahtesel, hoch zu Ross oder im Planwagen lässt sich die Landschaft erkunden. Für Wanderer empfehlenswert ist der 21 km lange Allendorfer Rundwanderweg. Durch die idyllischen Lahn-Seitentäler erstreckt sich der rund 45 km lange Radwanderweg Lumda-Wieseck, der Lollar, Staufenberg, Allendorf (Lumda), Rabenau, Reiskirchen sowie Buseck verbindet. Die Ausstellung von Skulpturen entlang einer Teilstrecke verbindet auf harmonische Art Kunst und Natur. Die Steinskulpturen stammen vom ortsansässigen Bildhauer Alf Becker, der sie in den Jahren 1997–2005 anfertigte. Bisher fanden sechs große Skulpturen aus heimischer Basaltlava ihren Platz zwischen Rabenau-Londorf, Allendorf (Lumda) und Staufenberg-Treis.

▶ Naturschutzgebiet Lumdatal
Das seit 1993 ausgewiesene Schutzgebiet besitzt die größten Orchideenvorkommen im weiten Umkreis. Rund 110 Vogelarten sind hier zu Hause und mit etwas Glück können Eisvögel, Graureiher, Wasseramseln und Spechte beobachtet werden.

▶ 😊 Schulbauernhof Tannenhof
Der Schulbauernhof bietet Kinder- und Jugendgruppen die Möglichkeit, einen Tag oder eine Woche das Leben auf dem Bauernhof kennenzulernen.
Adresse: Schulbauernhof Tannenhof, Allertshäuser Straße 15, 35469 Allendorf (Lumda), 📞 06407/905901, 🌐 www.schulbauernhof-tannenhof.de

Veranstaltungen und Feste

Bereits seit 1370 findet alljährlich am ersten Mittwoch im November der traditionelle **Allendorfer Nikelsmarkt** statt, der Tausende von Besuchern anlockt. Ende August laden die mitwirkenden Kommunen Allendorf, Lollar, Rabenau und Staufenberg zum sehr beliebten **autofreien Sonntag im Lumdatal** ein. Radfahrern, Skatern und Wanderern bieten sich überall auf der Strecke Gelegenheiten zum Rasten, Essen, Trinken oder Spielen.

Alsfeld

(Vogelsbergkreis)

Rund 17 200 Menschen leben in der Stadt, die erstmals 1069 urkundlich erwähnt wurde. Für das Jahr 1222 ist bereits das Stadtrecht verbürgt. Zuvor hatten die Landgrafen von Thüringen an der historischen Handelsstraße der Kurzen Hessen eine Burg erbauen lassen. 1247 fiel der Ort an die Landgrafschaft Hessen. Rund 150 Jahre später ließ Hermann von Hessen hier ein Schloss bauen und erhob Alsfeld zur Residenzstadt. Im 16. Jh. erlebte die Stadt ihre Blüte. 1975 wurde Alsfeld durch den Europarat zur Europäischen Modellstadt erklärt.

TCA Tourist Center Alsfeld
Markt 3
36304 Alsfeld
☏ 06631/182165
🌐 www.ahlsfeld.de

Sehenswertes

Romantische Gassen und Winkel sowie prachtvolle Fachwerkhäuser – die Altstadt ist ein Juwel. Die seit über 100 Jahren praktizierte Denkmalpflege hat dazu beigetragen, dass der historische Stadtkern ein gut erhaltenes Fachwerkensemble bildet. Alsfeld liegt an der Märchenstraße am Rande des „Rotkäppchenlandes". Die „Gänseliesel" am Schwälmer Brunnen trägt die Tracht, die die Gebrüder Grimm dem Rotkäppchen einst angezogen haben. Empfehlenswert ist auf jeden Fall die 90-minütige Führung durch die Altstadt – Buchungen über das Tourist Center Alsfeld.

▶  **Märchenhafte Stadtführung**
Hier werden keine Jahreszahlen, Baustile oder Fachwerkornamente erklärt. Hier erleben kleine und auch große Kinder an zauberhaften Plätzen die bekannten Märchen der Gebrüder Grimm. Die Alsfelder Marktspielgruppe versetzt die Teilnehmer in die Welt von Königinnen, Hexen und Feen. Am Ende der Führung gibt es eine Überraschung aus der Schatztruhe. Buchungen über das Tourist Center Alsfeld.

▶ **Rathaus**
Das 1512–1516 erbaute Rathaus ist das Schmuckstück des Marktplatzes. Noch heute residiert in diesem Fachwerkbau der Bürgermeister. Es handelt sich um einen frühen Rähmbau. Er wurde auf einen spätgotischen Unterbau aus Stein gesetzt, der früher als Markthalle genutzt wurde. Beherrscht wird das Fachwerk außer von den klaren Horizontalen und Senkrechten durch die konvex gebogenen, geschosshohen Streben. In die Kunstgeschichte gingen diese als „Alsfelder Streben" ein.

▶ **Hochzeitshaus**
Erbaut wurde das Haus in der Mainzer Gasse 1564–1571 von Hans Meurer als städtisches Tanz- und Festhaus. Geschwungene Erker, Giebel und Portale des Eckhauses aus Stein sind im Renaissance-Stil gehalten.

▶ Stumpf-Haus

An der Südwestseite des Marktplatzes trotzt seit 1609 das sogenannte Stumpf-Haus der Geschichte. Es ist das früheste Alsfelder Fachwerkhaus mit Schnitzwerk.

▶ Neurath- und Minnigerode-Haus

Auf das größte Fachwerkhaus der Stadt trifft man in der Rittergasse. Das viergeschossige Haus aus dem Jahr 1688 fällt wegen seines großen Scheunentors und der prunkvollen Renaissance-Tür ins Auge. Die Familie Neurath, eine reiche Patrizierfamilie, dokumentierte damit ihren Reichtum. Gleiches gilt für die Familie von Minnigerode, die direkt daneben ein Jahr zuvor ihr Haus errichten ließ. Es ist das einzige private Gebäude in Steinbauweise mit einem prachtvollen Erker, auf dem unter anderem das Familienwappen zu sehen ist.

▶ Stadtmauer

Die Stadtmauer verlief unmittelbar hinter dem Kloster. Der ab 1380 errichtete Schutzwall war 1,2 km lang, bis zu 3,4 m breit, teilweise 7 m hoch und mit vier Toren versehen. Nur ca. 100 m Stadtmauer und der Leonhardsturm von 1386, der nicht nur als Wehr- und Wachturm, sondern auch als Gefangenenturm diente, sind erhalten geblieben.

▶ Dreifaltigkeitskirche

Am Rossmarkt wartet die evangelische Dreifaltigkeitskirche mit ihrem zweischiffigen, asymmetrischen Hallenbau auf Besucher, die Freskenreste und eine Steinkanzel mit hölzernem Schalldeckel (1660) in Augenschein nehmen möchten.

▶ Walpurgiskirche

Die städtische Hauptkirche stammt aus der zweiten Hälfte des 13. Jh. Das gotische Langhaus wurde ab 1472 zu einer Kirchenhalle umgebaut. Die Walpurgiskirche besitzt ein Glockenspiel, das jeden Mittag erklingt. Im Inne-

Der Besucher Alsfelds sollte es nicht versäumen, sich eine der vielen interessanten Stadtführungen anzuschließen.

ren kann man einen über 1000 Jahre alten Taufstein, Epitaphen, ein Chorgestühl aus vorreformatorischer Zeit (1395) und einen spätgotischen Schnitzaltar besichtigen.

▶ Ehemaliges Augustinerkloster

Vermutlich gegen Ende des 13. Jh. gegründet und zwischen Kirche und Stadtmauer erbaut, wurde es von Eremiten besetzt. Hier wirkte der Freund Luthers, Tilemann Schnabel, der Reformator Alsfelds. Das Kloster wurde 1527 aufgehoben, 1533 als Hospital benutzt und verfiel später. Eine erhaltene Wand lässt heute noch die Anordnung der Mönchszellen erkennen.

Museen

▶ Regionalmuseum

Neben der stadtgeschichtlichen Sammlung, in der auch vor- und frühgeschichtliche Funde, wie Faustkeile und keltische Halsringe, ausgestellt sind, den Schwälmer und Katzenberger Trachten, dem Handwerkersaal und Möbeln, zeigt das Regionalmuseum auch seltene Ausstellungsobjekte, wie z. B. die kostbare, 12 m lange „Alsfelder Tapete".
Adresse: Ritterstraße 3–5, 36304 Alsfeld,
📞 06631/4300
Empfehlenswert ist ein Besuch der Homepage, 🌐 www.regionalmuseum-alsfeld.de, da das Museum für längere Zeit wegen Sanierung geschlossen ist.

▶ 🙂 Alsfelder Märchenhaus

Erwachsene Besucher und Kinder sind gleichermaßen begeistert: Im 1628 erbauten Gebäude erwartet den Besucher eine Sammlung von Puppenstuben aus zwei Jahrhunderten. Zu jeder vollen Stunde kann man sich von einer Erzählerin in fremde Märchenwelten entführen lassen. Das Märchenhaus beherbergt auch Schatten- und ein Marionettentheater sowie eine Ausstellung rund um das Thema Märchen.

Adresse: Sackgasse 2, 36304 Alsfeld,
📞 06631/9110243, **Öffnungszeiten:** Sa 10.30–13.30 Uhr und 14.00–17.00 Uhr, So 14.00–17.00 Uhr, **Vorführungen** der Alsfelder Marktspielgruppe sind buchbar

Freizeit und Natur

▶ Wandern und Nordic Walking

Die abwechslungsreiche Vogelberglandschaft ist ein ideales Wandergebiet. Empfehlenswert ist z. B. der 8 km lange Höhenrundweg. Er erschließt sonst unzugängliche und geschützte Bereiche. Zu den Hauptattraktionen gehören die urwüchsigen Blockfelder des Taufsteins, der wilde Geiselstein, die Forellenteiche und die großartigen Ausblicke von den Wiesen am Hoherodskopf. Auf dem 125 km langen Wanderweg Vulkanring-Vogelsberg lässt sich der Vulkan in sechs Tagesetappen umrunden. Der Berchtaweg rund um den sagenumwobenen Bechtelsberg bietet auf seinen 8 km einen herrlichen Blick über das Alsfelder Umland.
Auf sieben ausgewählten Routen aller Schwierigkeitsgrade können begeisterte Nordic Walker die unmittelbare Umgebung Alsfelds und fast alle Stadtteile kennenlernen. Die Strecken von 7–12 km Länge bieten nicht nur Natur pur, sondern beeindrucken auch immer wieder durch herrliche Ausblicke.

▶ 🙂 Abenteuer-Wanderungen

Mitten im dunklen Wald auf dem Boden in einer selbst gebauten Hütte schlafen, eine Quelle suchen, Tierfährten lesen: All das bietet Günther Schulz aus Alsfeld bei seinen Abenteuer-Wanderungen an. Auskunft erteilt das Tourist Center Alsfeld.

▶ 🙂 Lama-Trekking und Eselstouren

Mit einem Lama oder einem Esel durch den schönen Vogelsberg zu spazieren, ist schon ein besonderes Erlebnis, das zudem entspannt. Die Tiere werden am Strick geführt und laufen als gleichberechtigter Partner auf Augenhöhe mit. Die Zwergesel können auch stundenweise als Reittiere (bis max. 50 kg) gebucht werden, z. B. für einen Sonntagsspaziergang in herrlicher Natur oder für einen Kindergeburtstag.

Adresse: Vogelsberglamas & Trekkingsesel, Grebenauer Straße 5, 36304 Alsfeld-Lingelbach, 📞 06639/9181680, 🌐 www.vogelsberglamas.de

▶ **Radfahren**

Auf Rotkäppchens Spuren geht es mit dem Drahtesel rund um Alsfeld. Die Tour führt entlang kleiner Flüsse und Talauen, vorbei an Kornfeldern und Laubwäldern. Der 385 km lange Radfernweg 4 – eine Eltern-Kind-Tour mit geringen Steigungen – ist eine Naturerlebnis-Route und macht in Alsfeld Station. Auch der 195 km lange Radfernweg 2 von Biedenkopf nach Obersinn macht eine Etappenstation in der Fachwerkstadt Alsfeld. Wer über eine gute Kondition verfügt, kann diese auf dem Alsfeld-Marathon beweisen. Im Radwegenetz zwischen Vogelsberg und Schwalm wurde eine Mountainbike-Marathon-Tour (126 km) eingerichtet.

▶ **Reiten**

Reiten passt in diese Landschaft. Deswegen wird im Vogelsberg „Urlaub rund ums Pferd" angeboten, vom Wanderreiten über Reitkurse, Reitabzeichen bis hin zum Urlaub mit dem Pferd für die ganze Familie.

Nähere **Informationen:** 🌐 www.reitstationen.de oder beim Tourist Center Alsfeld.

▶ **Schwimmen**

Das Erlenbad wartet mit einer 76 m lange Riesenwasserrutsche, Schwallbrausen, Massagedüsen, Wasserfächer, Wasserkanonen und einer Gegenstrom- und Wellenanlage auf.

Adresse: An der Bleiche 12 a, 36304 Alsfeld, 📞 06631/182-370, 🌐 www.erlenbad-alsfeld.de.

Veranstaltungen und Feste

Jeden dritten Sa im Monat **Spezialitätenmarkt** auf dem Marktplatz, außerdem **Weinfest** im Mai, **Pfingstmarkt** und **Stadtfest** im August, die **Rotkäppchenwoche** in den hessischen Herbstferien sowie die **„Zauberhafte Nacht"** mit Moonlightshopping und Zauberei Ende Sept. Der märchenhafte **Weihnachtsmarkt** mit lebendigem Adventskalender und Märchengasse findet alljährlich im Dezember statt.

Amöneburg

(Kreis Marburg-Biedenkopf)

Die „Stadt auf dem Berge" über der Ohm (365 m) liegt inmitten des Amöneburger Beckens. Bodenfunde belegen, dass das Gebiet schon in der jüngeren Steinzeit besiedelt war, in der keltischen Zeit wird eine Stadtsiedlung vermutet. Im 7. Jh. nahmen die Franken das nördliche Hessen in Besitz. Bonifatius gründete 721 ein Kloster in Amöneburg. Im 12. Jh. erwarb das Erzbistum Mainz die Güter des Klosters. In der Gemeinde leben rund 5200 Menschen.

Stadt Amöneburg
Am Markt 1
35287 Amöneburg
📞 **06422/92950**
🌐 **www.amoeneburg.de**

Sehenswertes

Neben der Bergstadt selbst lohnt ein Besuch der dazugehörigen Stadtteile. So ist Erfurtshausen vielfach Ausgangspunkt für ausgedehnte Wanderungen in die angrenzenden Wälder, während das einst mit Wall und Graben befestigte Mardorf einen weit sichtbaren Wehrturm aufweist. Sehenswert sind die Barockkirchen in Rüdigheim sowie das mit bedeutenden Stuckornamenten ausgestattete Gotteshaus in Roßdorf. Nicht zuletzt sind die zahlreichen Fachwerkbauten in allen Stadtteilen einen Abstecher wert.

▶ Marktplatz

Der rechteckige Marktplatz Amöneburgs wurde in dieser Form im 18. Jh. angelegt und in den Jahren 1990–1995 im Rahmen des Landesprogrammes „Einfache Stadterneuerung" grundlegend saniert und restauriert. Sehenswert ist außerdem der „Mainzer Hof" mit Scheune und Herrenhaus am Lindauer Tor. Die benachbarte Kirche ist eine neugotische Basilika; an ihrer Nordseite steht der gedrungene Kirchturm aus dem 14. Jh. mit barocker Haube.

▶ Stadtbefestigung

Um die Bergkuppe verläuft die größtenteils erhaltene Stadtmauer. Ein Mauerrundweg auf der Außenseite bietet eine gute Aussicht auf das Umland. Zwei Türme der Stadtmauer, die eine Fläche von 12 ha einschließt, sind erhalten.

▶ Brücker Mühle

Am südöstlichen Fuß des Basaltfelsens befindet sich die historische „Brücker Mühle" aus dem Jahr 1248. Die Gebäude der „Brücker Mühle" und des „Brücker Wirtshauses" beherbergen heute einen Bioladen, ein Biorestaurant und ein Café. Regelmäßig finden hier kulturelle Veranstaltungen statt. Die Mühle kann während der Geschäftszeiten besichtigt werden. **Führungen** können vereinbart werden.
Adresse: Am Friedensstein 6, 35287 Amöneburg, 📞 06422/850864, 🌐 www.brueckermuehle.de

▶ Schloss Amöneburg

Die Ruinen des ehemaligen kurfürstlichen Schlosses mit dem Zwinger und den

Die Silhouette der Stadt auf dem Berg, der vor Millionen von Jahren durch vulkanische Tätigkeit entstanden ist, ist ein beliebtes Fotomotiv.

mittelalterlichen Festungsmauern sind ein besonderer Anziehungspunkt. Die heute noch vorhandenen Gebäudeteile stammen vermutlich aus der Mitte des 17. Jh.

▸ Stadtführungen

Von Apr bis Okt finden an jedem ersten So im Monat öffentliche Stadtführungen statt: **Treffpunkt** ist 14.00 Uhr am Marktplatzbrunnen.

Museen

▸ Heimatmuseum

Im Heimatmuseum im „Alten Brauhaus" in der Schulgasse erfährt der Besucher Wissenswertes über die Agrargeschichte der Region, kann hessische Ostereier in ihren typischen Verzierungsformen bestaunen, sich über Ur- und Frühgeschichte informieren oder aber das Skelett eines fränkischen Kriegers in Augenschein nehmen.
Adresse: Schulgasse 2, 35287 Amöneburg, **Öffnungszeiten:** jeden ersten und dritten So im Monat 14.00–18.00 Uhr, Mo–Do 8.30–12.00 Uhr und 15.00–18.30 Uhr

▸ Naturschutz-Informationszentrum (NIZA)

Das Naturschutz-Informationszentrum im Obergeschoss des Heimatmuseums bietet eine interessante naturkundliche Sammlung zu Hessens ältestem Naturschutzgebiet (seit 1927) und seiner reizvollen Umgebung.
Öffnungszeiten: Apr–Okt So 14.00–18.00 Uhr, ganzjährig Mo–Do 8.00–12.00 Uhr und 14.00–16.00 Uhr

▸ Dorf- und Trachtenmuseum Roßdorf

Im ehemaligen Schulgebäude (Zur Bornwiese 1) befindet sich seit Sept 2013 das erste kleine Trachtenmuseum rund um die sogenannte Marburger katholische Tracht.
Öffnungszeiten: nach Voranmeldung bei Heinrich Ried unter ☎ 06422/3575

Freizeit und Natur

▸ Naturlehrpfad

Der als Rundweg angelegte und mit Hinweistafeln ausgestattete Naturlehrpfad vermittelt Wissenswertes über die charakteristischen Tier- und Pflanzenarten des Basaltkegels. Ein Abstecher führt zum Beobachtungsstand am Vogelschutzgebiet Radenhäuser Lache oder zum Naturschutzgebiet Schweinsberger Moor.

▸ Wandern und Radfahren

Ausgebaute Rad- und Wanderwege laden in und um Amöneburg zur aktiven Freizeitgestaltung ein. So führen die Radwege R 6 und R 1 von Kirchhain nach Homberg (Ohm) direkt an der Brücker Mühle vorbei. Das Gebiet der Stadt Amöneburg eignet sich in hervorragender Weise zum Wandern über Berg und durch Tal und entlang von Gewässern im Ohmtal. Wer die Landschaft erkunden möchte, kann zwischen zahlreichen Wegen und Rundwanderungen wählen. Empfehlenswert ist die Amanaburch-Tour, ein 11 km langer Premium-Wanderweg mit 68 Erlebnisstationen, die Geo-Tour „Stock und Stein" (5 km) und die Geo-Tour „Kreuz und quer" (12 km). Zudem liegt Amöneburg am Pilgerweg „Elisabethpfad 2".

▸ ☺ Reiten

Der Reiterhof Philippshof ist etwas für Pferdenarren. Die Reitschule bietet wöchentlichen Reitunterricht sowie Reiterferien an, es finden auch regelmäßig Reitabzeichenkurse statt. Die Allerkleinsten können die Welt auf dem Rücken von Ponys erkunden.
Adresse: Weihersborn 3, 35287 Amöneburg, ☎ 06422/8901550, ⊕ www.philippshof.de

▸ Segelflug

Amöneburg verfügt über einen Segelflugplatz. **Kontakt:** Flugsportvereinigung Blitz e. V., ☎ 06422/890104, ⊕ www.fsv-blitz.de

Veranstaltungen und Feste

Ostereiermarkt: Alljährlich am Palmsonntagswochenende widmet man sich im Bürgerhaus in Mardorf der traditionellen Eierkunst. Man kann die liebevoll verzierten Kunstwerke bestaunen, erwerben und den Künstlern bei der Arbeit zusehen. Am letzten Augustwochenende ist **Kirchweih, Amöneburger Lateinwochen** finden in den Sommerferien statt, **Mardorfer Kirmes** am ersten Wochenende im Okt.

Angelburg

(Kreis Marburg-Biedenkopf)

Rund 3500 Menschen leben in der Gemeinde. Namensgeber war der am Westhang von Lixfeld gelegene Berg Angelburg (609 m), der zu den Ostausläufern des Rheinischen Schiefergebirges gehört. Die Gemeinde mit den Ortsteilen Lixfeld, Gönnern und Frechenhausen liegt malerisch zwischen Westerwald und Rothaargebirge im idyllischen Gansbachtal.

Gemeinde Angelburg
Bahnhofstraße 1
35719 Angelburg
📞 **06464/91660**
🌐 **www.angelburg.de**

Sehenswertes

▸ **Wehrkirche Lixfeld**
Die alte Wehrkirche in Lixfeld ist ein eindrucksvoller Zeitzeuge, der die mehr als 700-jährige Geschichte spiegelt. Bei der Kirche handelt es sich um eine der wenigen typischen karolingisch-ottonischen Turmburgen.

▸ **Wilhelmsteine**
Im direkt an die Gemeinde grenzenden Schelder Wald befinden sich die Wilhelmsteine – eine Gruppe Eisenkieselhärtlinge, deren Alter bis in die frühgeschichtliche Vergangenheit zurückreicht, als wandernde Menschen solche Höhenstraßen benutzten. Möglich ist, dass sich die Bewohner des Schelderwaldes hier zu kultischen oder gerichtlichen Zusammenkünften eingefunden haben.

Museen

▸ **Heimat-, Vogel- und Bergbaumuseum Frechenhausen**
Schwerpunkte dieses Museums sind die Haus- und Landwirtschaft, der Roteisensteinbergbau, heimische Vögel und anderes. Träger ist der Heimatpflege- und Vogelschutzverein Frechenhausen, 📞 06464/911193

Freizeit und Natur

▸ **Wald- und Naturlehrpfad**
Im Ortsteil Lixfeld stößt der interessierte Waldspaziergänger auf den Wald- und Naturlehrpfad, der Wissenswertes über die heimische Tier- und Pflanzenwelt vermittelt.

▸ **Lixfelder Brennstube**
Wer einmal Edelbrände aus heimischem Streuobst kosten möchte, ist bei der Lixfelder Brennstube richtig und kann hier sogar an Seminaren teilnehmen.
Adresse: Karl-Heinz Böhm, Am Nohleberg 19, 35719 Angelburg-Lixfeld, 📞 06464/9130016, 🌐 www.lixfelder-brennstube.de

▸ **Kunsttöpferei**
Angeboten werden Töpferwaren, Keramik, Schmuck, individuell hergestellte Kunstpostkarten sowie Bienenwachskerzen. Daneben besteht die Möglichkeit, an der „Offenen

Werkstatt" und an Seminaren teilzunehmen.
Adresse: Ulla Bremer, Hauptstraße 43,
35719 Angelburg-Gönnern, 📞 06464/5342,
🌐 www.keramik-atlas.de

Veranstaltungen und Feste

Am ersten Sa im Aug findet in Frechenhausen das **Dorffest** mit Krämermarkt statt.

Aßlar

(Lahn-Dill-Kreis)

Aßlar, eine noch junge Stadt (rund 17 500 Einwohner), liegt an den Ausläufern des Westerwaldes, wo die Dill nach wenigen Kilometern in die Lahn mündet. Die Verleihung der Stadtrechte erfolgte 1978, aber der Ort ist viel älter: Sein Name wurde im Jahre 783 durch eine Schenkungsurkunde erstmals im Lorscher Codex erwähnt.

Stadtverwaltung Aßlar
Mühlgrabenstraße 1
35614 Aßlar
📞 06441/8030
🌐 www.asslar.de

Sehenswertes

▸ **Schloss Werdorf**
In den Jahren 1680–1700 wurde das Schloss auf Geheiß der Gräfin Ernestine zu Greifenstein erbaut. Es diente der fürstlichen Familie als Witwen- und Sommersitz. Vier gotische Ecktürme und Teile des Mauerbergringes aus dem 15. Jh. sind erhalten. 1899 wurde das Schloss als Mädcheninternat, dann als Knabenerziehungsinstitut genutzt, bis es 1941 in den Besitz der Gemeinde überging. Heute beherbergen seine Mauern das Heimatmu-

seum. Die Sammlung informiert über die Geschichte des Schlosses, die Geschichte des Handwerks und die Industriegeschichte. Der gemütliche Schlosskeller steht für kulturelle und private Zwecke zur Verfügung (Ansprechpartnerin: Anke Ferst, 📞 06443/3663).

▸ **Pfarrkirche Werdorf**
Im spätromanischen Chorturm der Pfarrkirche wurden 1960 Fresken des frühen 15. Jh entdeckt. An der Ostwand zeigen sie die Kreuzigung und am Gewölbe das Jüngste Gericht.

Museen

▸ **Heimatmuseum im Schloss**
Das Fürstenzimmer, das vom Standesamt als offizielles Trauzimmer genutzt wird, steht im Kontrast zur bäuerlichen Lebenswelt, die Küche, Kammer, Waschküche, Spinnstube und Leinweberei wirklichkeitsnah demonstrieren. Das Handwerk präsentiert sich in funktionsfähigen Werkstätten des Schmiedes, Frisörs, Schreiners, Druckers, Schuhmachers, Schneiders und des Seilers. Die Entwicklung von Funk und Fernsehen wird in einer weiteren Abteilung dargestellt. Schulklasse, Spielzeugsammlung und ein Werdorfer „Tante-Emma-Laden" mit seinen originalen Einrichtungsgegenständen und Warensortiment runden das Angebot ab.
Adresse: Bachstraße 44, 35614 Aßlar, **Öffnungszeiten:** jeden zweiten und vierten So im Monat von 14.00–18.00 Uhr.

Freizeit und Natur

▸ **Wandern und Radfahren**
In und um Aßlar stehen für Naturfreunde 70 km gut ausgeschilderte Wiesen- und Waldwege zum Radfahren und Wandern zur Verfügung. Tourenvorschläge sind im Rathaus erhältlich.

▶Laguna Aßlar

Die Laguna Aßlar ist ein Erlebnis- und Freizeitbad für Eltern und Kinder, die ein breites Angebot suchen. Vom Schwimmbecken über die Crazy-Light-Rutsche und den Kinderbereich bis hin zur Thermenlandschaft, einem Wellness- sowie Saunabereich und dem kulinarischen Angebot gibt es jede Menge Spaß und Abwechslung.
Adresse: Europastraße 1, 35614 Aßlar, 📞 06441/807100, 🌐 www.laguna-asslar.de

Bad Camberg

(Kreis Limburg-Weilburg)

Bad Camberg liegt an den Ausläufern des Taunus und ist das älteste hessische Kneipp-Heilbad. Hier leben 15 000 Menschen. Die Stadt ist mit der historischen Altstadt, den teilweise erhaltenen Stadtmauerresten und den sehenswerten Fachwerkhäusern eingebettet in die Wälder und Wiesen des Vordertaunus. Erstmals erwähnt wurde der Ort im Jahr 1000.

**Tourist-Information im Bürgerbüro
Chambray-les-Tours-Platz 1
65520 Bad Camberg
📞 06434/202411
🌐 www.bad-camberg.de**

Sehenswertes

▶Altstadt

Der Amthof aus dem 17. Jh. ist imposant und mit 136 m Länge eines der längsten Fachwerkhäuser Deutschlands. Nur wenige Meter vom Amthof entfernt liegt der Marktplatz. Schöne alte Fachwerkhäuser mit zum Teil fränkischen Krüppelwalmdächern umgeben den Platz. Die Alte Amtsapotheke

in der Nähe (1479/80) ist das älteste erhaltene Wohnhaus. Der Obertorturm am Kneipp-Kurpark und die Kreuzkapelle am Berg sind weitere Wahrzeichen der Stadt. Eine besondere Sehenswürdigkeit ist der Untertorturm, der „schiefe" Turm, der sich bei einer Höhe von 28 m um 1,44 m zur Seite neigt. Regelmäßige **Führungen** geben einen detaillierten Einblick in die Geschichte Bad Cambergs. Sehenswert ist auch die katholische Kirche St. Peter und Paul (1156) im Nordwesten der Altstadt.

▶Glockenspiel

Seit 2011 ziert ein Glockenspiel den Amthof-Innenhof, der mit seinem regelmäßig wiederkehrenden Liedfolgen zahlreiche Zuhörer anlockt.

Museen

▶Stadt- und Turmmuseum

Hier findet der Besucher Exponate aus der Geschichte Bad Cambergs und Umgebung.
Adresse: Am Amthof 9, 65520 Bad Camberg, 📞 06434/6174, 🌐 www.verein-historisches-camberg.de, **Öffnungszeiten:** Apr–Okt So 10.00–12.00 Uhr und 15.00–17.00 Uhr

▶Amthof Galerie

Die Galerie zeigt monatlich wechselnde Ausstellungen einheimischer und auswärtiger Künstler.
Adresse: Am Amthof 13, 65520 Bad Camberg, 📞 06434/202410, 🌐 www.amthof-galerie.de, **Öffnungszeiten:** jeden So 11.00–13.00 Uhr und 15.00–17.00 Uhr

Freizeit und Natur

▶Kurpark

Bad Camberg ist das älteste hessische und drittälteste deutsche Kneipp-Heilbad. Durch den Kurpark mit den Wasserspielen führen schöne Spazierwege. Zwischendurch können

Rund um den Marktplatz Bad Cambergs haben sich eine Vielzahl schöner und stattlicher Fachwerkhäuser erhalten.

▸ **Freizeit- und Erholungsbad**
Das im Stadtkern gelegene Schwimmbad lädt seine Gäste mit beheiztem Schwimmerbecken, Sprungbecken und Freizeitbecken mit Strömungsdüsen und Rutsche zum aktiven Verweilen ein. Ein Planschbecken für Kleinkinder sowie ein Warmwasserbecken mit Massagedüsen gehören ebenfalls dazu.

Besucher Wassertreten oder sich im Kneipp-Kräutergarten umschauen.

▸ **Wandern und Nordic Walking**
27 Rundwanderwege mit einer Gesamtlänge von 225 km erwarten passionierte Wanderer. Zudem können vier Terrainkurwege erkundet werden. Eine Wanderkarte ist in Geschäften und bei der Tourist-Information erhältlich. Vier speziell ausgeschilderte Rundstrecken finden Walker im Nordic-Walking-Park.

▸ **Waldbegang mit dem Förster**
Jeden ersten Do im Monat (außer feiertags) findet um 15.00 Uhr ein Waldbegang mit dem Förster statt. Treffpunkt ist der Parkplatz gegenüber dem Hotel „Waldschloss".

▸ **Radfahren**
Neun ausgewählte Rundtouren und die über 40 km lange Fahrradrundtour Ems- und Wörsbachtal verbinden die Nachbargemeinden.

Adresse: Am Eltwerk 3, 65520 Bad Camberg, 📞 06434/1661, **Öffnungszeiten:** Mo 10.00–19.00 Uhr, Di–So 10.00–20.00 Uhr

▸ **Weitere Angebote**
Minigolf- und Boule-Bahnen im Kurpark, Hallenbad im Kurhaus, 18-Loch-Golfplatz im benachbarten Idstein-Wörsdorf

Veranstaltungen und Feste

Im Innenhof des historischen Amthofs finden jeden Sommer die „Amthof-Festspiele" statt. Das städtische Kurorchester oder Gastensembles laden am Sonntagmorgen und im Sommer auch am Mittwochabend zum Kurkonzert ein. Viele Feste wie der Herbstmarkt (zweites Wochenende im Okt) und Frühjahrsmarkt, das Lampionfest oder der Christkindlmarkt finden in der Altstadt statt. Ein Geheimtipp ist das Höfefest mit Kunsthandwerkermarkt am ersten Wochenende im August. Dann bieten etwa 50 Kunsthandwerker ihre hergestellten Waren an.

Bad Endbach

(Kreis Marburg-Biedenkopf)

Das Kneipp-Heilbad im Naturpark Lahn-Dill-Bergland ist geprägt durch bewaldete Hügellandschaft, sanft gewellte Bottenhorner Hochflächen im Norden und das sich nach Osten hin öffnende Tal am Oberlauf der Salzböde. Das schon relativ früh besiedelte Gemeindegebiet (6.–8. Jh.) durchquerten bis ins späte Hochmittelalter wichtige Handels- und Botenwege, und zwar die ehemals sehr bedeutende „Leipzig-Kölner-Fernhandelsstraße" und der „Westfalen-Weg". Rund 8600 Menschen leben in den acht Ortsteilen.

> **Tourist-Information**
> Am Bewegungsbad 2
> 35080 Bad Endbach
> ☏ 02776/801870
> ⊕ www.bad-endbach.de

Sehenswertes

▶ Alte Kirche Wommelshausen

Die turmlose Saalkirche stammt vermutlich aus dem 10.–12. Jh. Fundamentreste unter der Westmauer und Steinlagen unter dem Fundament der Nordwest-Ecke deuten darauf hin, dass die Kirche auf den Fundamenten eines noch älteren Bauwerkes errichtet wurde. Das massive Mauerwerk (1,2 m) spricht für eine Wehrkirche. Heute befindet sie sich als Kulturdenkmal im Besitz des Landkreises.

▶ Evangelische Kirche Günterod

Vieles deutet darauf hin, dass der Chorturm, das älteste Bauteil, bereits im 12./13. Jh. entstand. Chorturmskirchen waren im Mittelalter der vorherrschende Bautyp im Lahn-Dill-Gebiet. Das Untergeschoss dient

als Altarraum, im niedrigen Spitzhelmdach hängen zwei Glocken aus den Jahren 1452 und 1453.

▶ Eisenbahnviadukte

Für die Bahnverbindung von Marburg nach Herborn wurden 1899 in Bad Endbach drei Eisenbahnviadukte erbaut. Das Bad Endbacher Eisenbahnviadukt hat neun Bögen und ist 175 m lang. Die Höhe beträgt 18 m. Die beiden anderen Viadukte findet man in den Ortsteilen Hartenrod (9 Bögen) und Wommelshausen-Hütte (3 Bögen).

Museen

▶ Kunst- und Kulturhaus Alte Schule

Das Kunst- und Kulturhaus beherbergt die Galerie der Künstlerin Brigitte Koischwitz, das Kneipp-Museum und wechselnde Ausstellungen. Im Haus finden auch Lesungen und andere kulturelle Veranstaltungen statt. **Adresse:** Kirchstraße 4, 35080 Bad Endbach, ☏ 02276/8310, **Öffnungszeiten:** Mi, Fr, Sa und So 15.00–18.00 Uhr

▶ Heimatmuseum Wommelshausen

Schwerpunkte der Ausstellung sind eine Wohn- und Schlafstube, eine Küche, ein Hauswirtschaftsraum, Trachten und eine Schusterwerkstatt, ein Backhaus und ein Bilderraum mit sakralen Gegenständen. **Adresse:** Rathausstraße 10, 35080 Bad Endbach-Wommelshausen, ☏ 02776/1408, **Öffnungszeiten:** nach Vereinbarung

Freizeit und Natur

▶ Naturdenkmäler

Auf einem 425 m hohen Bergsattel im Naturraum Zollbuche steht eine 450–500 Jahre alte Eiche, die Heul-Eiche. Sie ragt 25 m hoch in den Himmel, und ihre Krone hat einen Durchmesser von rund 24 m. Hier wurden früher Wanderhändler (Strumpfmänner),

Wanderarbeiter(innen) und einberufene Soldaten tränenreich von ihren Angehörigen und Freund(innen)en verabschiedet.
Im Neubaugebiet „Am Gewenn" in Wommelshausen steht eine weitere bemerkenswerte Eiche, die dicke Eiche. Sie hat ein Kronenoval von 20 m und einen Stammumfang von knapp 5 m. Ihr Alter wird auf 500–550 Jahre geschätzt.
Südlich von Wommelshausen an der Landstraße, gegenüber dem Friedhof am alten Dreschplatz, steht die im Dreikaiserjahr 1888 gepflanzte Kaiserlinde.

▶ Wandern und Radfahren

Die hügelige Waldlandschaft um Bad Endbach lädt zum Wandern ein. Neben dem Viertälerweg sind 24 weitere Wanderwege vorhanden, u. a. der Premiumweg Lahn-Dill-Bergland-Pfad im Naturpark Lahn-Dill-Bergland. Außerdem gibt es sechs ausgewiesene Nordic-Walking-Strecken. Infos bei der Tourist-Information. Auch Radler kommen auf ihre Kosten. Neben dem Lahntalradweg bieten sich zwei weitere ausgeschilderte Radwege an: Der Salzböderradweg (29 km) führt der Radweg vom Quellgebiet der Salzböde beim Bad Endbacher Ortsteil Hartenrod

bis zur Mündung in die Lahn bei Odenhausen. Der Seeradweg (30 km) verbindet den Aartalsee bei Bischoffen im Lahn-Dill-Kreis über den Bad Endbacher Ortsteil Hartenrod mit dem Perfstausee bei Wallau.

▶ Mountainbiken mit GPS

Neun Mountainbike-Routen in und um Bad Endbach stehen zur Auswahl: Aartalseetour (18,7 km), Biedenkopftour (52,1 km), Bottenhorntour (40,1 km), Dillenburgtour (28,2 km), Gladenbachtour (30,6 km), Herborntour (25,5 km), Salzbödetour (42,4 km), Tringensteintour (24,1 km) und Wilhelmsteine (21,6 km).

▶ Kneipp-Barfußpfad

Der 550 m lange Pfad geht über Hängebrücken und durch Lehmbecken, durch den Bach Salzböde und über Hindernisse wie Holz, Kiesel, Sand und Steinplatten. Zum Abschluss wartet noch das kühle Tretbecken des Kneipp-Barfußpfades, das die Durchblutung anregt.

▶ Wintersport

Auf der Bottenhorner Hochfläche, bei Hülshof und Bottenhorn, werden im Winter Langlaufloipen gespurt. In Hartenrod befindet sich ein Wintersportgebiet mit Abfahrtspiste und Skilift.

▶ Aartalsee

1991 wurde dieses Rückhaltebecken künstlich angestaut und in ein Wassersport- sowie Naturschutzgebiet aufgeteilt. Im Sommer kann man hier schwimmen, segeln, surfen und tauchen. Im Badebereich mit Sandstrand befinden sich Liegewiesen.

▶ Lahn-Dill-Bergland-Therme

Ein unvergessliches Wellnesserlebnis können Besucher der Lahn-Dill-Bergland-Therme mit

Die Lahn-Dill-Bergland-Therme in Bad Endbach bietet Wellness-Erlebnisse, die Körper und Seele gleichermaßen guttun.

nach Hause nehmen. Hier kann man kneippen, in die Sauna gehen, seine Runden im Wasser drehen und vieles mehr. Eine Wohltat für Körper und Seele.

Adresse: Am Bewegungsbad 2, 35080 Bad Endbach, ☏ 02776/80180, ⊕ www.lahn-dill-bergland-therme.com, **Öffnungszeiten:** Mo–Sa 10.00–22.00 Uhr, So 8.00–20.00 Uhr

Veranstaltungen und Feste

Pfingstwanderwoche, Musiktage, Herbstwanderwoche, Kurkonzerte, Tanzabende, Wander-Wellness-Tage von Apr bis Okt und der **Bad Endbacher Wandermarathon** am ersten So im Nov.

Beselich

(Kreis Limburg-Weilburg)

Zur Gemeinde Beselich mit ca. 5700 Einwohnern gehören die Ortsteile Heckholzhausen, Schupbach, Nieder- und Obertiefenbach. Ihren Namen leitet die Gemeinde vom Prämonstratenserkloster Beselich ab, das für 1197 belegt ist und 1588 reformiert wurde. Beselich liegt am nordöstlichen Rand des Limburger Beckens und am Südosthang des Westerwaldes.

Gemeinde Beselich
Steinbacher Straße 10
65614 Beselich
☏ **06484/91230**
⊕ **www.beselich.de**

Sehenswertes

▸ Kirche Schupbach
Im Ortsteil Schupbach befindet sich die evangelische Kirche romanischen Ursprungs mit einem wehrhaften romanischen Westturm aus dem 12. Jh. Der Kirchturm der katholischen Kirche zu Obertiefenbach stammt aus der zweiten Hälfte des 12. Jh.

▸ Klosterruine und Wallfahrtskapelle Maria Hilf
Sehenswert ist die Ruine der Basilika eines ehemaligen Prämonstratenserinnenklosters auf dem Beselicher Kopf. Das Kloster wurde 1163 von Bischof Hillin von Trier gegründet. Rund 400 Jahre war es kultureller und religiöser Mittelpunkt. In unmittelbarer Nähe befindet sich die weithin bekannte Wallfahrtskapelle „Beselich", die von dem Franziskaner-Eremiten Leonhard Niederstraßen 1763 erbaut wurde. Die Kapelle ist nach wie vor das Ziel von Wallfahrern. In den Monaten Mai bis Okt finden an jedem Freitag um 18.00 Uhr eine **Eucharistiefeier** und an den Sonntagen um 17.00 Uhr eine Marienandacht mit Predigt und sakramentalem Segen statt. Zum Gebet ist die Kapelle ganzjährig geöffnet.

▸ Fachwerkhäuser
Im Ortskern von Obertiefenbach findet man vereinzelt bis zu 400 Jahre alte Fachwerkhäuser, die als Zeugen der früheren Baukunst meist unter Denkmalschutz stehen.

▸ Hofanlage Eckerstraße Schupbach
Die ausgedehnte, gutherrschaftliche Hofanlage liegt zwischen Gässchen, Mittel- und Eckerstraße. Das dreistöckige Wohnhaus mit angefügter Torfahrtsachse ist ein verputzter Bruchsteinbau, entstanden etwa 1460.

Museen

▸ Obertiefenbacher Heimatstube
Das denkmalgeschützte Schulgebäude von 1872 beherbergt heute die Heimatstube. Sie zeigt eine Vielzahl von Dokumenten, Bildern und Gegenständen aus dem Leben in der dörflichen Struktur.
Adresse: An der Kirche 7, 65614 Beselich,

Öffnungszeiten: jeden zweiten So im Monat 14.00–17.00 Uhr

Freizeit und Natur

Auf dem Rad- und Wanderweg Kerkerbachtal kann man auf 31 km die wunderschöne Natur rund um Beselich erleben.

Veranstaltungen und Feste

Die Obertiefenbacher **Kirmes** findet jedes Jahr am ersten Septemberwochenende statt. Sie ist das **Kirchweihfest** der Obertiefenbacher Pfarrkirche „St. Ägidius". Die Obertiefenbacher **Fastnacht** hat eine lange Tradition. Dies gilt insbesondere für den jährlichen **Fastnachtsumzug.** Dieser Zug zieht seit dem Jahr 1960 jährlich am Fastnachtssonntag durch das Dorf.

Biebertal

(Landkreis Gießen)

10 000 Menschen leben in der Gemeinde im Gleiberger Land am Fuße des 500 m hohen Dünsbergs. Schon die Kelten siedelten hier.

Bürgerbüro Biebertal
Mühlbergstraße 9
35444 Biebertal
06409/690
www.biebertal.de

Sehenswertes

▸ Burg Vetzberg
Weithin sichtbar erhebt sich die Burg auf Basaltblöcken. Der erste Teil der Burganlage entstand zwischen 1100 und 1150 als Zweitburg der Gleiberger Grafen. Der 22,7 m hohe Bergfried, Teile der Burgringmauern und Reste der Unterburg sind erhalten. Auffällig am Burgfried sind seine drei Kuppelgewölbe und zwei Hocheingänge. Der frühere Burgaufgang, heute gepflastert, wurde absichtlich rechts um den Burgberg geführt, damit die Angreifer ihre rechte Seite, die nicht durch den Schild geschützt war, den Verteidigern zuwenden mussten. Eine Stahltreppe führt zu einer Aussichtsplattform in Richtung Dünsberg. **Führungen** bietet der Vetzbergverein an.
Adresse: Obergasse 3, 35444 Biebertal, 06409/7258, www.vetzbergverein.de

▸ Dünsberg
Der 500 m hohe Dünsberg erhebt sich als Ausläufer des Westerwaldes im Gladenbacher Bergland. Drei gut erhaltene Ringwälle umziehen den Berg. Sie sind Reste verfallener Wehrmauern, die aus Holz, Steinen und Erde zum Schutz vor Angreifern errichtet wurden. In keltischer Zeit gab es auf dem Dünsberg eine keltische Siedlung, ein „Oppidum". Das bezeugen Hunderte von Siedlungsplateaus. Ein nachgebautes Keltentor führt zu den Ringwallsystemen und den Grabungsfeldern.
Informationen: Dünsberg-Verein e. V., 06409/9649, www.duensberg-verein.de

▸ Gail'scher Park
Ein englischer Landschaftspark, der mit seiner Vielfalt und Einzigartigkeit Besucher immer wieder in Erstaunen versetzt. Im Zentrum der im Gelände vertieft angelegte Teich, Halbinsel und eine angedeutete Grotte im westlichen Uferbereich, ein Wasserlauf mit neun verbundenen Becken im unteren Parkbereich, Villa, der markante Uhrenturm, Teich-, Spiel- und Bienenhaus: Der Park bietet viele romantische Winkel und Plätze zum Verweilen und Entspannen. Kunsthandwerkliche Arbeiten wie der Faun in unmittelbarer Nähe des Teichhauses und Besonderheiten

wie etwa ein mächtiger Mammutbaum sorgen für zusätzliches Ambiente. Mit diesem Park erfüllten sich der Kommerzienrat Wilhelm Gail und seine Ehefrau Minna in den 1890er-Jahren einen Herzenswunsch. Prominente Fachleute unterstützten sie darin, wie der Architekt Friedrich von Hoven aus Frankfurt und der Frankfurter Gartendirektor Andreas Weber, der die Anlage nach der Lenné-Maye'schen Schule schuf. Der unter Denkmalschutz stehende Park ist ein wunderschönes Beispiel der damaligen Gartenkunst. Der im Jahr 2000 gegründete Freundeskreis bietet Führungen (Kostümführung, Botanische Baumführung) an (Anmeldung erforderlich). Im Schweizer Haus, ein Fachwerkgebäude mit gegenständigen Giebeln, finden Kunstausstellungen und Lesungen statt.
Adresse: Am Schindwasen/Gießener Straße, 35444 Biebertal-Rodheim, 🌐 www.gailscherpark.de, **Öffnungszeiten:** März–Okt Sa 12.00–18.00 Uhr, So 14.00–18.00 Uhr; Nov–Febr So 14.00–16.00 Uhr. **Führungen** nach Voranmeldung (📞 06409-81070) oder jeden ersten So im Monat um 14.30 Uhr

(auch für Veranstaltungen, wie Kindergeburtstage ect.) können gebucht werden bei annette.lust@web.de. Termine öffentlicher **Kinderführungen** werden auf der Homepage des Vereins unter Informationen, Kinderführungen bekanntgegeben.

Mit dem Gail'schen Park (im Bild die Villa) erfüllten sich Kommerzienrat Wilhelm Gail und seine Ehefrau in den 1890er-Jahren einen Herzenswunsch.

▸ 😊 Kinderführungen im Gail'schen Park
Die Kinderführungen im Gail'schen Park sind für die Kleinen ein besonderes Highlight. Die „Zauberhafte Kinderführung" und andere

▸ Kirche Rodheim-Bieber
Die evangelische Kirche mit ihrem spätromanischen Chorturm war im Inneren reich ausgestattet. Die Emporen des 18. Jh. mit ihren farbigen Brüstungsmalereien, Taufstock und Herrschaftsgestühle mit Schnitzereien sowie ein spätmittelalterliches Luther-Gemälde zeugen noch davon.

▸ Historischer Ortskern Königsberg
Im Ortsteil Königsberg sind liebevoll restaurierte Fachwerkhäuser und eine hübsche Dorfkirche erhalten. Von dem 1697 erbauten Gotteshaus hat man eine schöne Aussicht

über Königsberg und die reich bewaldete Landschaft der angrenzenden Höhen und Täler.

Museen

▸ ☉ Keltengehöft am Dünsberg

Das Keltengehöft hinter dem Keltentor am Dünsberg-Parkplatz „Krumbacher Kreuz" besteht aus einem Bauernhaus sowie zwei Nebengebäuden, die Speicher- und Wirtschaftsbauten nachempfunden sind. Das Hauptgebäude dient als Informationszentrum, in dem über die Geschichte sowie über Flora und Fauna des Dünsbergs informiert wird. In einem großen Diorama sind Tiere des Dünsbergwaldes und ein keltischer Schmied in seiner Werkstatt zu sehen. Getreidearten und Repliken von landwirtschaftlichen Geräten geben Einblick in die Landwirtschaft der Kelten. **Workshops** und **Gruppenführungen** nur nach Voranmeldung.
Kontakt: Dünsberg-Verein e. V., ☏ 06409/9649, ⊕ www.duensberg-verein.de, **Öffnungszeiten:** Apr–Okt Mi und Sa 13.00–17.00 Uhr, So 10.00–17.00 Uhr

▸ Museum KeltenKeller

Neben der Ausstellung von Original-Funden aus den Ausgrabungen am keltischen Oppidum auf dem Dünsberg wird ein reichhaltiges Spektrum an Literatur zum Dünsberg sowie Repliken von Originalfunden angeboten.
Adresse: Gemeindeverwaltung (im Kellergeschoss), Eingang links am Haus, Mühlbergstraße 9, 35444 Biebertal-Rodheim, **Öffnungszeiten:** jeweils am ersten und dritten So im Monat

▸ Bauernhausmuseum Hof Haina

Ein komplett eingerichtetes Bauernhaus mit Mobiliar, Keramik, Gebrauchsgegenständen, Trachten und Stickereien aus dem 18. und 19. Jh. erwartet den Besucher.

Adresse: Hof Haina 6, 35444 Biebertal-Bieber, ☏ 06409/661799, **Öffnungszeiten:** nur nach Voranmeldung

▸ Heimatmuseum Frankenbach

Gezeigt werden Dokumente und Gegenstände aus der bäuerlichen und gewerblichen Arbeitswelt.
Adresse: Kirchstraße 20, 35444 Biebertal-Frankenbach, ☏ 06446/2547, **Öffnungszeiten:** Apr–Okt jeweils am ersten So im Monat 14.00 bis 16.00 Uhr und nach Voranmeldung

▸ Heimatmuseum Rodheim-Bieber

Neben der heimischen Tracht werden hier die Arbeitsfolgen vom Flachs zum Leinen samt Gerätschaften und funktionsfähigem Webstuhl gezeigt. Und schließlich wartet die „Bieberlies", eine von 1898–1963 zwischen Gießen und Bieber verkehrende Kleinbahn als Modell im Kellergeschoss.
Adresse: Gießener Straße 22, 35444 Biebertal/Rodheim-Bieber, ☏ 06409/9215, **Öffnungszeiten:** So 15.00–17.00 Uhr und nach Voranmeldung

Freizeit und Natur

▸ Wandern und Radfahren

Zu Fuß geht es 8 km auf dem Archäologischen Wanderweg, der von Biebertal nach Dünsberg führt. Am Wanderweg findet der Interessierte auf Tafeln Informationen zu den geschichtlichen Hintergründen der keltischen Besiedlung. Der Krumbacher Weg führt von Krumbach aus durch das Naturschutzgebiet Oberes Verstal. 3 km lang ist der Waldlehrpfad, der im Ortsteil Rodheim startet und verschiedene heimische Baumarten vorstellt. Empfehlenswert ist auch der 13 km lange Frankenbacher Weg, der über befestigte Feld- und Waldwege führt. Wer mehr über die Welt der Burgen erfahren möchte, kann den 25 km langen Fünfburgenweg in Angriff nehmen. Der 8 km lange

Elisabethpfad streift u. a. das Keltengehöft, und der 22 km lange Lahnhöhenweg den Gail'scher Park und die Burgruine Vetzberg. Wer die Landschaft auf dem Rad erkunden möchte, dem sei die Gleiberg-Route empfohlen. Die 43 km lange Strecke startet und endet am Wißmarer See. Die 20 km lange Burgenrunde von Biebertal nach Wettenberg und zurück führt um den Fuß der Burg herum. Nicht zu vergessen die Keltentour am Dünsberg, die mit ihren 8,5 km und geringem Höhenunterschied schon für Kinder ab acht Jahren geeignet ist.

Empfehlenswert ist zudem der Biebertaler Entschleunigungsweg (3 km), auf dem man von „Bank" zu „Bank" zur Ruhe kommen kann.

▶ **Familienbad Biebertal**

Das Familienbad Biebertal mit Solarium, Sauna, Dampfbad und Freiliegeflächen ist durch seine familiäre Atmosphäre weit über die Grenzen Biebertals hinaus bekannt.
Adresse: Bieberstraße, 35444 Biebertal, 📞 06409/6613948

Biedenkopf

(Kreis Marburg-Biedenkopf)

Zusammen mit seinen acht Stadtteilen hat der Luftkurort, im oberen Lahntal gelegen, rund 14 000 Einwohner. Die Stadt, überragt vom Landgrafenschloss, blickt auf eine 750-jährige bewegte Geschichte zurück. Erstmals erwähnt wurde Biedenkopf, eine Staufen-Stadtgründung, 1196.

Tourist-Information
Hainstraße 63
35216 Biedenkopf
📞 06461/95010
🌐 www.biedenkopf.de

Sehenswertes

Stadtführungen finden an einigen Sonntagen von März bis Okt um 14.00 Uhr statt. Treffpunkt an der Hospitalkirche. **Informationen** 📞 06461/88460.

▶ **Schenckbarsches Haus**

In der Altstadt haben sich zahlreiche Fachwerkhäuser erhalten, deren ältestes das landgräfliche Amtshaus an der Kirche ist, bekannt als „Schenkbarsches Haus". Es ist das einzige Haus Biedenkopfs, das allen drei Stadtbränden trotzen konnte (1635, 1647 und 1711). Ab 1491 wurde das heutige Gebäude auf dem Steinsockel errichtet, 1568 um ein Stockwerk erweitert und 1610 unter Schultheiß Heinrich Schenkbar umgebaut und mit zwei neuen Speicherstockwerken versehen. Im Haus selbst befindet sich ein Ikonenmuseum, das auf Anfrage besichtigt werden kann.

Adresse: Bei der Kirche 8, 35216 Biedenkopf Voranmeldung für Besichtigungstermine unter 📞 06461/88460

▶ **Klingelburg**

Die Klingelburg in der Hintergasse 31 steht als barockes Fachwerkhaus auf der ehemaligen mittelalterlichen Torbefestigung, die wie eine kleine Burg an dieser Stelle stand. Sie schützte die Eichpforte, das einzige Tor, durch das Händler Biedenkopf betreten durften. Am Ende der Hintergasse bei der Eichpforte befindet sich heute der einzige völlig erhaltene Turm der Stadtbefestigung, der sogenannte Hexenturm.

▶ **Thauwinkel**

Die Hausnr. 32 ist das kleinste Haus im ehemaligen Handwerker- und Tagelöhnerviertel vor den Mauern der Stadt. Schon allein der steile Weg, den man mit Fuhrwerken kaum sicher befahren konnte, verrät die Bewohnerschaft, die sich gar keine Wagen leisten konnte.

▸ Storchennest

Dieses kleinste Haus der Oberstadt (Bei der Kirche 7) beherbergte noch um 1900 eine Familie mit acht Kindern. Allerdings gab es damals nur das Erdgeschoss, der verschieferte erste Stock stammt aus den 50er-Jahren. Der Name des Hauses rührt vom Bild im Kratzputz her: Neben einem Bauern mit Hessenkittel, einer Frau in der Tracht des Amtes Biedenkopf und einer in der Tracht des Untergerichts des Breidenbacher Grundes sieht man einen Vater, der den ein Baby ausliefernden Storch mit einem Messer bedroht für den Fall, dass der Storch mit Kind Nummer neun wiederkommen sollte.

Das Landgrafenschloss in Biedenkopf ist ein bedeutendes Kulturdenkmal, und der Innenausbau wurde mit dem Hessischen Denkmalschutzpreis ausgezeichnet.

▸ Gangtreppe

Von der Hainstraße 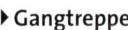 aus (zwischen Hausnr. 46 und 48) führt die Treppe mit ihren 112 Stufen hinauf in die Oberstadt. Die aus Biedenkopf stammende Künstlerin Ursula Cyriax gestaltete seit 2011 mehrfach mit Einwohnern der Stadt Kunstwerke im öffentlichen Raum. Auf den Stufen der Gangtreppe kann man beim Hinaufsteigen seit 2013 die Worte des Gedichtes „Stufen" von Hermann Hesse lesen.

▸ Marktbrunnen (Stadtgasse)

Auf dem oberen Markt, der eigentlichen Keimzelle der Stadt, befindet sich der wohl älteste Brunnen im Stadtgebiet, ein noch immer eisengefasster, runder Brunnen aus 23 unterschiedlich großen Sandsteinsegmenten. Der heutige Brunnen wird auf 1636 datiert, allerdings hat er mit Sicherheit einen älteren Brunnen ersetzt.

▸ Stadtkirche

Die evangelische Pfarrkirche (Bei der Kirche 14) wurde 1885 als gotischer Neubau errichtet. An der Nordseite des neuen Chores befindet sich die 1415 erbaute Nothgottes-Kapelle und an der Südseite die alte Sakristei. Vom Turm, der in Höhe und Stil dem der alten Kirche entspricht, begleiten vier Glocken mit ihrem Klang das Leben der Bürger. **Öffnungszeiten:** tägl. von 9.00–17.00 Uhr

▸ Hospitalkirche

Die Hospitalkirche ist das einzige noch aus dem späten Mittelalter erhaltene Bauwerk.

Biedenkopf

Die Genehmigung zum Bau gab Landgraf Ludwig I. 1417. Die Stifter Gerlach von Breidenbach und Herrmann von Löwenstein statteten das Hospital mit Ländereien aus. Das Innere der Kirche ist nur im Rahmen von **Stadtführungen** zu besichtigen.

▶ Landgrafenschloss

Das Landgrafenschloss wurde in der Mitte des 15. Jh. von Heinrich III. zu Hessen-Marburg erbaut. Ausgrabungsarbeiten belegen, dass es bereits mehrere Vorgängerbauten gab. Das Schloss sollte eigentlich als Witwensitz dienen, wurde aber von der landgräflichen Familie nie bezogen. Es wurde über die Jahrhunderte als Lager, Speicher und Pferdestall genutzt. 1988 musste es wegen Sanierungsarbeiten geschlossen werden. Nach der Wiedereröffnung 1993 wurde der Innenausbau mit dem „Hessischen Denkmalschutzpreis" ausgezeichnet. Der Schlosshof bietet die passende Kulisse für die jährlich im Sommer stattfindenden Schlossfestspiele. **Informationen** unter ☏ 06461/924651

Museen

▶ Hinterlandmuseum

Überregionale Bedeutung erlangte das Museum im Landgrafenschloss vor allem durch seinen umfangreichen Trachtenbestand. **Adresse:** Im Schloss 1, 35216 Biedenkopf, ☏ 06461/924651, **Öffnungszeiten:** Apr–Mitte Nov tägl. außer Mo 10.00–18.00 Uhr. Während der Winterpause für Gruppen ab 10 Personen nach Voranmeldung möglich. **Kontakt** unter ☏ 06461/924651

▶ Dorfmuseum Wallau

Unter dem Motto „Vom Bauerndorf zum Industrieort" hat der Heimatverein Wallau eine umfangreiche Ausstellung zur Geschichte des Ortes erarbeitet. **Adresse:** Fritz-Henkel-Straße 75, 35216 Biedenkopf, ☏ 06461/89628, **Öffnungszeiten:**

jeden zweiten So im Monat 14.00–17.00 Uhr und auf Anfrage

▶ Schartenhof Eckelshausen

Über 300 Jahre alt ist der Fachwerkbau, heute ein Zentrum der Kreativität, in dem Kunst, Kultur und Musik zu Hause sind. Er ist die Geburtsstätte des internationalen Musikfestivals der Eckelshausener Musiktage und beherbergt ausgewähltes Kunsthandwerk, ein Puppenatelier und ist zudem Schauplatz vieler Ausstellungen. **Adresse:** Obere Bergstraße 12, 35216 Biedenkopf, ⊕ www.schartenhof.de, **Öffnungszeiten:** tägl. außer Mo 14.00–18.00 Uhr

Freizeit und Natur

▶ Wandern und Radfahren

Über 320 km markierte Wanderwege sowie ein Vielzahl markierter Radwege sind ausgeschildert. Es muss nicht gleich die 38,5 km lange Lahnhöhen-Extratour in Angriff genommen werden, viele kürzere Wege, wie z. B. der 4 km lange Waldlehrpfad oder eine der „Tierwanderungen" (Widderweg, Fischreiherweg, Keilerweg, Eichhörnchenweg …) oder „Blattwanderungen" (Eichenblattweg, Erdbeerblattweg, Schattenblattweg …) sind auch für weniger Geübte geeignet. Zudem bietet der Naturschutzbund Biedenkopf (NABU) interessante ornithologisch-botanische Exkursionen und Vogelstimmenwanderungen an. **Kontakt** unter ☏ 06461/2653. Geführte Wanderungen werden überdies vom Oberhessischen Gebirgsverein (☏ 06461/89418) angeboten. Radfahrer können sich auf den Lahntal-Radweg, die Vier-Flüsse-Tour (Hess. Radfernweg R 2) sowie auf die Hessischen Radfernwege R 6 (Vom Waldecker Land ins Rheintal) und R 8 (Westerwald–Taunus–Bergstraße) begeben. Auch Nordic-Walking-Freunde können zahlreiche Touren in der schönen Mittelgebirgslandschaft unternehmen.

▶ 🌊 **Perfstausee Breidenstein**

Der Perfstausee ist ein beliebter Badesee. Rund um den See führt ein asphaltierter Spazierweg mit Ruhebänken, ein angrenzendes Naturschutzgebiet bietet vor allem Wasservögeln ein Refugium. Ein Badestrand mit zeitweiliger DLRG-Aufsicht, der auch für kleine Kinder gut geeignet ist, und eine Liegewiese stehen zur Verfügung.

▶ **Lahnauenbad**

Das Bad bietet 900 m² Wasserfläche in drei Becken, ist beheizt und verfügt über ein Drei- und Einmetersprungbrett, zwei Beachvolleyballfelder, Superrutschbahn, Café/Restaurant. **Adresse:** Am Freibad 7, 35216 Biedenkopf, 📞 06461/2046, **Öffnungszeiten:** Apr–Aug Mo–Fr 7.30–20.00 Uhr, Sa und So 8.30–20.00 Uhr

▶ **Reiten**

Die Reitschule Hainbachtal liegt inmitten von Wäldern und Wiesen im Stadtteil Wallau. Die Reitanlage bietet eine Halle sowie einen Platz. Hier werden Islandpferde gehalten. **Adresse:** Untere Hainbachstraße 50, 35216 Biedenkopf, **Ansprechpartner:** Claudia und Heiko Mönch, 📞 06461/758621

▶ 😊 **Freizeitzentrum Sackpfeife**

Die Sackpfeife ist Biedenkopfs Hausberg. Er ist mit 674 m die höchste Erhebung im Landkreis. Hier oben kann man von der Plattform des Aussichtsturmes des Kaiser-Wilhelm-Turms den Blick über die Höhenzüge des Schiefergebirges bis in die Ferne schweifen lassen. Im Sommer kann man mit der Superrutschbahn 480 m bergab sausen, mit der Sesselbahn auf die Sackpfeife fahren und dort spazieren gehen. Kinder können sich auf dem Bungy-Trampolin und dem Spielplatz austoben, Autoscooter fahren, im Streichelzoo Kontakt zu den Tieren aufnehmen und sich im Indianerdorf auf den Kriegspfad begeben. Etwas ruhiger geht es auf dem Sinnespfad zu. Im Winter ist die Sackpfeife Anlaufstelle für Skifahrer. Man findet hier gespurte Ski-Langlaufloipen, eine Ski-Abfahrt mit Flutlicht, die Sesselbahn und einen Schlepplift für den Transport auf den Berg und auch viele Winterwanderwege zum Spazierengehen. 📞 06461/3778, **Öffnungszeiten:** saisonal unterschiedlich

▶ **Marionettentheater Im Schartenhof**

Gegründet wurde das Marionettentheater 1997. Seither hat sich das kleine Ensemble deutschlandweit einen guten Ruf erarbeitet und wurde sogar mit Auftritten in der „Mutter der Marionettentheater" – der Augsburger Puppenkiste – geadelt. Sechs Opern gehören mittlerweile zum Repertoire. **Adresse:** Obere Bergstraße 12, 35216 Biedenkopf, 📞 06461/2710, 🌐 www.schartenhof.de

▶ 😊 **Kombacher Posträuber**

Spielend geht man hier der Frage auf den Grund, warum Menschen zu Räubern werden. Ausgangspunkt ist eine reale Geschichte um die Kombacher Posträuber, die 1822 eine Postkutsche überfielen. Ein kurzweiliger Tag mit Lerneffekt an der Schutzhütte Kombach. **Informationen** unter 📞 06461/75161

Veranstaltungen und Feste

Die **Eckelshausener Musiktage** kann man im Mai besuchen.

Der **Grenzgang** findet alle sieben Jahre jeweils Do–Sa in der dritten Augustwoche statt. Dieses Volksfest entstand aus der Grenzbegehung, bei der mit den Nachbargemeinden die Grenze der Gemarkung geklärt wurde. Der Grenzgang ist seit 1693 bezeugt. Seit 1839 wandelte er sich zum Volksfest. Der nächste Grenzgang findet im Jahr 2019 statt.

Bischoffen

(Lahn-Dill-Kreis)

Bischoffen liegt im Niederweidbacher Becken an der Aartalsperre. Rund 3400 Menschen leben hier. Nieder- und Oberweidbach wurden bereits um das Jahr 800 im Codex Eberhardi des Klosters Fulda urkundlich erwähnt. Die Ersterwähnung der anderen Orte erfolgte Ende des 13. bis Anfang des 14. Jh.

Gemeinde Bischoffen
Schulstraße 23
35649 Bischoffen-Niederweidbach
📞 **06444/9231-0**
🌐 **www.bischoffen.de**

Museen

▶ Heimatmuseum
Das Heimatmuseum zeigt historische Werkzeuge, Gebrauchsgegenstände und Fotos aus dem dörflichen Leben sowie Sonderausstellungen.
Adresse: Günteroder Straße, 35649 Bischoffen, 📞 06444/8731, **Öffnungszeiten:** jeden letzten So im Monat 15.00–17.00 Uhr

Freizeit und Natur

▶ Wandern
Wanderfreunde sollten unbedingt den Aartalsee-Panoramaweg erkunden. Er führt durch die Ortsteile Bischoffen, Niederweidbach und Roßbach. Auf rund 12 km entdeckt

man dabei naturhistorische Schönheiten wie die „Alte Eiche" in Roßbach und die „Adlereiche" in Niederweidbach. Zwischendurch laden Schutzhütten zur Rast ein. Oder man macht ein Picknick am „Hubertusplatz", der einen der schönsten Ausblicke auf den Aartalsee und seine Umgebung bietet. Rund um den See führt zudem ein 7,5 km langer Wanderweg.

▶ Aartalsee
Er ist die Hauptattraktion der Gemeinde. Die zweitgrößte Seefläche Hessens (57 ha) bietet für jeden Freizeitsportler etwas: Segeln, Surfen, Angeln, Inlineskaten, Wandern oder Joggen auf dem rund 7,5 km langen Rundwanderweg. Zum Baden und Entspannen lädt der Badebereich mit Sandstrand und Liegewiese ein. Auf dem Gelände finden im Sommer auch verschiedene Sport- und Freizeitevents statt. Die Vorsperre, die dem Naturschutz gewidmet ist, beherbergt zahlreiche heimische Tierarten, die hier sowohl im Sommer als auch im Winter Quartier nehmen.

Der Aartalsee, der zweitgrößte See Hessens, bietet Freizeitsport-möglichkeiten für jedermann.

Braunfels

(Lahn-Dill-Kreis)

Der Luftkurort liegt 100 m über dem Lahntal, 10 km westlich von Wetzlar. Rund 12 000 Menschen leben hier. Das Schloss, das aus einer im 13. Jh. gegen die Grafen von Nassau errichteten Trutzburg hervorging, diente ab 1260 als Wohnburg der Solmser Linie Solms-Braunfels. Nach der Zerstörung der Burg Solms durch den Rheinischen Städtebund 1384 wurde die Burg neuer Stammsitz der Grafen von Solms. Stadtrecht besitzt Braunfels seit 1607.

Tourist-Information Braunfels
Marktplatz 9
35619 Braunfels
📞 **06442/93440**
🌐 **www.braunfels.de**

Sehenswertes

▸ Stadtführungen

Die malerische Altstadt und der historische Marktplatz mit den reich verzierten Fachwerkhäusern laden zum Bummeln und Verweilen ein. Auf einer der vielen Stadtführungen kann man 750 Jahre Geschichte hautnah erleben. Ob kostümierte Führung, Fachwerkführung, Nachtwächter- oder kulinarische Führung – für Abwechslung ist gesorgt. Auch zwei Führungen für Kinder sind im Programm. **Informationen** erteilt die Tourist-Information.

▸ Schloss Braunfels

Hoch oben auf einem Basaltfelsen thront das Schloss mit seiner zinnenreichen Silhouette. Das „Castellum Bruninfels" wurde 1246 erstmals urkundlich erwähnt und im Laufe der Jahrhunderte erweitert, um- und aufgebaut, bis es Ende des 19. Jh. seine heutige Form

erhielt. Die kulturellen Veranstaltungen vor der historischen Kulisse von Schlosshof und Schlossgarten sind ein besonderer Genuss. Das Schloss ist ganzjährig geöffnet.
Adresse: Belzgass 1, 35619 Braunfels,
🌐 www.schloss-braunfels.de
Führungen: Apr–Okt tägl. ab 11.00 Uhr zur vollen Stunde; Nov–März am Wochenende ab 11.00 Uhr
🔵 **Für Gruppen** – besonders für Kinder – stehen nach Voranmeldung zahlreiche museumspädagogische Führungen zur Auswahl und zusätzlich kann auf Schloss Braunfels auch der Kindergeburtstag gefeiert werden. **Auskunft** erteilt die Tourist-Information.

▸ Kurpark

Der idyllische Park wurde Anfang des 17. Jh. von Graf Albrecht I. von Solms als Terrassengarten angelegt, um 1800 erfolgte die Umgestaltung im Stil eines englischen Landschaftsgartens. Mit historischen Elementen und einzigartigem Baumbestand sowohl heimischer als auch exotischer Gehölze bietet der Kurpark eine reizvolle Kulisse für kulturelle Veranstaltungen. **Führungen** durch den Kurpark können über die Tourist-Information gebucht werden.

▸ Burg Philippstein

Im Jahre 1390 vom Landgrafen Philipp I. von Nassau-Weilburg erbaut, erhebt sich die Schutzburg als Wahrzeichen über die Landschaft. Die Burg diente als Schutz gegen das Solms-Braunfelser Land.

Museen

▸ Stadtmuseum Obermühle

Das Gebäude, auch „Brunnenkunst" genannt, wurde 1445 erstmals als Mühle erwähnt. Nach der Neugestaltung in den Jahren 1999/2000 hat das Museum insgesamt fünf Schwerpunkte: die wichtigsten

Braunfelser Handwerker, die Arbeiten der Frau im und am Haus, das bürgerliche Wohnen, die Wasserkunst/Wasserversorgung, das Hammerwerk.
Adresse: Tiefenbacher Straße 1, 35619 Braunfels, 📞 06442/6696, 🌐 www.stadtmuseum-obermuehle.de, **Öffnungszeiten:** März–Okt jeden ersten und dritten So im Monat 14.00–17.00 Uhr

Freizeit und Natur

▸ Wandern und Radfahren
Der Luftkurort bietet Aktivurlaubern vielfältige Möglichkeiten. Bis zum Horizont erstrecken sich die ausgedehnten Wälder von Westerwald und Taunus und laden zu Wanderungen oder Radtouren ein. Ein Panoramawanderweg bietet Ausblicke auf Schloss Braunfels sowie das angrenzende Lahntal. Wer den Spuren der Bergleute im einstigen Eisenerzrevier „Lahn-Dill" folgen möchte, kann auf der Bergmannsroute (26,4 km) von Wetzlar über Solms nach Braunfels wandern. Rund um Braunfels findet man zudem zahlreiche Radwege für Ausflüge in die nähere Umgebung. Der sehr gut ausgebaute Lahntalradweg folgt der Lahn auf einer Länge von 245 km von der Quelle bis zur Mündung. Und wer es lieber etwas sportlicher mag, für den sind die Trails im Naturpark Hochtaunus, die man am besten mit dem Mountain Bike bewältigt, genau das Richtige. **Informationen** gibt es bei der Tourist-Information.

▸ Weihergebiet
Großer Weiher, Eisweiher und Warmer Weiher sind künstlich angelegte Gewässer. Der Warme Weiher liegt eingebettet in den dichten Baumbestand im Iserbachtal oberhalb der Straße nach Tiefenbach. Der Eisweiher ist mit seinem sehenswerten Vogelbestand ein Anziehungspunkt für Naturliebhaber. Talaufwärts liegt der Große

Weiher, ein Paradies für allerlei Vögel und Insekten. Wegen einer Führung bitte an die Tourist-Information wenden.

▸ ☺ Fürstlicher Tiergarten
In dem ehemaligen Jagdareal des Grafen Wilhelm Moritz zu Solms-Braunfels gibt es viel zu entdecken. Auf etwa 55 ha leben Wildschweine, Mufflons, Damhirsche und Rehe. Bei der tägl. Fütterung zwischen 16.00 und 19.00 Uhr kann man die Tiere aus der Nähe bestaunen. Für Kinder ist das ein besonderes Erlebnis, denn mit einem kleinen Eimer Mais können sie bei der Fütterung helfen. Die malerischen Rundwanderwege führen durch Gelände mit altem Baumbestand.
Öffnungszeiten: tägl. von 10.00–18.00 Uhr

▸ Freilichtbühne Bonbaden
Jedes Jahr bietet die Freilichtbühne von Juni bis August ein spannendes und kurzweiliges Theaterprogramm unter freiem Himmel an.
Adresse: Philippsteiner Weg, 35619 Braunfels, 📞 06442/23750, **Termine** bitte bei der Tourist-Information erfragen

▸ Freibad
Schwimmen und Wasserspaß mit Blick auf das Braunfelser Schloss! Eine Wassertemperatur von konstant 24 °C, Springtürme, Tischtennis, Fußballtore, ein Beach-Volleyball-Feld, Schaukeln und allerlei Spielgeräte lassen die Herzen der sportlichen Schwimmbadbesucher höher schlagen. Zum Relaxen und Sonnenbaden laden die Liegewiesen rund um das Schwimmbecken ein.
Adresse: Sportanlage 2, 35619 Braunfels, 📞 06442/959367, **Öffnungszeiten:** innerhalb der Saison Mo, Mi, Fr–So 9.00–19.00 Uhr, Di und Do 7.00–19.00 Uhr

▸ Golf
Einlochen unter der Schlosssilhouette: Braunfels bietet den Besuchern einen der

schönsten und ältesten Golfplätze (18-Loch)
Deutschlands.
Adresse: Golf-Club Schloss Braunfels e.V.,
Homburger Hof, 35619 Braunfels, 📞 06442/
4530, 🌐 www.golfclub-braunfels.de

▶ **Angeln**
Neben den beiden Angelteichen unterhalb
des Schlosses, dem mit Karpfen besetzten
Großen Weiher und dem für
seinen überdurchschnittlichen
Welsbestand regional bekannten
Tiergartenweiher bietet auch die
nahe gelegene Lahn traumhafte
Angelmöglichkeiten.
Angelkarten: Angelgeräte Flauger,
Josef-Lücker-Weg 6, 35619 Braun-
fels, 📞 06442/5152

Veranstaltungen und Feste

Kurkonzerte: Von Anfang Mai bis
Ende August laden jeden Sonntag
von 16.00–17.00 Uhr die beliebten
Kurkonzerte in den Braunfelser
Kurpark/Lindenallee ein, der Ein-
tritt ist frei.
Oper im Schlosshof: Jedes Jahr im
Sommer wird der Innenhof des
Braunfelser Schlosses zur Bühne
für die schönsten Opern der Welt.
Weinfest: Im Kurpark findet
alljährlich im Juni das Braunfelser
Weinfest statt.
Mühlenfest: Zum Ende der Som-
merferien lädt das Stadtmuseum
Obermühle zum Mühlenfest ein.
Spektakulum: Während des mit-
telalterlichen Spektakulums (Juni/
Juli) wird die Vergangenheit leben-
dig, wenn hunderte von Akteuren,
Ritter, Burgfräulein, Handwerker,
Händler, Gaukler und Musikanten
die Zeit im Braunfelser Kurpark

zurückdrehen und heldenhafte Recken zum
großen Gestech auf dem Turnierplatz gegen-
einander antreten.
Stadtfest: Anfang September laden die
Braunfelser Gewerbetreibenden zum Braunfelser Stadtfest auf den Marktplatz ein.
Weihnachtsmarkt: Am zweiten Advent-
wochenende findet der Christnikelsmarkt
statt.

Die zinnenreiche Silhouette des Schlosses erhebt sich als Wahrzeichen über Braunfels.

Breitscheid

(Lahn-Dill-Kreis)

Zu Breitscheid, am Osthang des Westerwaldes gelegen, gehören neben dem Kernort die Ortsteile Medenbach, Erdbach, Gusternhain und Rabenscheid. In der Gemeinde, die durch ihre erdgeschichtlichen Funde bekannt ist, leben derzeit rund 5000 Menschen. Die älteste urkundliche Erwähnung von Breitscheid stammt aus dem Jahr 1230.

Tourist-Information
Rathausstraße 14
35767 Breitscheid
📞 **02777/913321**
🌐 **www. gemeinde-breitscheid.de**

und 32 m Höhe (max.) der größte Einzelraum dieses Gangsystems, in dem Tropfsteine aller Formen und Farben aus Decke und Boden sprießen. Seit 2009 ist sie als Schauhöhle erschlossen. Durch einen etwa 45 m langen Stollen gelangt der Besucher während einer Führung über 125 Treppenstufen hinab in die ca. 25 m unter der Erde befindliche Höhle. Die dort vorhandenen Tropfsteinjuwele werden mit modernster LED-Technik ausgeleuchtet und setzen diese sensationell in Szene. Ein Erlebnis für die ganze Familie. Die Höhle ist Info-Zentrum im nationalen Geopark Westerwald-Lahn-Taunus.
Ticket-Hotline: 📞 0231/9172290, 🌐 www. schauhöhle-breitscheid.de, **Öffnungszeiten:** Sa, So und an hessischen Feiertagen von 11.00–18.00 Uhr **(Führungen** immer zur vollen Stunde, letzte Führung um 17 Uhr; im Winter verkürzte Zeiten)

Sehenswertes

In den Ortsteilen stehen sehenswerte denkmalgeschützte Fachwerkhäuser. Einen Besuch wert sind überdies die Wehrkirche in Breitscheid mit ihrem alten Turm von 1309, die Fachwerkkirche in Gusternhain, die frühgotische Kapelle aus dem 12. Jh. in Erdbach sowie die 650 Jahre alte Dorflinde in Erdbach mit einem Stammumfang von 5 m. Der „Barstein" – ein Vulkanfelsen mit 618 m – ist die höchste Erhebung der Gemeinde.

Die „Knöpfchenhalle" des Herbstlabyrinths ist der größte Einzelraum dieses Gangsystems, in dem Tropfsteine aller Formen und Farben aus Decke und Boden sprießen.

▸ **Schauhöhle Herbstlabyrinth**
Das 1993 entdeckte Herbstlabyrinth zwischen Breitscheid und Erdbach ist mit seinen rund 12 km das größte Höhlensystem Hessens. Die „Knöpfchenhalle" ist mit 50 m Länge, 22 m Breite

▸ **Karst- und Höhlenlehrpfad**
Der 10 km lange Rundpfad im Naturschutzgebiet führt über 17 Stationen zu den

geologischen Besonderheiten der Region. Dazu gehören u. a. die Erdbachschwinde, der Homberg, die Steinkammern und die Gasseschlucht.

Museen

▶ Töpfer- und Häfnermuseum

Töpferwaren aus über 260 Jahren Töpferei-geschichte Breitscheids und Umgebung sind in diesem interaktiven Museum genauso zu bestaunen wie moderne Keramik aus Raumfahrt und Medizintechnik. Es werden nicht nur Erlebnisführungen angeboten, sondern auch Töpfer-, Modellier- und Drehkurse (**Anmeldung** unter ☏ 02777/913321). Die Breitscheider Töpfertradition ist seit 2017 Teil des Immateriellen Kulturerbes der UNESCO. **Adresse:** Kirchstraße 27, 35767 Breitscheid, ☏ 02771/22448, **Öffnungszeiten:** Mai–Sept So 15.00–17.00 Uhr und nach Voranmeldung

Freizeit und Natur

▶ Wandern

Durch das Gemeindegebiet verlaufen die beiden Fernwanderwege Westerwald- und Rothaarsteig. Der Westerwaldsteig beginnt im Osten bei Herborn und endet nach 235 km bei Bad Hönningen am Rhein. Die Höhenunterschiede innerhalb des Wanderweges betragen rund 450 m und gipfeln auf der Fuchskaute, der höchsten Erhebung mit 657 m. In Brilon im Sauerland beginnt die Wanderung durch das Rothaar-gebirge bis in den Hohen Westerwald und ins hessische Dillenburg. Seit Sommer 2017 im Angebot ist die Rothaarsteigspur „Breit-scheider Höhlentour" – ein ca. 12 km langer Rundwanderweg.

▶ Nordic Walking

Am Breitscheider Flugplatz, Teil des Nordic-Walking-Parks Westerwald, kann man vier verschiedene zertifizierte und ausgeschilder-te Nordic-Walking-Strecken „erlaufen". Von einfach bis anspruchsvoll – hier findet jeder seine optimale Laufstrecke. ☏ 02777/91020

▶ Fußballgolf

Auf dem Hofgut „Begegnungen" können sich Interessierte im Fußballgolf, einer Mischung aus Fußball und Golf, messen. Zwölf Bahnen auf dem Kurs bieten unterschiedliche Herausforderungen. **Adresse:** NEUSTART e.V., Auf der Hub 6, 35767 Breitscheid, ☏ 02777/82000, 🌐 www.fussballgolf-breitscheid.de

▶ ☺ Freibad

In Breitscheid-Medenbach hat in den Sommermonaten das Freibad im Langenau-bacher Weg geöffnet. Neben einer kleinen Rutsche für den Kinderspaß ist ein separates Kleinkinderbecken vorhanden. Auf der Liege-wiese stehen für weitere Aktivitäten eine Außentischtennisplatte, eine Kinderschaukel und ein Bolzplatz bereit. **Adresse:** Langenaubacher Weg, 35767 Breit-scheid

▶ Wintersport

Der Westerwald ist Teil des Rheinischen Schiefergebirges zwischen Lahn und Sieg. Aufsteigend bis zur Höhe von 657 m (Fuchskaute) bietet er im Winter regelmäßig sichere Wintersportbedingungen. Im Ski-gebiet Breitscheid gibt es vier gespurte Loipen mit unterschiedlichem Schwierig-keitsgrad. Anfahrt bis zum Startpunkt am Flugplatz Breitscheid. Parkplätze sind ausreichend vorhanden. **Auskunft** erteilt der Ski-Club Breitscheid unter ☏ 02777/6064.

▶ Weitere Angebote

Motor-, Segelflug, Fallschirmspringen und Sky-Diving am Flugplatz Breitscheid, 🌐 www.skydive-westerwald.de und 🌐 www.lsg-breitscheid.de

Buseck

(Landkreis Gießen)

Die Gemeinde liegt an der Wieseck im Busecker Tal, einer sanften Hügelland-schaft und hat rund 13 000 Einwohner. Das Busecker Tal war über viele Jahr-hunderte ein relativ eigenständiges Herrschaftsgebiet, das den Ganerben von Buseck und von Trohe unterstand. Erst-mals wurden um 786 ländliche Anwesen in „Buocheswiccum" im Güterverzeichnis des Klosters Hersfeld erwähnt.

Gemeindeverwaltung Buseck
Ernst-Ludwig-Straße 15
35418 Buseck
📞 **06408/9110**
🌐 **www.buseck.de**

Sehenswertes

▸ Schloss Buseck

Das ehemalige Wasserschloss stammt ver-mutlich aus der ersten Hälfte des 14. Jh. Es besteht aus zwei dreigeschossigen Bauten, die an der Süd- und Westseite rechtwinklig aneinanderstoßen. Im 16. Jh. wurde der Westflügel auf die Mauern eines Wohnturms aus dem 14. Jh. gebaut, der Südflügel im barocken Stil mit einer Durchfahrt stammt aus dem Jahr 1754. Aus dieser Zeit datiert auch die Brücke, die über den damals noch vorhandenen Wassergraben führte. Schließ-lich erfolgte 1869 die Modernisierung im neugotischen Stil. Heute befinden sich hinter den Mauern Gemeindeverwaltung und Stan-desamt. **Führungen** nach Vereinbarung unter 📞 06408/9110.

▸ Schlosspark

Der um 1860 im englischen Stil angeleg-te Park soll einst aus Freisitz, Rosenlaube, Pergola, einem langen Wegenetz, kleinen Häuschen und Pavillons, Gärtnerei und Gewächshäusern, einem Brunnen mit Was-serspiel und einer weißen Brücke bestanden haben. Erhalten haben sich alte, zum Teil exotische Bäume, die Brücke, eine Freitreppe, die Schlossremise, ein kleiner Teich und der Eiskeller.
Adresse: Ernst-Ludwig-Straße 15, 35418 Buseck, **Führungen** nach Voran-meldung unter 📞 06408/9110

▸ Anger mit Thalschem Rathaus Großen-Buseck

Das „Thalsche Rathaus", ein Fachwerkbau aus dem 16. Jh., wurde vermutlich als Gerichts-gebäude der Ganerben des Busecker Tals errichtet. Es steht auf einem rechteckigen Platz, dem Anger. Später wurde es Schule, dann Rathaus. 1787 kam der rechtwinklig abgesetzte Erweiterungsbau dazu.

▸ Kirche Großen-Buseck

Die dem heiligen Laurentius geweihte evan-gelische Kirche wurde um 1200 errichtet. Die Anlage ist einschiffig und kreuzförmig mit romanischem, quadratischem Westturm. Im Chorraum, der aus einem vollständig erhal-tenen gotischen Gewölbe besteht, sind noch Reste der mittelalterlichen Wandmalereien mit Darstellungen eines Apostels und zweier Frauenfiguren erhalten.
Führung nach Vereinbarung unter 📞 06408/2235

▸ Brückelchen Großen-Buseck

Eine steinerne Brücke führt in Verlängerung der Kirchstraße über das Flüsschen Wieseck. Sie gilt als Wahrzeichen Großen-Busecks.

▸ Brandsburg Alten-Buseck

Als ursprüngliche Wasserburg war die Brandsburg Sitz derer von Buseck. Auf den alten Grundmauern entstand 1735 ein barockes Herrenhaus mit Wassergraben. Der zweigeschossige, symmetrische Bau mit

1869 wurde das ehemalige Wasserschloss Buseck im neugotischen Stil umgebaut und modernisiert – hier zu sehen der Westflügel.

streng gereihten Fenstern und hohem Dach mit rechteckigen Gauben diente seit 1867 als Zigarrenfabrik. Aus dieser Zeit befindet sich an der Ostseite ein lang gestreckter Industriebau (1959). Als eine der letzten zugänglichen Zigarrenfabriken stellt die Brandsburg auch ein Denkmal der für die Region sehr bedeutenden Tabakindustrie dar. **Adresse:** Brandgasse 14/16, in der Ortsmitte von Alten-Buseck

▸ Kirche Alten-Buseck
Die einschiffige, im Kern gotische St. Georg-Kirche aus dem 14. Jh. wurde auf den Fundamenten einer romanischen Kirche erbaut, Teile der alten Grundmauern konnten 1996 freigelegt werden. Im Kirchenschiff entdeckt man Reste von Wandbemalungen, einen romanischen Taufstein aus der ersten Hälfte

des 13. Jh. und zwei schöne Grabsteine aus dem 16. und 17. Jh.

Museen

▸ Sammler- und Hobbywelt
In der Sammlerwelt präsentieren auf 1700 m² Fläche Privatsammler ihre Sammlungen der Öffentlichkeit. In der Hobbywelt entdeckt man auf 2000 m² sechs Modelleisenbahnanlagen in vier Spurbreiten, vier Carrerabahnen (u. a. die zweitgrößte Deutschlands), Modellschiffe, Modellflugzeuge, ein kleines Legoland, eine Formel-1-Sammlung, Automodelle und vieles mehr. Im Außenbereich befinden sich einige technische Ausstellungsstücke wie Lokomotive, Hubschrauber, Flugzeuge, Londoner Bus, Walze, Lorenbahn und vieles mehr.

Adresse: Kiesacker 5, 35418 Buseck, 📞 06408/500853, 🌐 www.sammler-und-hobbywelt.de,
Öffnungszeiten: Mo–So 10.00–18.00 Uhr

Freizeit und Natur

▸ Wandern und Radfahren

Das Busecker Tal lädt zu Wanderungen und Radtouren ein. Empfehlenswert ist die 24 km lange Nordschleife, die von Lollar nach Buseck führt. Auch eine Wanderung auf den Hangelstein lohnt sich: Vom 305 m hohen Felsplateau eröffnet sich ein schöner Rundblick nach Norden auf das untere Lumdatal, den Totenberg bei Treis, auf Staufenberg und das Gladenbacher Bergland. Ein unvergessliches Erlebnis ist die geologische Wanderung auf den Hoheberg. Aber auch Radler kommen in Buseck und Umgebung nicht zu kurz. Familiengeeignet ist der 45 km lange Lumda-Wieseck-Radwanderweg, der sich durch eine besonders schöne und abwechslungsreiche Landschaft mit herrlichen Ausblicken für Naturgenießer zieht.

▸ Naturschutzgebiet Hangelstein

Der Hangelstein gehört zum Vorderen Vogelsberg und ist, wie der Vogelsberg selbst, vulkanischer Herkunft und besteht daher größtenteils aus Basalt. Das Gebiet war schon lange als botanisch interessant bekannt. So besuchte es z. B. auch der berühmte Frankfurter Forscher Johann Christian Senckenberg. Aus diesem Grund befindet sich auf der Kuppenregion des Berges ein 107 ha großes Naturschutzgebiet.

▸ Weitere Angebote

Auf dem Gelände des Basalt- und Betonwerks Eltersberg (Industriegebiet Alten-Buseck) gibt es einen Barfußpark. Der Park besteht aus 15 Stationen mit verschiedenen Materialien. Ein Frei- und Hallenbad stehen in Großen-Buseck zur Verfügung, ebenso Reitanlagen in Alten-Buseck und Großen-Buseck.

Veranstaltungen und Feste

Im Kulturzentrum des Schlosses finden regelmäßig Veranstaltungen statt, u. a. auch **Musik im Park.**

Cölbe

(Kreis Marburg-Biedenkopf)

Das Gemeindegebiet liegt am Südrand des Burgwaldes und grenzt direkt an die südlich gelegene Universitätsstadt Marburg. Insgesamt leben rund 7000 Menschen in den Ortsteilen Cölbe, Bernsdorf, Bürgeln, Reddehausen, Schönstadt und Schwarzenborn.

Gemeinde Cölbe
Kasseler Straße 88
35091 Cölbe
📞 **06421/98500**
🌐 **www.coelbe.de**

Sehenswertes

Neben den herrschaftlichen Bauten haben sich die Ortsteile ihren ländlich-dörflichen Charakter durchaus bewahrt, was sich u. a. auch in vielen liebevoll renovierten Fachwerkhäusern oder der alten Dorfkirche in Bürgeln zeigt. Sehenswert ist auch der Jugendstil-Bahnhof, in dem die Gemeinde ihren Sitz hat. Der Ortsteil Schönstadt macht seinem Namen alle Ehre und weist einen hübschen historischen Ortskern auf.

Museen

▸ Eiermuseum Cölbe

Im Foyer der Gemeindehalle sind zurzeit rund 700–800 verzierte Eier zu sehen, meist

Spenden der Teilnehmer des jährlich stattfindenden Ostermarktes in Cölbe. Daneben andere kunsthandwerkliche Objekte.
Adresse: Friedhofstraße, Cölbe,
📞 06421/81234, **Öffnungszeiten:** nach Vereinbarung

Freizeit und Natur

▶ Wandern und Radfahren
Auf dem Gebiet der Gemeinde befinden sich zwei Premiumwanderwege, der Junkernpfad, der in Schönstadt beginnt, und der Eibenhardpfad in Reddehausen. Cölbe liegt am Lahntalradweg, es gibt gut ausgebaute Radwege mit und ohne Steigungen. Daneben führt der Ohmtal-Radweg von Cölbe nach Kirchhain an Bürgeln vorbei.

▶ Golf
Ein El Dorado für Golfer: 18-Loch-Meisterschaftsplatz, 9-Loch-Platz, Driving-Range, Annäherungs- und Puttinggrüns, Restaurant und vieles mehr.
Adresse: Oberhessischer Golfclub Marburg e. V., Maximilianenhof, 35091 Cölbe-Bernsorf, 📞 06427/92040, 🌐 www.golf-club-marburg.de

▶ Sonstige Angebote
Reiterhof im Ortsteil Bürgeln; Motor- und Segelflugplatz Schönstadt

Veranstaltungen und Feste

Die seit 1984 als Verein eingetragene dörfliche „Burschenschaft Cölbe" lässt jährlich im Sommer den **„Stroh-Bären"** durch die Straßen der Kleinstadt tanzen. Die Wickelung eines Jungburschen mit den Strohschichten benötigt allein eine ganze Stunde. Die von Passanten und Anwohnern eingeworbenen Spenden gehen in das öffentliche Vereinsfest ein. Außerdem finden alljährlich der **Ostereiermarkt** und ein **Rotweinlauf** im Okt statt.

Dautphetal

(Kreis Marburg-Biedenkopf)

Die Gemeinde liegt im oberen Lahntal an Lahn und Dautphe in den Ausläufern des Rheinischen Schiefergebirges. Hier leben knapp 12 000 Menschen in zwölf Ortsteilen. Die erste urkundliche Erwähnung war die Nennung einer „Mark Dautphe" im Jahr 791.

Gemeinde Dautphetal
Hainstraße 1
35232 Dautphetal
📞 **06466/9200**
🌐 **www.dautphetal.de**

Sehenswertes

▶ Dautpher Kirche/Martinskirche
Die kleine Kirche gehört zu den schönsten romanischen Baudenkmälern des Kreises. Sie soll im Jahre 1070 erbaut bzw. eingeweiht worden sein. Die Chorturmkirche ist neben den Kirchen in Gladenbach und Breidenbach als Mittelpunkt der früheren Urpfarrei zu sehen.
Nähere Informationen: Pfarramt Dautphe, Grüner Weg 2, 35232 Dautphetal, 📞 06466/911717

▶ Fachwerkhäuser
Für das Marburger Land sind Fachwerkhäuser keine Besonderheit. Die Gemeinde Dautphetal besitzt jedoch in ihren Ortsteilen Holzhausen und Herzhausen eine besondere Sehenswürdigkeit: Hier finden sich Fachwerkhäuser mit Kratzputz, einer Volkskunst, die schon über viele Generationen gepflegt wird. Sie stehen unter Denkmalschutz. Bei dieser Putzweise wird mit unterschiedlichen Werkzeugen und Techniken der noch feuchte Putz an seiner

Oberfläche modelliert und gestaltet. Neben floralen Motiven wurden ursprünglich in größerem Umfang auch Schutzsymbole für das Haus und seine Bewohner angebracht. Im Laufe der Zeit gewannen jedoch gestalterische und dekorative Elemente an Bedeutung. Mittlerweile wurde der sogenannte Hessische Kratzputz in das bundesweite Verzeichnis des immateriellen Kulturerbes aufgenommen.

Museen

▶ Museum „Backes Stibbcher"

Heimatkundliche Exponate werden im Rahmen einer kleinbürgerlichen 3-Zimmer-Wohnung aus der Jahrhundertwende gezeigt. Dazu kommen Darstellungen der Dautpher Tracht und alte Dokumente.
Adresse: Altes Backhaus, 35232 Dautphetal, 📞 06466/7454, **Öffnungszeiten:** nach Vereinbarung

▶ Heimatmuseum Buchenau

Das Heimatmuseum widmet sich hauptsächlich dem Thema Haushalt und Küche vergangener Zeiten.
Adresse: Alte Landstraße 12a, 35232 Dautphetal, 📞 06466/380, **Öffnungszeiten:** nach Vereinbarung

Freizeit und Natur

▶ Wandern

Die 37 km lange Lahnhöhentour von Biedenkopf nach Silberg führt über Dautphe. In Dautphe startet die 8,8 km lange Streuobstroute, die durch Streuobstbestände und Wacholderheide führt.

▶ Aussichtsturm Rimberg

Der Rimbergturm befindet sich in Damshausen. Mit seinen 14 m bietet er von der Kuppe des Rimbergs (498 m) aus einen

herrlichen Rundblick über das malerische Lahntal. Ursprünglich im Jahre 1900 erbaut, fiel er 1971 einem Unwetter zum Opfer. 1977 wurde er wieder aufgebaut. Zu erreichen ist der Turm über verschiedene Wanderwege.

▶ Aussichtsturm Holzhausen

Ein lohnendes Ziel für Wanderer ist der Aussichtsturm auf dem Hünstein. Auf einer Höhe von 504 m kann man eine wunderschöne Aussicht genießen.

▶ Wintersport

Im Winter werden in der Umgebung von Holzhausen bei entsprechender Witterung Loipen gespurt und es ist ein kleinerer Skihang mit Skilift vorhanden.

▶ Weitere Angebote

In Buchenau und Friedensdorf gibt es zwei Hallenbäder. Freibäder gibt es in Allendorf, Dautphe, Herzhausen und Holzhausen. Das Waldschwimmbad Holzhausen ist aufgrund der Größe und der sich anschließenden Minigolfanlage besonders hervorzuheben. Reiten und Therapeutisches Reiten ist in Elmshausen und Friedensdorf möglich. In den Ortsrandlagen von Buchenau und Holzhausen sind Trimm-Dich-Pfade ausgeschildert, die von Tretbecken gesäumt werden.

Veranstaltungen und Feste

Neben den zahlreichen Veranstaltungen durch die örtlichen Burschen- und Mädchenschaften, wie zum Beispiel Osterfeuer, Tanz in den Mai, Maibaumsetzen und anderen Orts-, Heimat- und Vereinsfesten, ist der Adventsmarkt in Buchenau zu einer festen Größe geworden. Ein Höhepunkt ist alle sieben Jahre das Grenzgangsfest in Buchenau, das 2020 wieder stattfindet.

Dietzhölztal

(Lahn-Dill-Kreis)

Die Gemeinde Dietzhölztal liegt im nördlichen Teil des Lahn-Dill-Kreises am Fuße des Rothaargebirges. Ihren Namen verdankt sie dem Fluss Dietzhölze, der durch drei der vier Ortsteile fließt und bei Dillenburg in die Dill mündet. 6000 Menschen haben hier ihr Zuhause. Der älteste Ortsteil dürfte Mandeln sein, der im Lorscher Codex um 800 erstmals erwähnt wurde. Markante Höhen (Nordhöll 641 m, Herrenberg 620 m, Eichholzkopf 609 m) und schöne Täler geben der Landschaft ihr einzigartiges Gesicht.

Gemeinde Dietzhölztal
Hauptstraße 92
35716 Dietzhölztal
📞 **02774/807-0**
🌐 **www.dietzhoelztal.de**

Sehenswertes

▶ Evangelische Kapelle Steinbrücken
Das denkmalgeschützte Kirchengebäude in der Dillenburger Straße wurde 1709 als Fachwerkbau errichtet, West- und Südseite sowie Dach verschiefert, die anderen Seiten verputzt. Die barocke Innenausstattung ist künstlerisch bedeutend.

▶ Margarethenkirche Ewersbach
Vom ursprünglichen Bau aus dem frühen 13. Jh. zeugen zwei romanische Fenster und Fischgrätmauerwerk an der Nordseite. Ihr heutiges Erscheinungsbild erhielt die Kirche im 15. Jh. Aus dieser Zeit stammt auch die Sandsteinkanzel, die ein wichtiges Zeugnis der Steinmetzkunst im alten Dillkreis darstellt.

Freizeit und Natur

▶ Wandern und Radfahren
100 km zum Teil ausgeschilderte und markierte Wanderwege laden zum Freizeitsport ein (darunter ein Direktzugang Rothaarsteig und ein Montanhistorischer Wanderweg). Genaue **Informationen** und Flyer findet man auf der Website der Gemeinde. Auf gut ausgebauten Fahrradwegen lässt sich das Gemeindegebiet ebenfalls erkunden.

Der Stauweiher Ewersbach in Diethölztal ist bei Gästen und Einheimischen gleichermaßen beliebt.

▶ Stauweiher Ewersbach
Der Stauweiher Ewersbach ist einer von zwei Badeseen der Gemeinde. Eine Minigolfanlage, eine Eisstockbahn und ein Beachvolleyballfeld tragen zur abwechslungsreichen Freizeitgestaltung bei. Badesaison ist vom Mai–Sept.
Adresse: Siegener Straße, 35716 Dietzhölztal

▶ Freizeitpark Hammerweiher
Die Freizeitanlage in Steinbrücken besitzt eine Minigolfanlage und eine Eisstockbahn, auch Angeln kann man hier. Der Name der Anlage erinnert an die große industrielle Vergangenheit Steinbrückens, das sich mit der Gründung der ersten Eisenhütte – einem Renn- und Hammerwerk – im frühen 15. Jh.

zu einem Dorf der Hammerschmiede entwickelte. 1870 verstummte hier der letzte Hammerschlag.

▸ Wilhelmswarte

Der Grundstein zur Wilhelmswarte wurde im Jahr 1900 gelegt. Das im Volksmund „Türmchen" genannte Ausflugsziel war seit Beginn der 1970er-Jahre dem Verfall preisgegeben. Seit 2001 – nach umfangreicher Renovierung – ist das Türmchen wieder ein beliebtes Ausflugsziel für Jung und Alt, im Sommer mit Bewirtung.

▸ Planetenlehrpfad

Auf dem 7,7 km langen Planetenlehrpfad für Wanderer, Skater und Radfahrer werden die unvorstellbaren Ausmaße des Sonnensystems maßstabsgetreu veranschaulicht. Der Lehrpfad beginnt mit der „aufgehenden" Sonne an der kleinen Turnhalle in Eibelshausen. Er führt durch die Straßen „An der Bahn", „Berliner Straße" und „Königsberger Straße" über den Radweg nach Steinbrücken und am Hammerweiher vorbei bis nach Mandeln.

▸ Freizeitbad Panoramablick

Schwimmbecken mit Nackenduschen und Massagedüsen, beheiztes Erlebnis-Außenbecken, Kinderplanschbecken, Elefantenrutsche und Spritzfiguren.
Adresse: Am Honigbaum 28, 35713 Eschenburg, ☏ 02774/71140, ⊕ www.freizeitbad-panoramablick.de, **Öffnungszeiten:** Mo, Do, Fr 13.00–21.00 Uhr, Di 7.00–21.00 Uhr, Mi, Sa, So 7.00–17.00 Uhr

Veranstaltungen und Feste

„Maimann" und **„Pfingstbraut"** sind zwei noch erhaltene Brauchtümer in Rittershausen, welche jedes Jahr an Pfingsten durchgeführt werden.

Dillenburg

(Lahn-Dill-Kreis)

Dillenburg (24 000 Einwohner) liegt an der deutsch-niederländischen Ferienstraße Oranier-Route und an der Deutschen Fachwerkstraße. Nordwestlich der Stadt erhebt sich die Struth als Ausläufer des Rothaargebirges. Erstmals urkundlich erwähnt wurde die Stadt 1254. Dillenburg war Stammsitz des oranischen Zweiges des Hauses Nassau. Im 19. Jh. hielt mit dem Bau der Sieg-Dill-Strecke als Teil der Eisenbahnlinie von Gießen nach Köln die industrielle Revolution Einzug. Einen Aufschwung erlebte die Region durch die Nutzung der an Lahn, Dill und Sieg gefundenen Eisenerze. Zahlreiche Betriebe des Berg- und Hüttenwesens und der Metallverarbeitung entstanden. Der letzte Hochofen stellte 1968 seine Tätigkeit ein.

Tourist-Information
Hauptstraße 19
35683 Dillenburg
☏ **02771/896151**
⊕ **www.dillenburg.de**

Sehenswertes

▸ Altstadt

In der reizvollen Altstadt begegnen dem Besucher auf Schritt und Tritt Spuren aus der bewegten Vergangenheit. **Stadtführungen** können bei der Tourist-Information gebucht werden.

▸ Wilhelmsturm

Der Turm auf dem oberen Schlosshof wurde 1872–1875 errichtet. Mit dem Wahrzeichen der Stadt wollte man Wilhelm I. von Oranien, der 1533 hier geboren wurde, ein bleibendes Denkmal errichten. Er leitete im 16. Jh. von

In der malerischen Altstadt Dillenburgs erlebt man Geschichte hautnah, wohin man auch blickt – hier das alte Rathaus Ecke Marbachstraße.

bestehenden Gastwirtschaften zählt die „Krone" in der unteren Hauptstraße. In dieser ehemaligen Nobelherberge stiegen im 18. Jh. Fürsten und Fürstinnen ab. Es war das erste Gasthaus der Stadt, das tapezierte Zimmer hatte. Die „Krone" stammt aus der ersten Hälfte des 17. Jh. Wahrscheinlich kurz nach dem großen Stadtbrand 1723 entstand der zweigeschossige Fachwerkbau, der nach Oberforstrat Georg Ludwig Hartig seinen Namen bekam. Der älteste Teil der Hausgruppe Kirchberg 24, die 1989 ihr heutiges Aussehen erhielt, entstand schon 1499. Der mittlere Teil des Wohnhauses wurde 1528 angebaut, während der südöstliche Teil im Jahre 1595 vollendet wurde.

Dillenburg aus die Befreiung der Niederlande von spanischer Unterdrückung ein. In dem 41 m hohen Gebäude führen 167 Treppenstufen bis ganz nach oben. Heute befindet sich im Inneren des Turmes das oranien-nassauische Museum.

▸ Dillturm

Mit dem Graben- und dem Köppelturm (im nordwestlichen Stadtgebiet) gehörte auch der Wehrturm an der Dill mit zur ehemaligen Stadtbefestigung. Noch heute sieht man in seiner Umgebung die Reste der alten Stadtmauer, mit deren Bau man zwar schon 1580 begann, die aber nach vielen Unterbrechungen infolge Geldmangels erst 1620 fertiggestellt werden konnte.

▸ Fachwerkhäuser

Das aufwendig restaurierte Fachwerkhaus der Familie Stremmel am Hüttenplatz wurde 1650 erbaut und gehört mit zu den künstlerisch bedeutsamsten Gebäuden aus der Barockzeit. Zu den ältesten heute noch

▸ Stadtkirche

Die Johanniskirche wurde 1491 geweiht. Im Turm des Gotteshauses befinden sich neben drei neueren Glocken auch die alte Walpurgis-Glocke aus dem Jahre 1510 und im Inneren das Grab der Vorfahren des Hauses Oranien-Nassau. In einer separaten Seitengruft stößt der Besucher auf vier mächtige Bleisärge, in denen die letzte Fürstenfamilie des Dillenburger Schlosses ihre Ruhestätte gefunden hat.

Öffnungszeiten: in Sommermonaten Mo–Fr von 11.00–12.00 Uhr und 13.30–14.30 Uhr

▶ Stockhaus

Als einzig erhaltenes Gebäude der alten Fes-
tungsanlage steht heute noch das Stockhaus
auf dem Schlossberg – über Jahrhunderte
ein Gefängnis, in dessen unterem Teil der
„Stock", ein ausgehöhlter großer Holzklotz,
stand, in den die Füße der Delinquenten ein-
geschlossen wurden. Im Stockhaus war mit
großer Wahrscheinlichkeit auch Jan Rubens,
der Vater des berühmten Malers Peter Paul
Rubens, inhaftiert.

Museen

▶ Museumsanlagen auf dem Schlossberg

Die Dillenburger Kasematten sind eine
Besucherattraktion. Bei einer Führung kann
man sich eine Vorstellung von der einstigen
Größe dieser spätmittelalterlichen Anlage
machen. Tausende von Soldaten konnten
im Belagerungsfall hier stationiert werden.
Zu bestaunen ist auch die „Löwengrube" im
Kappeskeller. Eigentlich war er der Eisschrank
des Schlosses, wurde aber durchaus auch
schon mal umfunktioniert, um Löwen, die
von Wallfahrten mitgebracht wurden, darin
einzusperren.
Öffnungszeiten: ab Apr **tägl. Führungen** um
15.00 Uhr. Treffpunkt ist am Wilhelmsturm.

▶ Oranien-nassauisches Museum

Im Wilhelmsturm können historisch inte-
ressierte Besucher Ausstellungsstücke zur
Geschichte und zum Wirken Wilhelm von
Oraniens in Augenschein nehmen.
Öffnungszeiten: Apr–Okt Di–So 10.00–
13.00 Uhr und 14.00–17.00 Uhr

▶ Villa Grün

In der 1914/15 im neoklassizistischen Stil
erbauten Villa befindet sich seit 1983 das
wirtschaftsgeschichtliche Museum. In
über 20 Räumen werden die wirtschaftliche
Entwicklung und die Struktur des Dillgebietes eindrucksvoll dokumentiert. Einen

besonderen Anziehungspunkt bildet die
Küchenabteilung, in der Exponate vom
Mittelalter bis zur Neuzeit ausgestellt sind.
Öffnungszeiten: Apr– Nov Di–So 10.00–
12.00 Uhr und 13.00–17.00 Uhr

▶ Hessisches Landgestüt/Kutschenmuseum

Die Pferdezucht in Dillenburg blickt auf eine
lange Tradition zurück. Das 1869 eingerichtete Landgestüt hat die Aufgabe, die Pferdezucht in Hessen zu fördern. Die alte Orangerie beherbergt heute die Kutschensammlung
des Hessischen Landgestüts. Zu sehen sind
Zwei- und Vierspänner sowie eine Mail-
Coach, ein Landauer und eine Wittelsbacher
Berline. In der gestütseigenen Schmiede
können Besucher dem Schmied über die
Schulter schauen. Außerdem finden jährlich
eine Hengstparade und ein Tag der offenen
Tür statt. Das Hessische Langgestüt unterhält zudem eine Reit- und Fahrschule.
Adresse: Wilhelmstraße 4, 35683 Dillenburg, ☎ 02771/898311, **Öffnungszeiten:**
Führungen im Gestüt nur werktags und mit
Anmeldung; Besuch des Kutschenmuseums
nach Voranmeldung

▶ Besucherstollen Ypsilanta in Oberscheld

Die 140 m lange Grube Ypsilanta, einst ein
Wasserlösungsstollen, ist heute durch ein
restauriertes Mundloch begehbar. Zu sehen
sind das typische Werkzeug der Bergleute,
eine Sammlung unterschiedlicher Erze und
geologische Formationen, die von Erzadern
durchzogen sind.
Öffnungszeiten: Apr–Okt an jedem ersten So
im Monat von 14.00–17.00 Uhr; **Führungen**
auf Anfrage unter ☎ 02771/21193

Freizeit und Natur

▶ Wandern

Ein Netz von Wanderwegen lädt dazu ein,
die herrliche Landschaft rund um Dillenburg
zu erkunden. Mehrere Fernwanderwege,

z. B. Rothaarsteig, Westerwaldsteig, Lahn-Dill-Berglandpfad, Schlösserweg oder Uplandweg kreuzen oder beginnen in Dillenburg. Stadt und Umgebung lassen sich aber auch auf zahlreichen Tagestouren zu Fuß erkunden, z. B. auf dem Montanhistorischen Wanderweg, dem Oranierpfad, den Dillwanderwegen links und rechts der Dill, dem Angelburgpfad und vielen mehr. Bei der Tourist-Information ist Kartenmaterial erhältlich. Auf dem Rundweg des Rothaarsteigs von Dillenburg in Richtung Donsbach erwartet den Wanderer – zumindest in den warmen Monaten – ein ganz besonderes Erlebnis: die Waat-Tretanlage mit acht unterschiedlich belegten Feldern, die Körper und Seele guttun – barfuß natürlich.

▸ **Radfahren**
Die Region Dillenburg ist ein Radrouten-Paradies. Insgesamt führen 7 Radtouren, 11 Mountainbiketouren, 2 Rennradtouren und 3 andere durch die Region Dillenburg und laden zum Erkunden ein. Dazu gehören u. a.: Dilltal-Radweg (42 km), Oranier-Route (384 km), Haubergstour (40 km).

▸ ☺ **Wildpark Donsbach**
Unter dem Motto „Natur erleben und verstehen" können Kinder im Wildpark einen Tag als Tierpfleger erleben und dabei jede Menge über die Tiere und die Aufgaben eines Wildpflegers lernen. Aber auch sonst ist ein Besuch des Wildparks lohnenswert. Heute befinden sich auf den 20 ha Wald und Wiese etwa 150 Tiere zwölf verschiedener Arten. **Adresse:** Tiergartenstraße, 35686 Dillenburg-Donsbach, ☎ 02771/896249, **Öffnungszeiten:** Sommer: tägl. 8.00–20.00 Uhr, im Winter tägl. 10.00–16.00 Uhr

▸ **Aquarena**
Das Sport- und Familienbad ist ausgestattet mit Schwimmerbecken, Nichtschwimmerbecken, Riesenrutsche (50 m), Warmwasser-becken, Massagedüsen, Massagebänke, Bodensprudel, Planschbecken, Wasserpilz, Kinderrutsche, Dampfkabine und Solarium. **Adresse:** Stadionstraße 10, 35683 Dillenburg, ☎ 02771/80060, ⊕ www.aquarena.org.

▸ **Naturfreibäder**
Das idyllisch gelegene Naturschwimmbad in Frohnhausen hat von Juni–Aug von 13.00–19.30 Uhr geöffnet (☎ 02771/32646), das Naturfreibad Niederscheid (☎ 02771/5550) vom 1. Juni bis 15. Sep Mo–Fr 14.00–19.00 Uhr, Sa und So 11.00–19.00 Uhr. Das Waldschwimmbad Oberscheld öffnet von Mai–Sept seine Pforten.

▸ **Golf**
Golfclub Dillenburg e. V., Auf dem Altscheid, 35683 Dillenburg, ☎ 02771/5001, ⊕ www.gc-dillenburg.de

Veranstaltungen und Feste

Alle zwei Jahre veranstaltet das Hessische Landgestüt die **Dillenburger Hengstparade,** jährlich finden dort ein Einspänner-Turnier und diverse Pferdeschauen statt. Weitere Veranstaltungen sind der **Kirschenmarkt** im Juni, das **Weinfest** im August, der **Hubertus-Markt** im Oktober, die **Dillenburger Bachwoche,** das **Jazz-Wochenende** im Juni und die Aquarena-Nacht im Juli.

Dornburg

(Kreis Limburg-Weilburg)

Ihren Namen hat die im Westerwald gelegene Gemeinde mit etwa 8500 Einwohnern von der etwa 396 m hohen Hochfläche „Dornburg" bei Frickhofen. Dort sind heute noch Reste einer gewaltigen Ringwallanlage aus der La-Tène-Zeit

(450 v. bis ca. Christi Geburt) zu erkennen, die einst eine stadtähnliche keltische Siedlung umschloss.

Tourist-Information Dornburg
Egenolfstraße 26
65599 Dornburg-Frickhofen
📞 **06436-913137**
🌐 **www. gemeinde-dornburg.de**

Sehenswertes

▸ Blasiuskapelle
Die Wallfahrtskapelle erhebt sich auf dem 388 m hohen Bleesberg, einer ursprünglich wohl heidnischen Kultstätte. Sie zählt damit in ihrem Ursprung zu den ältesten Kirchen des Westerwaldes. Vom alten Bau, der 1868 ein Opfer der Flammen wurde, ist nur noch der Chor aus dem 15. Jh. erhalten.

▸ Pfarrkirche St. Martin
Von der 1732–1734 erbauten Kirche blieb nach einem Neubau in den 1950er-Jahren nur noch der dreiseitig geschlossene Chor, der heute die Sakristei mit der Orgelempore beherbergt, und der Westturm mit Spitzhelm. Im Inneren überrascht eine reiche Barockausstattung mit einem mächtigen Hochaltar, zwei Seitenaltären, Kanzel, Beichtstühlen und Figurenschmuck der Hadamarer Kunstschule des 18. Jh.

▸ Naturphänomen „Ewiges Eis"
Die Dornburg, eine Basaltkuppe zwischen Frickhofen und Wilsenroth, ist nicht nur kulturgeschichtlich als ehemalige keltische Siedlung bedeutsam, sondern auch geophysikalisch. In Hessen ist die Dornburg mit dem Ewigen Eis sogar einzigartig. Im Sommer strömt kalte Luft am Fuße des Hanges aus dem Berg heraus. Unter einer wärmeisolierenden Geröllhalde findet sich bis zu einer Tiefe von zwei Metern tatsächlich Eis, bis

etwa 8 m ist die Erde gefroren. Im Winter dringt an höher gelegenen, eng begrenzten, stets schneefreien Stellen warme Luft an die Oberfläche. Die zwei kleinen Stollen sind allerdings nicht frei zugänglich und durch ein Gitter am Eingang verschlossen. Man kann trotzdem einen Blick hineinwerfen, und im Sommer spürt man den kalten Luftzug aus dem Inneren des Berges.

Museen

▸ Dorfmuseum Dornburg-Wilsenroth
Das Dorfmuseum beherbergt zahlreiche Exponate zur Dorfgeschichte und der keltischen Zeit. Im Kellergewölbe befindet sich eine vollständig eingerichtete Dorfschmiede mit den erforderlichen Werkzeugen und zahlreichen Werkstücken, die der Schmiedemeister Josef Frensch (1878–1962) angefertigt hat. Auskunft erteilt die Tourist-Information.

Freizeit und Natur

▸ Wandern
Die natürlichen Gegebenheiten machen den Westerwald zu einem Mekka für Wanderfreunde. Sanfte Flusstäler, waldige Höhen und felsige Erhebungen eröffnen Wanderern die ganze Palette unterschiedlicher Naturgebiete. Empfehlenswert ist u. a. der Blasiussteig (21 km), der am Bahnhof Frickhofen startet. Bei der Tourist-Information ist eine Wanderkarte erhältlich.

▸ Weitere Angebote
In Dornburg-Frickhofen kann man Ballonfahrten unternehmen. **Kontakt** unter
📞 06436/2749
Etwa 5 km von Dormburg entfernt liegt der Badesee Secker Weiher.
In Frickhofen gibt es ein Freibad und einen Tennisplatz.

Driedorf

(Lahn-Dill-Kreis)

In der aus sieben Ortschaften bestehenden Gemeinde in der wald- und wiesenreichen Mittelgebirgslandschaft des hessischen Westerwaldes leben rund 5200 Menschen. Erstmals erwähnt wurde Driedorf im Jahre 1124. Bis 1557 stritten sich die Nassauer Grafen in Dillenburg mit den Landgrafen von Hessen um den Besitz des Amtes und gingen schließlich als Sieger hervor.

Tourist-Information
Wilhelmstraße 16
35759 Driedorf
📞 **02775/9542-0**
🌐 **www.driedorf.de**

Sehenswertes

▶ **Junkernschloss**
Die Burgruine befindet sich nahe dem Rehbach. Rund um die Burgruine wurde ein Park angelegt. Die Burgruine ist frei zugänglich.

▶ **Oberburg Driedorf**
Die ab 1305 erbaute Burg wurde nach mehreren Bränden, zuletzt 1812, zerstört und nicht wieder aufgebaut. Die Driedorfer Oberburg schloss sich mit ihrer Ringmauer und fünf Türmen mit der Stadtmauer zusammen. Reste davon sind noch heute am oberen Turm, dem Nordost-Turm, zu sehen.

Natur und Freizeit

▶ **Wandern und Radfahren**
Aufgrund der gut ausgebauten Wald- und Landwirtschaftswege kann man in der gesamten Gemeinde herrliche Touren unternehmen. Empfehlenswert sind u.a. der 11 km lange Aubachweg D2, der die

Ortsteile Waldaubach und Heisterberg mit dem Heisterberger Weiher einschließt und am Rothaarsteig und dem Westerwaldsteig anschließt oder der 6,8 km lange Höllbergweg D1, der vom Ortsausgang Hohenroth vom alten Wasserhäuschen Richtung Höllberg vorbei am Fernmeldeturm und der Grillhütte Hohenroth zum Höllkopf führt.

▶ **Bienenlehrpfad**
Der 3 km lange mit Info-Tafeln ausgestattete Weg beginnt am Dorfgemeinschaftshaus Seilhofen. Weitere Infos bei den Salver Imkern unter 📞 02775/5201.

Der Heisterberger Weiher unweit der Fuchskaute ist für Wanderer und Wassersportler gleichermaßen ein Anziehungspunkt.

▸ Krombachtalsperre
Inmitten von Wäldern und Wiesen liegt die Krombachtalsperre im Ortsteil Mademühlen mit 82 ha Wasserfläche – ein ideales Segel- und Surfrevier. Surfschule, Liegewiesen, Kinderspielplatz, Volleyballfeld, Bolzplatz und Tischtennisplatten sowie eine Gaststätte machen den Aufenthalt angenehm. Ein Ganzjahrescampingplatz und angrenzende Rad- und Wanderwege komplettieren das Angebot.

▸ Heisterberger Weiher
In der Nähe der Fuchskaute, der höchsten Erhebung des Westerwaldes, liegt der Heisterberger Weiher. 11 ha Wasserfläche laden hier zum Baden ein, und wer es sportlicher mag, findet zudem Wassersportmöglichkeiten. Auch Boote können gemietet werden. Am ersten Samstag im August findet traditionell der **Heisterberger Weiher in Flammen** statt.
Anfahrt: BAB 45 bis Herborn-West, Abfahrt Driedorf, B 255 bis Abfahrt Heisterberger Weiher, **Informationen** unter 📞 02775/458

▸ 🌀 Hallenbad Mademühlen
Das Hallenbad mit seinem familiären Ambiente bietet bei jedem Wetter Abwechslung. Durch die konstante Wassertemperatur von ca. 29 °C ist das Schwimmbad besonders bei älteren Menschen und Familien mit Kindern beliebt. Das Schwimmbad befindet sich im Ortsteil Mademühlen, direkt neben dem Kindergarten und dem Dorfgemeinschaftshaus
Adresse: Schulstraße 8, 35759 Driedorf, 📞 02775/7319

▸ Wintersport
Mit dem „Skilift Höllkopf" und Langlaufloipen bieten sich im Winter entsprechende Freizeitmöglichkeiten für den Wintersport. Liftbetrieb bei entsprechenden Wetterverhältnissen sowie die Betriebszeiten. **Auskunft** erteilt die Gemeinde.

Ebsdorfergrund

(Kreis Marburg-Biedenkopf)

Das Gemeindegebiet erstreckt sich über weite Teile des namensgebenden Ebsdorfer Grundes, der den südlichen Teil des Amöneburger Beckens umfasst. Im Osten geht das Gemeindegebiet in das Lumda-Plateau (Vorderer Vogelsberg) über, im Westen in die Lahnberge. In der Gemeinde leben knapp 9000 Menschen.

Gemeinde Ebsdorfergrund
Dreihäuser Straße 17
35085 Ebsdorfergrund
📞 **06424/30428**
🌐 **www.ebsdorfergrund.de**

Sehenswertes

▸ Burgruine Frauenberg
Am Rande von Beltershausen erhebt sich ein Basaltkegel, auf dessen Kuppe die Ruine an die Vergangenheit erinnert. Erbaut wurde die Burg um 1252. 1730 fiel sie nahezu komplett den Flammen zum Opfer und ist heute ein beliebtes Ziel für Wanderer und Spaziergänger. Von hier aus hat man einen herrlichen Blick über den Ebsdorfergrund.

▸ Wittelsberger Warte
Das Wahrzeichen der Gemeinde wurde 1431 auf dem Kirchberg errichtet. Er sollte ein äußerstes Grenzwerk der hessischen Macht gegen das benachbarte Kurmainz sein. Die Wittelsberger Kirche wurde 1844 errichtet und bietet, zusammen mit dem Alten Wartturm, nach Norden und Osten das Bild einer aus der Ebene aufsteigenden Ritterburg. Ein schöner Laubengang aus Hainbuchen führt oberhalb des Dorfes den Hügel hinauf zur Kirche. Der „Kirchberg im Licht" lässt die Wittelsberger Warte einmal im Jahr

im bunten Lichterglanz erstrahlen.

▶ **Schloss Rauischholzhausen**

Das Schloss (1871–1885) ist ganz auf Repräsentation eingerichtet. Überall finden sich Türmchen, Giebel und Fassaden. Der 30 ha große Schlosspark im englischen Stil wurde mit ca. 300 verschiedenen Baumarten bepflanzt. **Führungen** werden angeboten. Infos erteilt die Tourist-Information.

Beliebte Veranstaltung: „Kultur auf der Schanze" vor der malerischen Kulisse von Schloss Rauischholzhausen.

▶ **Wehrkirche Ebsdorf**

Im alten Ortskern schmiegt sich die um 1200 erbaute alte Wehrkirche mit mittelalterlichem Waschplatz mit Steinbrunnen harmonisch ins Stadtbild.

Freizeit und Natur

▶ **Wandern und Radfahren**

Der Ebsdorfergrund-Rundwanderweg umschließt die gesamte Gemarkung des Ebsdorfergrundes und verläuft entlang nahezu aller Ortsteile. Auf 52 km führt er vorbei an reizvollsten landschaftlichen Flecken, den wichtigsten Sehenswürdigkeiten und den schönsten Ortskernen.

Infos erteilt der örtliche Wanderverein unter ☏ 06424/3936.

Der Radweg von Ebsdorf nach Bortshausen bindet den Ebsdorfergrund an das überörtliche Radwegenetz und die Stadt Marburg an. Radwege verlaufen u. a. zwischen Mölln und Dreihausen, Heskem und Mölln, Heskem und Wittelsberg, Wittelsberg und Rauischholzhausen, Rüddingshausen und Wermertshausen.

▶ **Reiten**

Die Reitanlage Bachgehannes der Familie Geilhof liegt am Ortsrand von Ebsdorf, sodass man, ohne befahrene Straßen überqueren zu müssen, stundenlang in wunderschönem Gelände ausreiten kann.

Adresse: Bachstraße 5, 35085 Ebsdorfer-grund- Hachborn, 📞 07006424/1237, 🌐 www.bachgehannes.de
Am Ortsrand von Rauischolzhausen befindet sich der Reit- und Pensionsstall Udersbacher Hof, in dem u. a. Reitkurse in den Ferien angeboten werden.
Adresse: Am Rülfbach 8, 35085 Ebsdorfer-grund, 📞 06424/3471, 🌐 www.udersbacher-hof.de

Veranstaltungen und Feste

Zwei Tage im Sommer feiert man in Ebs-dorfergrund das **Sommer-Fun-Festival.** Alle zwei Jahre (wieder 2019) findet **„Kultur auf der Schanze"** statt; in der Adventszeit findet der **Kunst- und Kulturmarkt** im Grund statt.

Elz

(Kreis Limburg-Weilburg)

Die Gemeinde am Fuße des Westerwal-des besteht aus dem großen Dorf Elz und dem eingegliederten Malmeneich. Rund 8000 Menschen leben hier. Die Ersterwähnung des Ortsnamens Elz findet sich in einer Schenkungsurkunde der Gräfin Wiltrud aus dem Jahr 993. Malmeneich lag an der wichtigen „strata publica", der Hohen Straße zwischen Frankfurt am Main und Köln, und zeigt bis heute im Kern die charakteristische Form eines Straßendorfs.

Gemeinde Elz
Rathausstraße 39
65604 Elz
📞 **06431/95750**
🌐 **www.elz.de**

Sehenswertes

▶ Rathaus
Errichtet wurde das Gebäude 1561 aus Mauerresten eines spätmittelalterlichen Vorgängerbaus. Es handelt sich um einen imposanten, spätgotischen Fachwerkbau. Das vordere Erdgeschoss über dem ehemaligen Bruchsteinkeller (seit 1973 offene Passage für Fußgänger) zeigt eine dreiteilige Ständer-Arkatur mit rechteckiger Stabrahmung. Sie war bis um 1800 als offene Gerichtslaube auch an den Seiten vorhanden.

▶ Pfarrkirche St. Johann
Die katholische Kirche, eine große Natursteinbasilika im neuromanischen Rundbogenstil, wurde 1851–1854 errichtet. Aus dem Kloster Ilbenstadt stammt der Altaraufsatz mit dem Relief der Marienkrönung (Anf. 18. Jh.), aus dem Limburger Dom die beiden Seitenaltäre von 1780. Eine Kreuzigungsgruppe wird der Hadamarer Schule zugesprochen.

▶ Fachwerk
Das Haus Loer in der Pfortenstraße 5/7 beherbergt heute das Gemeindemuseum. Das Gebäude war das Wohnhaus einer früheren Hofreite. Nach überlieferten Datierungen (am Erker) wurde es 1610 erbaut. Der gut erhaltene vordere Teil zeigt einen polygonalen Erker mit kleiner Barockhaube, Andreaskreuzen und S-Streben. Das Hubhannese Haus befindet sich am Hirtenplatz/Lehrgasse. Es handelt sich um einen freistehenden Bau, dessen hervorgehobene Lage durch den Kellersockel unterstützt und durch zwei Schaufassaden betont wird. Am Giebel sieht man einen sogenannten Feuerbock und eine symbolische Sonne. Das Haus stammt aus dem frühen 18. Jh. Unterhalb des neuen Rathauses findet man das Strickse Haus, ein gut erhaltenes Fachwerk-Wohnhaus des späten 18. Jh. An der Rückseite wurde es verlängert.

▶**Führungen**

Der Geschichts- und Museumsverein in Elz bietet nach Vereinbarung Sonderführungen zu den Themen „Barocke Altäre der Hadamarer Schule", „Das Keltische Grabfeld im Elzer Wald" und „Ausstellungen im Haus Loer" an.
Kontakt unter ☏ 06431/52545

▶**Pfaffenkopf**

Auf einem Fußweg entlang des Hasslerbachs erreicht man von Malmeneich aus kommend den Pfaffenkopf, den Erdhügel einer Niederungsburg. Niederungsburgen, die man auch als Turmhügelburg oder Motte bezeichnen kann, waren Anlagen, die zwischen 900 und 1000 n. Chr. und bis ins 13. Jh. belegt waren. Sie dienten oft dem niederen Landadel als Wohnsitz.

▶**Historische Landwehranlage**

Am Rand der Malmeneicher Gemarkung befindet sich ein besonderes Bodendenkmal. Es handelt sich um eine Landwehr bzw. Grenzwallanlage. Anlagen dieser Art lassen sich frühestens in die fränkische Zeit einordnen, wahrscheinlicher erscheint jedoch eine Einordnung in die Epoche des Dreißigjährigen Krieges, der Teilung der Gemeinde durch den Diezer Vertrag 1564, oder als Bauwerk zum Schutz der Hohen Straße.
Kontakt: Karl-Heinz Rörig ☏ 0643/5500

Freizeit und Natur

▶**Wandern und Radfahren**

Die Gemeinde verfügt über ein eigenes, ausgeschildertes Rad- und Wanderwegenetz. Die einzelnen Wege sind nebst ausführlicher Beschreibung auf einer Rad- und Wanderkarte (Gemeinde) aufgelistet. Empfehlenswert ist der Wanderweg vom Erbachtal nach Malmeneich (6 km), der an „Der Mordschau" vorbeiführt. Hier erinnert ein Kreuz an die schwere Zeit des Dreißigjährigen Krieges, als Elz von den Schweden heimgesucht wurde.

▶**Freibad Elz**

Elz verfügt über ein umfangreich saniertes Freibad. Die rund 2 ha große Liegewiese bietet selbst bei einer Vielzahl von Badegästen noch jedem genügend Platz und diverse schattige Orte. An einer Tischtennisplatte, beim Freiluftschach, auf dem Volleyball-Feld und am Basketballkorb können sich Besucher sportlich betätigen.
Adresse: Sandweg 30, 65604 Elz, ☏ 06431/5656, **Öffnungszeiten:** Mai–Aug Mo, Di, Do, Fr 10.00–19.30 Uhr, Mi 10.00–20.30 Uhr; Sa/So 9.00–19.00 Uhr

▶**Naherholungsgebiet Anlagen**

Das Naherholungsgebiet liegt unweit des Ortskerns. Nachdem die Entscheidung, eine Kapelle auf dieser Anhöhe zu erbauen, verworfen wurde, entstand 1911 das Gebiet in Form eines kleinen Wäldchens. Der Name „Anlagen" war ursprünglich lediglich als Arbeitsname gedacht, bürgerte sich bei der Elzer Bevölkerung ein, sodass er bis heute noch besteht. Heute bieten die Anlagen neben einem strukturiert angelegten Baumlehrpfad eine Minigolfanlage und einen Spielplatz.

Veranstaltungen und Feste

Eine Attraktion ist die **Elzer Kirmes,** das **Kirchweihfest** der Gemeinde „St. Johannes der Täufer", das jedes Jahr am dritten Wochenende im September stattfindet und zu den größten Volksfesten der Region gehört. Seit 1994 veranstalten die Rotjacken, die als Untergruppierung des „Kulturkreises Elzer Bürgerhaus" für die Ausrichtung diverser Fastnachtsveranstaltungen zuständig sind, an Altweiberfastnacht einen **Karnevalsumzug** durch Elz.

Eschenburg

(Lahn-Dill-Kreis)

Mit Ausnahme Hirzenhains auf dem Plateau der Bottenhorner Hochflächen befinden sich alle Ortsteile an der Diethölze, in ihren Seitentälern und in den Hochmulden des auslaufenden Rothaargebirges. Rund 10 500 Menschen leben hier. Die ersten urkundlichen Erwähnungen gehen bis ins 13. Jh. zurück. Schon frühzeitig wurde an verschiedenen Stellen nach Erzen wie Silber, Nickel, Kupfer und Eisen sowie nach Schiefer und Diabasstein gegraben. Dies hat zur Folge, dass Verarbeitungsbetriebe wie Hütten- und Hammerwerke entstanden.

> **Gemeinde Eschenburg**
> **Nassauer Straße 11**
> **35713 Eschenburg**
> 📞 **02774/9150**
> 🌐 **www.eschenburg.de**
>

Museen

▸ Heimatmuseum Eschenburg

Das restaurierte Fachwerkgebäude wird für Wechselausstellungen genutzt. In den sich anschließenden kleinen Räumen befinden sich ein Schlafzimmer, ein Wohnzimmer und eine Küche aus dem letzten Jahrhundert. Außerdem kann man einen Tante-Emma-Kaufladen und eine Schusterwerkstatt bewundern.

Adresse: Marktstraße 1, 35713 Eschenburg-Eibelshausen, 📞 02774/9150, **Öffnungszeiten:** So 14.00–18.00 Uhr

▸ Museum für Landwirtschaft und Handwerk

Werkzeuge und Gebrauchsgegenstände aus Landwirtschaft und Handwerk, eine komplett eingerichtete Stellmacherwerkstatt und eine Sammlung zum Böttcherhandwerk sowie historische Waschmaschinen sind hier zu sehen. Alljährlich im Oktober findet auf dem Gelände das **Kürbisfest** statt.
Adresse: Schwarzbachstraße (Schulscheune), 35713 Eschenburg-Eiershausen, 📞 02774/912908, **Öffnungszeiten:** So 14.00–18.00 Uhr

▸ Museum für Bergbau und Fernmeldetechnik

Eine Sammlung zur Radio- und Fernsehtechnik und zum heimischen Bergbau sowie eine komplette Telefonvermittlung werden ausgestellt.
Adresse: Am Berg (Transformatorenhaus), 35713 Eschenburg-Wissensbach, 📞 02774/912908, **Öffnungszeiten:** So 14.00–18.00 Uhr

In und um Eschenburg laden zahlreiche Wege zum erholsamen Genusswandern ein.

Freizeit und Natur

▸ Wandern

Zahlreiche Wanderwege, Waldlehrpfade und Vogelschutz- und Landschaftsschutzgebiete laden in und um Eschenburg zu ausgedehnten Wanderungen ein. Weite Ausblicke kann man durch das Hilgeshäuser Tal vom 560 m hohen Eibertshain genießen. Seit 2008 besteht der sogenannte „Hirzenhainer Höhenflug". Die 14 km lange Rundroute startet in Hirzenhain. Eine Wanderkarte ist bei der Gemeinde erhältlich.

▸ ☺ Freizeitbad Panoramablick

In Eibelshausen lädt das Freizeitbad Panoramablick Wasserratten jeden Alters ein. Neben dem Schwimmbecken gibt es ganzjährig ein beheiztes Außenbecken mit vielen Attraktionen und einem schönen Blick auf markante Anhöhen des Lahn-Dill-Berglands. Zudem sind Dampfbad und Whirlpool, Massagedüsen, Nackendusche und Sonnenbank Anlaufstellen zum Wohlfühlen. Für Kinder gibt es zudem ein Planschbecken mit Rutsche und Figuren.
Adresse: Am Honigbaum 28, 35713 Eschenburg-Eibelshausen, ☎ 02774/71140, ⊕ www.freizeitbad-panoramablick.de

▸ Planetenlehrpfad

Auf dem 7,7 km langen Planetenlehrpfad (Diethölztal und Eschenburg) für Wanderer, Skater und Radfahrer werden die unvorstellbaren Ausmaße des Sonnensystems maßstabsgetreu veranschaulicht. Der Lehrpfad beginnt mit der „aufgehenden" Sonne an der kleinen Turnhalle in Eibelshausen. Er führt durch die Straßen „An der Bahn", „Berliner Straße" und „Königsberger Straße" über den Radweg nach Steinbrücken und am Hammerweiher vorbei bis nach Mandeln. Von dort steigt er an bis zu den Zwergplaneten Pluto und Eris am Roth.

Feldatal

(Vogelsbergkreis)

Am Nordhang des Vogelsbergs liegt Feldatal, in dem rund 2700 Menschen ihr Zuhause haben. Durch die Gemeinde fließt die Felda, die bei Gemünden in die Ohm mündet. Die Landschaft ist geprägt von alten und historischen Mühlrädern und Kirchen sowie vielen kleinen, idyllischen Seen und Teichen. Feldatal wird auch das „Tal der Mühlen" genannt. Die Besiedlung des Gemeindegebiets erfolgte zwischen dem 7. und 13. Jh.

Gemeinde Feldatal
Schulstraße 2
36325 Feldatal
☎ **06637-96020**
⊕ **www.feldatal.de**

Sehenswertes

▸ Rathaus

Bereits 1580 stand hier ein öffentliches Gebäude, das sogenannte Rentmeisterhaus. 1817 wurde es abgerissen und in seiner heutigen Form als Haupthaus eines landwirtschaftlichen Anwesens neu aufgebaut. 40 Jahre später übernahm es die Gemeinde und richtete dort eine Schule ein – sie blieb bis zum Jahr 1964. Erst 1971 zog die Gemeindeverwaltung ein.

▸ Mühlen

Im Feldataler Gebiet gab es einst 20 Mühlen und einen Eisenhammer. Viele sind noch erhalten, gemahlen wird allerdings nur noch in der Zeilbacher Queck- oder Wernersmühle (Friedhofstraße 19). Die Zeilbacher Burgsmühle (Friedhofstraße 27) mit komplett erhaltener Mühleneinrichtung kann besichtigt werden, auch die Wolfenmühle in Groß-Felda (Hauptstraße 84) und die Herren-mühle in Ermenrod (Alsfelder Straße 35).

▶ **Fachwerkkirche Stumpertenrod**
Die größte Fachwerkkirche Hessens ist ein Saalbau mit Satteldach mit Krüppelwalm und Laternendachreiter (1696–1712). Das zweigeschossige Fachwerk wurde mit durchgehenden Eckstreben gebaut. Im unteren Teil findet sich ein Band von Streben und Gegenstreben, oben eine Reihung von Hessenmannfiguren. Ursprünglich war wohl das gesamte Fachwerk sichtbar, später wurde es bis auf die West- und Nordwand sowie eine Seite des Chorpolygons verschindelt. Das schmuckreiche, von gedrehten Säulen gerahmte Portal mit geschweiftem Giebel wird als außergewöhnliche Vogelsberger Volkskunst eingestuft.

▶ **Fachwerkkirche Ermenrod**
1735 entstand die heutige Martin-Luther-Kirche, ein Rechteckbau mit zweigeschos-siger Fachwerkkonstruktion und einem Satteldach mit Krüppelwalm über der Eingangsseite. Das Fachwerk wurde mit Mannfiguren ausgeführt, deren Streben gebogen sind. Im Inneren wechseln in den Emporenfeldern Medaillons mit Sprüchen aus dem Glaubensbekenntnis und Apos-telbilder. Letztere sind mit ihren kräftigen dunklen Farben der Malweise Caravaggios nachempfunden. Sie stammen noch aus der alten Kirche, die 1705 abgerissen wurde.

▶ **Fachwerkkirche Zeilbach**
Die mitten im Dorf gelegene Johannes-Kir-che gehört zu den ältesten erhaltenen Fach-werkkirchen des Kreises. Sie wurde 1668/69 aus Eichenholz gebaut. Von besonderem kunstgeschichtlichen Wert ist die im Jahre 1527 errichtete auf einem Kapitell und einer Säule ruhende Kanzel mit Hermen an den

Bei den „Dicken Steinen" in Stumpertenrod soll einst Frau Holle ein- und ausgegangen sein.

Eckpfosten, bemerkenswert sind auch die vier farbigen Stuckmedaillons an der flachen Decke.

▶ **Judenfriedhof Kestrich und Synagoge**
Die kleine, liebevoll restaurierte Synagoge stammt aus dem Jahr 1839. Viele Fach-werksynagogen überlebten die Pogrom-nacht 1938 nur wegen ihrer unmittelbaren Nachbarschaft zu Wohnhäusern. Das Innere der Kestricher Synagoge jedoch wurde völlig zerstört und später saniert. Bemerkens-wert im Inneren ist eine dreidimensionale Stickerei von Ursel Arndt: Im Licht der Lampen formen die Schatten des Kunstwerks

die Namen der letzten Juden von Kestrich.
Adresse: Hauptstraße 42, 36325 Feldatal,
🌐 www.historisches-feldatal-e-v.de

Freizeit und Natur

▶ Wandern und Radfahren

Das Tal der Mühlen liegt am Nordrand des Naturparks Hoher Vogelsberg und ist eines der schönsten Täler dieser urwüchsigen Vulkanlandschaft. Die reizvolle Mittelgebirgslandschaft mit den ausgedehnten Laubwäldern lädt ein zum Wandern, Radeln oder einfach nur zum entspannten Spazierengehen. Auf mehreren Rundwanderwegen kann man sich von der Schönheit der Landschaft überzeugen. Empfehlenswert sind die Wanderwege Baumweg (14,2 km), Dicke-Steine-Weg (13,8 km), Germanenweg (13,3 km), Mühlenweg (13,8 km), Sagenweg (14,8 km), Traditionsweg (13,5 km), Wüstungsweg (16,3 km). Radfahrer haben die Qual der Wahl zwischen: Fachwerkkirchenweg (17,5 km), Nördlicher Erlebnisweg (32,1 km), Westlicher Erlebnisweg (21,7 km), Südlicher Erlebnisweg (22,2 km).

▶ Judenpfade

Vom 13. Jh. bis zur Vertreibung und Ermordung im Dritten Reich lebten Juden in den Dörfern und Städten des Vogelsbergs. Als dezentrales Museum verbindet der Judenpfad im Vogelsberg viele Orte der Erinnerung. Der Judenpfad besteht aus drei Strecken, die sich in Feldatal-Kestrich an der alten Synagoge treffen. Ein weiterer Pfad führt von Kirtorf nach Ober-Gleen. Insgesamt sind ca. 50 km markiert, an denen 54 Tafeln Interessantes zu Plätzen jüdischer Geschichte erläutern.

▶ Naturdenkmale

Am Lohberg befindet sich in Groß-Felda heute noch eine kleine Felshöhle, das Wildfrauloch. Bei den Dicken Steinen in Stum-

pertenrod handelt es sich um drei Basaltaufwürfe. Frau Holle soll hier ihren Ein- und Ausgang gehabt haben.

▶ Sternwarte

In klaren Nächten ist hier jede Menge los – der Auftritt tausender Sterne, die Milchstraße, die Galaxie Andromeda, der Sternenhaufen Plejaden. Es gibt kaum eine Stelle, wo der Himmel so klar, die Sterne so nah sind wie in der Sternwarte im Ortsteil Stumpertenrod. Zur Beobachtung des Sternenhimmels und seiner Dokumentation in Bild und Film lässt sich das gesamte Dach des Gebäudes wegschieben.
Adresse: Sternenwelt Vogelsberg e. V., Schulstraße 2, 36325 Feldatal, **Informationen** zu Besichtigung und Führungen von Walter Gröning unter 📞 0171/3214999, ✉ fuehrungen@sternenwelt-vogelsberg.de.

▶ Greifvogelwarte

Hier kann man die Giganten der Lüfte hautnah erleben! Besonders unvergessliche Erlebnisse versprechen die **mystische Eulennacht** (jeweils 1. Mai), die **Halloween-Flugschau** (letztes Wochenende im Oktober), Flugschauen, Falkner for Kids, Eulenwanderung und vieles mehr.
Adresse: Grünberger Straße 25, 36325 Feldatal-Ermenrod, 📞 06637/9183436 oder 0152/01356162 (Inhaber: Michael Simon)

▶ Reiten

Familienurlaub mit Reitangeboten gibt es auf Nickis Hof.
Adresse: Familie Waltinger, Talweg 3, 36325 Feldatal-Köddingen, 📞 06645/7138

▶ Weitere Angebote

Das Freibad Kestrich hat von Mai–Sept. tägl. 10.00–18.00 Uhr geöffnet. In der Gemeinde gibt es zudem Tennisplätze.
Angeln ist ebenfalls möglich. **Informationen** unter 🌐 www.ac-feldatal.de

Veranstaltungen und Feste

Alle zwei Jahre im August verwandelt sich der Marktplatz in Groß-Felda in eine große Festbühne. Vielfältige kulturelle Angebote, leckere Speisen, eine historische Gaststätte, das Bearbeiten und Herstellen von Metallgegenständen, ein Kinderprogramm, landwirtschaftliche Produkte, Vorträge und Ausstellungen im Haus Schuh und vieles mehr machen das **Schmiedefest** zu einem einzigartigen Familienfest. Das **Mühlenfest** (jedes Jahr im Juli) hat inzwischen Kultstatus erreicht. Tausende Menschen strömen nach Stumpertenrod, um sich an den vielen Ständen und am Backhaus kulinarisch verwöhnen zu lassen. Alle zwei Jahre im Juli (wieder 2019) strömen **Goldwing-Fans** aus ganz Deutschland und den angrenzenden Ländern zum Sportplatz in Groß-Felda, um dort zu fachsimpeln und die herrlich zurechtgemachten Maschinen zu bestaunen. Dazu gibt es Livemusik, kulinarische Angebote und Events.

Freiensteinau

(Vogelsbergkreis)

Am Südhang des Vogelsbergs leben rund 3300 Menschen in insgesamt zwölf Dörfern. Das Leben der Menschen war jahrhundertelang bäuerlich geprägt. Das Wappen der Gemeinde zeigt das Symbol des „Blauen Ecks" wegen der ursprünglichen Zugehörigkeit Freiensteinaus zu Bayern.

Tourist-Information
Alte Schulstraße 5
36399 Freiensteinau
📞 **06666/960021**
🌐 **www.freiensteinau.de**

Sehenswertes

Der alte Ortskern mit Schloss und großem Marstall, beeindruckender Kirche und Torbogenhaus ist eine Besichtigung wert. Das Landschloss wurde 1688 als Hauptgebäude eines Amtshofes der Adelsfamilie Riedesel Freiherrn zu Eisenbach errichtet. Anfang des 19. Jh. wurde der eingeschossige Bau aufgestockt, die Wendeltreppe zum Obergeschoss aus Sandstein und die Zimmer in Fachwerkbau aus Eichenbalken errichtet. Eine Besichtigung ist nur von außen möglich.

Fleschenbach ist mit nur knapp 130 Einwohnern das kleinste Dorf und mit seinen über 1130 Jahren auch eines der ältesten. Hünengräber zeugen unweit des Dorfes Salz von einer frühen Besiedlung. Nieder-Moos, 450 m hoch im südlichen Vogelsberg gelegen, schmiegt sich in die hügelige Landschaft der **Vogelsberger Seenplatte.** Basaltkuppen, die sich rund 500 m hoch über dem Land erheben, eröffnen Ausblicke in den **Naturpark Hoher Vogelsberg,** in die Rhön und den Spessart. Gunzenau gehört zu den kleinen Dörfern der Gemeinde. In seiner Gemarkung findet sich der Reichlose Teich, an dem Jahr für Jahr seltene Vogelarten nisten. Die Gunzenauer Kirche – ein Fachwerkbau aus dem Jahre 1705 – ist auf jeden Fall einen Abstecher wert.

▶ **Rosengarten**
Dieter Straulino züchtet in seinem Garten am Rande des Ortes Radmühl rund 250 verschiedene Rosensorten. Von der Strauchrose über Kletterrose, Edel- und Beetrose bis hin zu alten Sorten: Hier werden Rosenfreunde fündig. Nach vorheriger Absprache kann der Rosengarten besichtigt werden.
Adresse: Vogelsbergstraße 13, 36399 Freiensteinau, 📞 06666/919740

Museen

▶ Agro art – Scheunenmuseum
Gerätschaften veranschaulichen das bäuer-
lich-dörfliche Leben in der Region.
Adresse: Seestraße 3, 36399 Freiensteinau-
Reichlos, 📞 06669/222

Freizeit und Natur

▶ Wandern
Neun Wanderwege geben weite Blicke
in die benachbarte Rhön oder den Taunus und Knüll frei. Empfehlenswert ist
u. a. der 2013 neu eröffnete 13 km lange
Premiumwanderweg „Drei-Seen-Tour
Freiensteinau". Hier kann der Wanderer
Natur pur mit außergewöhnlichen Begegnungen erleben: In den Feldern lassen
sich seltene Vogelarten wie Wiesenpieper
oder Neuntöter beobachten, auf den Teichen
und im Röhricht tummeln sich Hauben-
und Schwarzhalstaucher, Teichrohrsänger
und Regenpfeifer. **Geführte Wanderung**
nach Voranmeldung unter 📞 06644/1413
(Herr Schlintz).

▶ Radfahren
Entlang der ehemaligen Bahntrasse der Vogelsberger Südbahn verläuft der 35 km lange
Südbahnradweg. Er bietet hervorragende
Bedingungen für alle Radfans, aber auch für
alle Läufer und Nordic-Walker. Auf der ehemaligen Trasse von Altenstadt über Glauburg,
Ortenberg, Hirzenhain, Gedern, Grebenhain
und Herbstein nach Lauterbach und Schlitz ist
der einzigartige Vulkanradweg mit maximal
3 Prozent Steigung bzw. Gefälle entstanden.

▶ Reiten/Kutschfahrten
Ein modernes Reitzentrum direkt am Nieder-
Mooser See bietet sowohl für Reiter mit
sportlichen Ambitionen als auch für Freizeit-
reiter optimale Möglichkeiten.

Adresse: Dressurpferde Rassmann, Hinter-
weide 5, 36399 Freiensteinau-Nieder-Moos,
🌐 www.dressurpferde-rassmann.de.
Spielmanns Reiterhof bietet Kinderreitferien
und Reiterferien für Erwachsene in familiärer Atmosphäre an. Wanderritte, Schnup-
perangebote und Familienurlaub gehören
ebenfalls zum Angebot.
Adresse: Familie Katrin und Dirk Pötter, Borngasse 9, 36399 Freiensteinau-Ober-Moos
🌐 www.spielmanns-reiterhof.de.
Planwagenfahrten und Kutschfahrten
inklusive Brotzeit und vielem mehr bietet die
Fuhrhalterei Schmelz.
Adresse: Gartenstraße 7, 36399 Freiensteinau-
Nieder-Moos 🌐 www.fuhrhalterei-schmelz.de

*Die Nieder-Mooser Orgelkonzerte sind ein
über die Region beliebter Besucher-Magnet.*

▶ Mooser Seenplatte
Während der Ober-Mooser See allein den
Tieren und Pflanzen vorbehalten ist, ist der
Nieder-Mooser See touristisch erschlossen.
Bei beiden handelt es sich um historische
Fischteiche, die von den noch heute auf
dem nahen Schloss Eisenbach ansässigen
Freiherren zu Riedesel angelegt wurden.
Ein vielfältiges Angebot mit Zeltplätzen,
Gaststätten und diversen Wassersportmög-
lichkeiten erwartet den Besucher.

▸ 🌋 Freizeitpark Vulkan

Direkt an den Nieder-Mooser See grenzt der 3 ha große Freizeitpark Vulkan. Der Familienpark bietet Abwechslung für Jung und Alt. Tipidorf, Minigolfanlage, Kinderspielplatz, Streichelzoo, Grillplätze sowie eine Anlage, auf der man Modellautos und Modellschiffe fahren lassen kann, lassen keine Langeweile aufkommen.

▸ Angeln

Einen Angel- oder Fischereischein erhält man an der Rezeption des Campingplatzes. **Adresse:** Am Camping 1, 36399 Freiensteinau-Nieder-Moos, 📞 06644/1433, 🌐 www.camping-nieder-moos.de

Veranstaltungen und Feste

▸ Nieder-Mooser Konzertsommer

Was einst 1978 als Orgelkonzertreihe begann, hat sich zu einer vielfältigen und ansprechenden Konzertreihe rund um die historische Oestreich-Orgel in der Evangelischen Kirche in Nieder-Moos entwickelt. **Konzertbüro:** Mittelgasse 5, 36399 Freiensteinau-Nieder-Moos, 📞 06644/7733, 🌐 www.nieder-mooser-konzertsommer.de

Fulda

(Landkreis Fulda)

Die Barockstadt am gleichnamigen Fluss liegt eingebettet in die Fuldaer Senke zwischen dem Fulda-Haune-Tafelland im Norden sowie der Rhön im Osten und dem Vogelsberg im Westen. Rund 66 000 Menschen leben hier. 744 gründete Benediktinermönch Sturmius im Auftrag von Bonifatius das Kloster Fulda, im 9. Jh. war es eines der kulturellen Zentren Mittel-europas. 1019 folgten Markt- und Münzrecht, 1114 die Stadtrechte. Erst 1802 wurde im Zuge der Säkularisation die weltliche Herrschaft der Fürstäbte beseitigt.

> **Tourismus-Information**
> **Bonifatiusplatz 1**
> **36037 Fulda**
> 📞 **0661/1021813 oder 1021814**
> 🌐 **www.tourismus-fulda.de**

Sehenswertes

▸ Altstadt

Ein Bummel oder eine Führung (Info und Buchungen über die Tourismus-Information) durch die malerische Altstadt führt geradewegs zurück ins Mittelalter. Um 1150 entstand die Stadtmauer, ein Teil ist in der Kanalstraße erhalten. Beeindruckend ist der 14 m hohe Rundturm, einer der Wehrtürme, die die Stürme der Jahrhunderte überstanden haben. Einst diente er zur Sicherung des unmittelbar am Turm gelegenen Frauentörleins, das den Zugang vom Kloster zur Bürgerstadt ermöglichte. Rund um den Severiberg erhalten sind das Haus „Zum Roten Löwen" und das „Haus zum Totenbein", das ehemalige Beinhaus. Ehemaliges Zentrum war der Platz „Unterm Heilig Kreuz". An der Ecke Steinweg befindet sich das Alte Rathaus, dessen westlicher Teil des stattlichen dreigeschossigen Eckgebäudes im Kern aus der Zeit vor 1500 stammt.

▸ Führungen für Kinder

Für Kinder werden eine Vielzahl von Führungen angeboten: „Barock – was ist denn das?"; Specht, Feldhase, Maulwurf und Co."; „Frau Hoys und das Weihnachtsfest"; „Schloss(er)leben wie vor 300 Jahren"; „Kinderführung in Schloss Fasanerie" und weitere. **Auskunft** erteilt die Tourismus-Information.

Sieben Kilometer nördlich von Fulda liegt auf einer Anhöhe Schloss Fasanerie. Es beherbergt eine der schönsten Porzellansammlungen.

▶ Dom St. Salvator

Hessens bedeutendste Barockkirche am Domplatz ist zugleich Fuldas Wahrzeichen. Johann Dientzenhofer erbaute sie zwischen 1704 und 1712 im Stil des italienischen Barock und übernahm dabei wesentliche Elemente der ersten Klosterkirche, darunter die beiden Türme. Der weiß gehaltene Innenraum greift Elemente von St. Peter und der Lateranbasilika in Rom auf. Über dem barocken Hochaltar sind die Himmelfahrt Mariens und die Dreifaltigkeit dargestellt. Eine prächtige Kanzel, kunstvolle Nebenaltäre und aufwendig gestaltete Grabmäler sowie die eindrucksvolle Vierungskuppel mit den Evangelisten sind ebenso sehenswert wie Bonifatiusaltar in der Westkrypta. Dort ruhen auch die Gebeine des Heiligen. Neben Chor- und Orgelkonzerten am Abend finden Orgelmatineen jeden Sa im Mai, Juni, Juli, Sept, Okt und in der Adventszeit in der Zeit von 12.05 Uhr bis 12.35 Uhr statt. **Öffnungszeiten:** Apr–Okt Mo–Fr 10.00–18.00 Uhr, Sa 10.00–15.00 Uhr und So 13.00–18.00 Uhr; Nov–März Mo–Fr 10.00–17.00 Uhr, Sa 10.00–15.00 Uhr und So 13.00–18.00 Uhr

▶ Stadtschloss

Das heutige barocke Schloss wurde als Vierflügelanlage mit zwei Seitenflügeln, die einen Ehrenhof einfassen, in den Jahren 1708 bis 1714 erweitert. Einige Teile wurden als historische Räume rekonstruiert und bieten Einblick in die Zeit des Absolutismus. **Öffnungszeiten:** tägl. außer Mo 10.00–17.00 Uhr, **Führungen:** Apr–Okt tägl. außer Mo und Fr 10.30–14.00 Uhr, Fr 14.00 Uhr; Nov–März Di– Fr 14.00 Uhr, Sa und So 10.30–14.00 Uhr

▶ Schlossgarten und Orangerie

Der von Mauern und Gittern umschlossene Schlossgarten (1715) setzt sich aus der Schloss- und Orangerie-Terrasse, dem dazwischenliegenden Parterre mit Fontainebrunnen und dem ehemaligen Boskettgarten zusammen. Die Orangerie wurde von 1721 an geschaffen und diente als Veranstaltungsort für die Sommerfeste der Fürstäbte. Auf der großen Freitreppe vor der Orangerie entfaltet ein weiteres beliebtes Wahrzeichen seine barocke Schönheit: die Floravase. Die 6,8 m große Skulptur wurde 1728 aus einem Stein gehauen. Sie zeigt Flora, die Göttin der Gartenbaukunst.

Öffnungszeiten: Apr–Okt 7.00–22.30 Uhr; Nov–März 7.00–21.00 Uhr

Die Michaeliskirche im vorromanischen und karolingischen Baustil gilt als eine der ältesten Kirchen Deutschlands.

▸ Stadtpfarrkriche St. Blasius

Der spätbarocke Sakralbau (Nonnengasse 13) wurde unter Fürstbischof Heinrich von Bibra 1770 begonnen. Sein Wappen und eine Darstellung des Heiligen sind über dem Hauptportal zu sehen. Vor der Kirche steht ein Brunnenobelisk aus dem Jahr 1669.

Öffnungszeiten: Mo–Sa 10.00–17.00 Uhr, So 12.00–17.00 Uhr

▸ Michaeliskirche

Sie gilt als eine der ältesten Kirchen Deutschlands (Michaelsberg 1). Ab 819 wurde sie unter Abt Eigil, dem dritten Abt des Klosters Fulda, als Begräbniskirche errichtet. Der Ursprungsbau war vermutlich ein eingeschossiger Rundbau mit Kegeldach, östlichem Nischenanbau und Krypta. Die Krypta mit ihrem Gewölbe und der Säule in der Mitte ist bis heute fast unverändert erhalten geblieben. Das Hauptgeschoss war – ähnlich wie heute – ein Zentralbau.

Öffnungszeiten: Apr–Okt tägl. 10.00–18.00 Uhr; Nov–März 10.00–12.00 Uhr und 14.00–17.00 Uhr

▸ Kloster Frauenberg

Rund 15 Gehminuten vom Kloster entfernt liegt das Franziskanerkloster (1623) in einem Park auf einem der sieben Hügel Fuldas mit einer herrlichen Sicht über die Stadt und die umliegenden Berge von Rhön und Vogelsberg. Die Klosteranlage ist ein spätbarocker Bau mit einer künstlerisch wertvoll ausgestatten Kirche.

Öffnungszeiten: tägl. 7.30–18.30 Uhr

Museen

▸ Historische Räume im Stadtschloss

Das Herzstück bildet der Wohntrakt der Fuldaer Fürstäbte und Fürstbischöfe aus dem 18. Jh. Darüber hinaus können Besucher u. a. Fayencen und Porzellan aus den Fuldaer Manufakturen bewundern, auch Thüringer Sammlerstücke haben hier ihren Platz.

Öffnungszeiten: tägl. außer Mo 10.00–17.00 Uhr, **Führungen:** Apr–Okt tägl. außer Mo und Fr 10.30–14.00 Uhr, Fr 14.00 Uhr; Nov–März Di bis Fr 14.00 Uhr, Sa/So 10.30–14.00 Uhr

▸ Vonderau Museum

Das Museum beherbergt drei Dauerausstellungen zur Kulturgeschichte, zur Naturkunde sowie zu Malerei und Skulptur (mit regionaler Ausrichtung). Ein modern ausgestattetes Planetarium, wo Besucher kosmische Reisen

durch die Weiten des Universums machen können, schließt sich an. Das Programmangebot reicht von spektakulären Weltraumausflügen bis zu eher beschaulichen erdgebundenen Betrachtungen des aktuellen Fuldaer Sternenhimmels.
Adresse: Jesuitenplatz 2, 36037 Fulda, **Öffnungszeiten:** tägl. außer Mo 10.00–17.00 Uhr

▸ Dommuseum
Religiöse Kunst und materielle Zeugnisse aus der über 1250-jährigen Geschichte der ursprünglichen Abteikirche und heutigen Kathedrale des Bistums, die seit 754 Grabeskirche des Hl. Bonifatius ist, erwarten Besucher hier.
Adresse: Domplatz 2, 36037 Fulda, **Öffnungszeiten:** Apr–Okt Di–Sa 10.00–17.30 Uhr, So 12.30–17.30 Uhr; Nov–März Di–Sa 10.00–12.30 Uhr und 13.30–16.00 Uhr, So 12.30–16.00 Uhr

▸ Kinder-Akademie Fulda
Als kulturelles Zweisparten-Haus hat es die kulturelle und naturwissenschaftliche

Bildung von Heranwachsenden zum Ziel und ist ein Leuchtturm-Projekt mit überregionaler Ausstrahlung. Auf 2000 m² Fläche regen im Museumsbereich interaktive Objekte aus Kunst und Kultur, Naturwissenschaft und Technik den Entdecker- und Forschergeist der Besucherinnen und Besucher an. Die Hauptattraktion ist das „Begehbare Herz", das mit 36 qm Grundfläche und 5 m Höhe einzigartig in Europa ist. Ausprobieren, Erforschen und Mitmachen ist ausdrücklich erwünscht!
Adresse: Mehlerstraße 4, 36043 Fulda, 0661/902730, **Öffnungszeiten:** Mo–Fr 10.00–17.30 Uhr, Sa (nur Okt–Apr) 13.00–17.30 Uhr, So 13.00–17.30 Uhr

▸ Feuerwehrmuseum
Unter den Exponaten befinden sich Highlights wie die älteste erhaltene fahrbare Handdruckspritze der Welt (1624), aufwendig verzierte Handdruckspritzen aus Barockzeit und Klassizismus, die älteste bekannte pferdegezogene Drehleiter (1808), eine funktionsfähige Dampfspritze (1903), die erste elektroautomobile Drehleiter der

Der Schlossgarten, hier mit der Orangerie, ist eine gelungene Kombination von architektonisch barocken Gestaltungselementen und freien Akzenten eines englischen Landschaftsgartens.

Welt (1903), eine frühe Autospritze (1922) und vieles mehr.
Adresse: St. Laurentius-Straße 3, 36041 Fulda, ⊕ www.dfm-fulda.de, **Öffnungszeiten:** Apr–Okt tägl. außer Mo 10.00–17.00 Uhr; Nov–März tägl. außer Mo 10.00–16.00 Uhr

▶ ☺ Erlebniswelt Blockflöte

Anfassen und Ausprobieren gehört dazu: Holz begreifen, die Bandbreite des Blockflöten-Tons hörbar machen, die Flöten spielen. Im 100 m² großen Raum „Klangwelt" sind physikalische Experimente vorbereitet. Blockflötenbau, akustische Versuche, historische Instrumente, Holz-Herkunftsrätsel, Blockflötenquiz und vieles mehr zum Lernen und Begreifen.
Adresse: Weichselstraße 27, 36043 Fulda, ⊕ www.mollenhauer.com, **Öffnungszeiten:** Mo– Fr 10.00–15.00 Uhr

▶ Schloss Fasanerie

Schloss Fasanerie beherbergt eine der größten Porzellansammlungen in privater Hand. Hier finden sich höfische Tafelservice des 18. und 19. Jh. sowie figürliches Porzellan aus den königlichen Manufakturen Berlin, Meißen, Kopenhagen und Sèvres. Außerdem sehenswert: griechische und etruskische Vasen, römische Porträtbüsten, Terrakotten und Bronzen.
Adresse: Fasaneriestraße, 36124 Eichenzell, **Öffnungszeiten:** Apr–Okt tägl. außer Mo 10.00–17.00 Uhr

Freizeit und Natur

▶ Wandern und Radfahren

Über 185 Pilgerkilometer erstreckt sich die Bonifatius-Route zwischen Mainz und Fulda. Sie folgt den Spuren des Trauerzuges, der im Jahre 754 den Leichnam zu seiner letzten Ruhestätte brachte. Fulda liegt am Kreuzungspunkt von drei überregionalen Fahrradwegen. Der R 1, der Fulda Radweg, verläuft entlang der Fulda. Der Bahnradweg R 3 führt auf einer alten Bahnstrecke in die Rhön. Der Radweg führt durch den „Milseburgtunnel", einem alten Bahntunnel, der mit 1173 m einer der längsten Radtunnel Deutschlands ist. Richtung Westen erschließt der Bahnradweg R 3 den Vogelsberg und heißt in diesem Abschnitt „Vulkanradweg".

▶ Kanufahren

Im Rahmen einer Flusswanderung mit einem Kanu wird die Natur der Fulda-Aue zu einem Erlebnis. Kajaks und Canadier können geliehen oder eine Tour mit Begleitung durch einen erfahrenen Kanuten gebucht werden. Touren können je nach Witterung und Wasserstand von Apr–Okt durchgeführt werden. Es werden spezielle Touren für Kinder, Jugendliche und Erwachsene angeboten.
Adresse: Kanutours Fulda, Waldstraße 2, 36041 Fulda, ☎ 0661/58100, ⊕ www.kanutours-fulda.de

▶ Naherholungsgebiet Fulda-Aue

Das Naherholungsgebiet befindet sich nur wenige Gehminuten von der Innenstadt entfernt. Die Fulda-Aue bietet vielfältige Sport- und Erholungsmöglichkeiten für Jung und Alt. Spazieren gehen, Kanu- und Radfahren, Inlineskaten sind ebenso möglich wie der Besuch des Feuerwehrmuseums oder des Umweltzentrums mit Biergarten und Barfußpfad. In den Sommermonaten ist für die Jüngsten der Wasserspielplatz geöffnet.

▶ Dahliengarten

Über 30 verschiedene Sorten blühen hier im Spätsommer. Der Garten, dessen Eingang versteckt in einer Mauer direkt gegenüber dem Domplatz liegt, bietet Ruhe und Erholung mit einem schönen Blick auf Hexenturm und Domspitzen.
Öffnungszeiten: Mitte Apr/Anfang Mai (Frühlingsbepflanzung) bis Okt 9.00–19.00 Uhr

Veranstaltungen und Feste

Musical-Sommer Fulda: Mitte Jun–Mitte Aug finden Musicalaufführungen mit historischem Hintergrund (🌐 www.eventim.de) statt
Skatenight Fulda im Juli, **Challenge-Lauf** für Läufer und Nordic Walker Ende Mai/Anfang Juni, **Hochstift-Marathon** Anfang Sept, **Osthessenschau** im Herbst, **Weihnachtsmarkt** Ende Nov–23. Dez

Gersfeld

(Landkreis Fulda)

Mitten im Biosphärenreservat liegt der einzige heilklimatische Ort und Kneipp-Heilbad der Hessischen Rhön zu Füßen der Wasserkuppe. In der Gemeinde leben rund 5500 Menschen.

Tourist-Information
Brückenstr. 1
36129 Gersfeld (Rhön)
📞 **06654/1780**
🌐 **www.gersfeld.de**

Sehenswertes

▶ Evangelische Stadtkirche
In der Eingangshalle im Turmuntergeschoss steht an der linken Seitenwand das Grabmal des Ritters von Christopher von Ebersberg und dessen Ehefrau Kunigunde. Die einheitlich in Weiß gehaltene und sparsam goldgesäumte Innenausstattung wirkt vornehm kühl. Den Abschluss nach Westen bildet die typisch protestantische Orgel-Kanzel-Altarwand. Deren monumentale Architektur zeichnet sich durch edle Rokoko-formen und eine entsprechende Dekorierung aus.

Museen

▶ Deutsches Segelflugmuseum
Mit ca. 4000 m² Ausstellungsfläche ist es das weltweit einzige Museum dieser Art und dokumentiert die über 100-jährige Geschichte und die technische Entwicklung des Segelflugs.
Adresse: Wasserkuppe 2, 36129 Gersfeld (Rhön), 🌐 www.segelflugmuseum.de, **Öffnungszeiten:** Apr–Okt tägl. 9.00–17.00 Uhr; Nov–März tägl. 10.00–16.30 Uhr

Freizeit und Natur

▶ Wandern und Radfahren
Neben fünf ausgewiesenen Klimaterrainwegen lohnt sich die Wanderung rund um die Wasserkuppe, ein Abstecher auf dem Premiumweg „Der Hochrhöner". Ambitionierte Wanderer nehmen von Gersfeld aus Kurs auf die Milseburg, den Heidelstein oder den Kreuzberg in der bayerischen Rhön. Ein Wanderparadies ist das Rote Moor. Hauptattraktion ist ein 1,2 km langer, rollstuhlgerechter Rundweg durch die Moorlandschaft. Als Nordic Aktiv Zentrum bietet Gersfeld zudem von Mai bis Ende Okt nach Voranmeldung Nordic-Walking-Kurse an.
In und um Gersfeld gibt es gut beschilderte Radwanderwege. Zu den beliebtesten Strecken zählt der 234 km lange Fuldaradweg, der von Gersfeld bis nach Bad Karlshafen und wieder zurückführt. **Infos** bei der Tourist-Information.

▶ Reiten
Reit- und Fahrverein Gersfeld e. V., Ursinusstraße 27, 36129 Gersfeld (Rhön), 📞 06654/1236, 🌐 www.ruf-gersfeld.de
Ausritte, Halb- und Tagesritte, Reiten lernen in freier Natur auf zuverlässigen und freundlichen Wanderreitpferden bieten Maria Karadoukas und Laszlo Koller an
Adresse: Gichenbach 54, 36129 Gersfeld

Die 950 m hohe Wasserkuppe lädt rund ums Jahr zu sportlichen Aktivitäten ein.

(Rhön), 📞 06656/9117280, 🌐 www.rhoen-reiter.com
Reitstall „Hohe Rhön, Familie Schleicher, Mosbach 39, 36129 Gersfeld (Rhön), 📞 06654/919659, 🌐 www.reitstall-hohe-rhoen.de
Reit- und Fahrstall Reder, **Adresse:** Claudia Reder, Mosbach 19, 36129 Gersfeld (Rhön), 📞 06654/695, 🌐 www.reit-fahrstall-reder.de

▸ Wintersport

Rund um Gersfeld laden zahlreiche Skilifte auf der Wasserkuppe, am Zuckerfeld und am Simmelsberg zum Ski alpin ein. Ein besonderes Erlebnis ist das Snowkiting an der Wasserkuppe. Und ein Spaß für Schlittschuhfahrer ist die Natur-Eisfläche am Gersfelder Bahnhof. Ebenso groß ist das Angebot für Langläufer. Das DSV Loipenzentrum ist vom Deutschen Skiverband zertifiziert und bietet rund 60 km Loipen. 🌐 www.skilifte-wasserkuppe.de oder 🌐 www.zuckerfeld.de oder 🌐 www.skilift-simmelsberg.de.

▸ ⚙ Sommerrodelbahn

Eine Topattraktion für Familien bildet die Sommerrodelbahn mit dem Rhönbob und dem Hexenbesen. Auf der zweimal 700 m langen Doppel-Sommerrodelbahn sausen Groß und Klein ins Tal. Direkt daneben befindet sich Hessens höchstgelegener Kletterpark mit 8 verschiedenen Parcours.
Adresse: Ski- und Rodelarena Wasserkuppe, Wasserkuppe 60, 36129 Gersfeld (Rhön), 🌐 www.sommerrodelbahnen-wasserkuppe.de, **Öffnungszeiten:** Apr–Okt tägl. 10.00–17.00 Uhr

▸ Wildpark Gersfeld

Rundwege, zum größten Teil barrierefrei, führen durch das idyllische Wiesental im

Ehrengrund. In den Gehegen entdecken Besucher Rot-, Dam- und Rehwild, Sika-, Dybowski-, Muffel- und Schwarzwild, Steinböcke, Gämse, Waschbären, Fasane, Pfauen und vieles mehr. Verweilen kann man an einem 6000 m² großen Teich, auf dem sich Wildvögel tummeln. Für Kinder gibt es einen großen Streichelzoo und einen Spielplatz. ☏ 06654/680, ⊕ www.wildpark-gersfeld.de, **Öffnungszeiten:** Apr–Okt 9.00–18.00 Uhr; Nov–März 10.00–16.00 Uhr; **Führungen:** Mai– Sept Sa 13.00 Uhr

▶ Wasserkuppe

Als höchster Berg der Rhön und zugleich Hessens höchste Erhebung ist die Wasserkuppe überregional als „Wiege des Segelflugs" bekannt. Die 950 m hohe Erhebung lädt rund ums Jahr zu sportlichen Aktivitäten wie Skifahren, Segelflug, Paragliden oder Wandern ein. Vom Gipfel bietet sich eine herrliche Weitsicht.

▶ Radom

Nichts macht die Rhön so unverwechselbar wie das Radom auf der Wasserkuppe. Es ist das Wahrzeichen der Rhön. Die Plattform rund um die Radarkuppel erlaubt einen 360-Grad-Panoramablick, bei guten Wetterlagen können Sie von hier aus mehr als 100 km in die Ferne blicken. Der ideale Ort für Veranstaltungen, kulturelle Events und sogar für Hochzeiten. **Öffnungszeiten:** Die Plattform ist im Sommer tägl. von 9.00–19.00 Uhr zugänglich. **Führungen** nach Vereinbarung

unter ☏ 06683/9170832, ⊕ www.radom-wasserkuppe.de

▶ Flieger- und Flugschule

Die Fliegerschule Wasserkuppe bietet ein zeitgemäßes Leistungsprofil im Segel-, Ultraleicht-, Modell- und Motorflug an. ⊕ www.fliegerschule-wasserkuppe.de
In der Papillon-Flugschule kann man das Gleitschirmfliegen von der Pike auf lernen und sich auch im Drachenfliegen versuchen. ⊕ www.wasserkuppe.com

▶ Ballonfahrten

Mit einem Ballon über Felder, Wiesen, Flüsse und Seen lässt sich die grenzenlose Freiheit des Ballonfahrens genießen. **Buchungen** über: Mathias Schneider, Brembacher Weg 2 d, 36129 Gersfeld (Rhön), ☏ 06654/7209 und Matthias Mattern, Ursinusstraße 29, 36129 Gersfeld (Rhön), ☏ 06654/588

Für Kinder ist es ein unvergessliches Abenteuer, Rhönschafe auf der Rhönschaf-Erlebniswanderung hautnah zu erleben. In Ehrenberg bei Gersfeld wird Urlaub auf dem Land deshalb groß geschrieben.

▶ Wellnessbad Kaskade

Die Badelandschaft lockt nicht nur mit warmen Wassertemperaturen, sondern auch mit einer weitläufigen Saunalandschaft und vielfältigen Entspannungsangeboten.
Adresse: An der Wacht 14, 36129 Gersfeld (Rhön), 📞 06654/1890, **Öffnungszeiten:** Mo–Fr 14.00–22.00, Sa 10.00–22.00, So 10.00–20.00 Uhr

Imker Günter Wehner vermittelt die faszinierende Wunderwelt der Bienen und lässt im Anschluss vom flüssigen Gold gerne kosten.

Umgebung

Ehrenberg (ca. 2700 Einwohner) grenzt im Süden an Gersfeld. 14 Rundwanderwege in und um Ehrenberg, dazu die Extra-Touren **Guckaisee, Hochrhöntour** und **Rotes Moor** sind von Ehrenberg aus gut zu erreichen. Der Premiumwanderweg **Der Hochrhöner** verläuft mitten durch die Gemeinde. Zusätzliche Highlights sind:
☺ **Rhönschaf-Erlebniswanderung:** Eine kleine Wanderung mit der Schäferin führt zur grasenden Rhönschafherde. Unterwegs erfährt der Wanderer viel Interessantes über die Entstehungsgeschichte der Rhön und die landschaftstypische Schafrasse – das Rhonschaf.
☺ **Erlebnisbacken in Melperts:** Wer ein Rhöner Sauerteigbrot und ein Osterbrot aus

dem Holzbackofen selber backen möchte, ist hier genau richtig. Kleine und große Hände können hier ihr eigenes Rhöner Bauernbrot formen und backen. Anmeldung erforderlich!
☺ **Bienen-Erlebnisführung:** Kinder und Erwachsene tauchen ein in die faszinierende Wunderwelt der Bienen, besuchen Bienenstöcke und erfahren allerlei Wissenswertes über die fleißigen und nützlichen Tiere. Imker Günter Wehner zeigt gefüllte Honigwaben und wie daraus Honig geschleudert wird. Es darf auch probiert werden. Führungen bis 10 Personen auf Anfrage.
Informationen zu allen genannten Aktivitäten erteilt die Tourist-Information Ehrenberg unter 📞 06683/960116.

Gießen

(Landkreis Gießen)

Gießen liegt zwischen den Ausläufern von Vogelsberg, Taunus und Westerwald, eingebettet in das reizvolle Flusstal der Lahn. Rund 74 000 Menschen haben hier ihr Zuhause. Die erstmals 1197 urkundlich erwähnte Siedlung geht zurück auf die Gründung einer Wasserburg „Zu den Giezzen". 1248 wurde Gießen erstmals als Stadt bezeugt, 1264 kam diese an die Landgrafschaft Hessen, die um 1300 das heutige Alte Schloss anlegen ließ. In das Jahr 1607 fiel die Gründung der Universität. 1944 wurde die Stadt zu mehr als drei Vierteln zerstört. Trotzdem finden sich noch zahlreiche Spuren, die von der wechselvollen Geschichte zeugen.

**Tourist-Information
Berliner Platz 2 (Kongresshalle)
35390 Gießen
📞 0641/3061890
🌐 www.giessen.de**

Sehenswertes

Zwischen März und November bietet die Tourist-Information Stadtführungen an, u. a. eine durch die historische Altstadt, entlang des Gießener Kunstwegs oder eine Führung über den Alten Friedhof. **Anmeldung** bei der Tourist-Information.

▶ Hauptbahnhof
Martin Walser beschrieb ihn folgendermaßen: „Als die Bahnhöfe gebaut wurden, wusste man offenbar überhaupt nicht, woran man bei einem Bahnhof denken sollte. Meistens geriet man dann in eine Mischung aus

Das klassizistische Stadttheater am Berliner Platz ist ein kulturelles Zentrum von überregionaler Bedeutung.

Kirche und Burg. Das sieht man in Gießen besonders deutlich. Eine rote Sandstein-Kirche mit Hauptschiff und Turm, der allerdings ein bisschen verrückt hingesetzt wurde, um das Kirchenschiff zu stören." Ab 1893 wurde der bisher nur über die Liebigstraße (früher Universitätsstraße) erreichbare Bahnhof auch über eine Brücke und eine historische Treppenanlage, „Mausoleum" genannt, vom Alten Wetzlarer Weg zugänglich. Heute steht der Bahnhof unter Denkmalschutz und verfügt über elf Gleise.

▶ Stadtkirchenturm
Der weithin sichtbare Glockenturm (1484–1520) der ehemaligen Stadtkirche, die Anfang des 19. Jh. erbaut und bei Bombenangriffen am 6.12.1944 völlig zerstört wurde, ist zugleich Mahnmal gegen den Krieg und Wahrzeichen der Stadt. Der Turm verlor 1944 nur seine Haube, die 1979 erneuert wurde. Die steinernen Linien auf dem Kirchenplatz bilden den Grundriss der alten Kirche nach. Im Inneren befindet sich eine Andachtsstätte

(Notkapelle) mit drei Büchern, in denen die Namen der bei dem schweren Luftangriff ums Leben gekommenen 816 Bürgerinnen und Bürger verzeichnet sind.

▶ Leibsches und Wallenfelsches Haus
Eines der ältesten Fachwerkhäuser Hessens (1349/50) steht an jener Stelle, an der im 12. Jh. die Grafen von Gleiberg eine Wasserburg „Zu den Giezzen" errichten ließen. Die Keimzelle Gießens ist heute Teil des Oberhessischen Museums. Kellergewölbe und Teile der Hausmauer des Wallenfelschen Hauses stammen aus dem 13. Jh., der darüber befindliche Wohnbau aus dem 18. Jh.

▶ Altes Schloss
Im Zentrum Gießens thront das Alte Schloss, eine nach den Kriegszerstörungen in den 1970er-Jahren rekonstruierte Wasserburg aus dem 14. Jh. mit Diebsturm. Der Diebsturm wurde als Bergfried erbaut und trägt über einem kuppelgewölbtem Verlies fünf Stockwerke. Seit 1905 Hauptsitz des Ober-

hessischen Museums mit Gemäldegalerie, Kunsthandwerk und Gailschen Sammlungen.

▸ Neues Schloss

Das markante Gebäude zählt zu den bedeutendsten Fachwerkgebäuden Hessens und wurde 1533–1539 unter Landgraf Philipp dem Großmütigen als Residenz erbaut. Allein seine Abmessungen (34,5 m lang, 12 m breit und 19,5 m hoch) sind beeindruckend. Das Gebäude repräsentiert den Übergang vom gotischen Saalbau zum Renaissance-Schloss.

▸ Zeughaus und Karzer

Das Zeughaus entstand 1585–1590 unter Landgraf Ludwig IV. Es diente als Waffenlager, vor allem zur Aufnahme der berühmten hessischen Artillerie. Im 19. und 20. Jh. wurde es als Kaserne genutzt und ist heute Teil der Universität. Links vom Mittelteil befindet sich der Karzer, in dem Studenten einst ihre Strafe absitzen mussten.

▸ Johanneskirche

Die Johanneskirche mit ihrem 75 m hohen Turm wurde 1891–1893 erbaut. Der Berliner Architekt Grisebach kombinierte romanisierende, gotisierende und Renaissance-Formen. Die Stilvielfalt entspricht dem für die Jahre der Erbauung typischen Stil des Historismus. Nachdem im Zweiten Weltkrieg die ursprünglichen Fenster der Zerstörung zum Opfer gefallen waren, wurden im Zuge des Restaurierung alle Fenster vom Maler und Bühnenbildner Erhardt Klonk neu gestaltet: Sie zeigen Szenen aus der Offenbarung des Johannes.

▸ Denkmäler

Wilhelm Conrad Röntgen wirkte von 1879–1888 als Professor für Physik an der Universität Gießen. Das Denkmal im „Theaterpark" schuf E. F. Reuter. Es besteht aus einem Bronzekörper, durch den zehn Stahlstäbe verlaufen, sie symbolisieren die Röntgenstrahlen. Justus Liebig (1803–1873), bedeutendster Chemiker des 19. Jh., lehrte und forschte 1824–1852 an der Gießener Universität. Das heutige Denkmal ist nur eine Teilkopie der ursprünglichen Statue (Liebig mit zwei Musen zu seinen Füßen), die 1889/90 in weißem Marmor errichtet worden war.

Die Bronzegruppe „Die drei Schwätzer" wurde 1983 von Karl Henning Seemann geschaffen.

▸ Die drei Schwätzer

So wird die 1983 von Karl Henning Seemann geschaffene Bronzegruppe an der Ecke Seltersweg/Plockstraße genannt. Seemann wollte damit ein Stück Heimat darstellen, ein alltägliches Gespräch zwischen Bürgern beim Einkaufen in der Innenstadt.

▸ „Elefantenklo"

Das „Elefantenklo" ist wohl das skurrilste Wahrzeichen von Gießen. Woher der Spitzname für die mächtige Fußgängerüberführung am Selterstor kommt, lässt sich leicht bei der Betrachtung der Betonplattform mit den drei großen achteckigen Löchern erraten. Das „E-Klo", wie es auch kurz genannt wird, wurde 1967/68 mit dem Ziel, eine autogerechte Stadt zu schaffen, errichtet und erlangte schnell überregionale Berühmtheit als ein Negativbeispiel der Verkehrsplanung. Obwohl der Abriss u. a. wegen hoher Unterhaltskosten schon mehrfach im Gespräch war, wurde davon immer wieder Abstand genommen. Es hat mittlerweile Kultstatus.

▸ Botanischer Garten

Er ist der älteste Botanische Garten Deutschlands, der sich noch am ursprünglichen Ort befindet. 1609 wurde er vom Mediziner und Botaniker Ludwig Jungermann als „Hortus Medicus" angelegt. Auf 4 ha Fläche gedeihen rund 8000 Pflanzenarten aus allen Herren Länder. Der Botanische Garten ist nicht nur Ort von Forschung und Lehre, sondern auch Ruhepunkt und Erholungsstätte inmitten der lebendigen Stadt.
Öffnungszeiten: 20. März–20. Okt tägl. ab 8.00 Uhr; **Führungen** nach Voranmeldung

▸ Klosteranlage Schiffenberg

Am Stadtwald erhebt sich der Schiffenberg (281 m) mit seiner weithin sichtbaren ehemaligen Klosteranlage. Das von einer kräftigen Mauer umgebene Kloster umfasst mit seinen noch erhaltenen Gebäuden einen weiten Innenhof mit alten Bäumen. 1129 wurde die Kirche vom Trierer Erzbischof Meginer geweiht. 1323–1809 verwaltete der Deutsche Orden das Kloster. Für ihn wurden das Komturei-Gebäude (1493–1500) und die ehemalige Propstei (1463) mit schönen Erkern erbaut, die ursprünglich kleine Türmchen trugen. Zwischen beiden steht ein jüngerer Bau (1700) mit einem Portal und einem schön gestalteten Brunnen (1715). Im 1716 ergänzten Pferdestall befindet sich heute eine Kunstgalerie. Im Sommer finden auf dem Schiffenberg Gottesdienste und kulturelle Veranstaltungen statt, u. a. der „Musikalische Sommer". Vom Plateau des Schiffenbergs bietet sich ein herrlicher Ausblick in die Region.

▸ Badenburg

5 km nördlich von Gießen liegt in idyllischer Lahnlage die Badenburg. Vom ehemaligen Hofgut existieren noch Mauerreste über einem großen Gewölbekeller sowie ein Wohngebäude und ein Gesindehaus aus dem 16. Jh. Die Badenburg war früher Treffpunkt für politisch Aktive. Am 3. Juli 1834 beispielsweise fand dort eine Versammlung politisch Oppositioneller unter der Führung von Georg Büchner und Friedrich Ludwig Weidig statt, die die berühmte Flugschrift „Der Hessische Landbote" verfassten. Heute stellt die Burg ein beliebtes Ausflugsziel dar und wird als Gastronomiebetrieb genutzt.
Adresse: Inselweg 122, 35396 Gießen, 📞 0641/9751160, 🌐 www.badenburg.de

▸ Gießener Kunstweg

Der Gießener Kunstweg verbindet die Gebäudekomplexe von Philosophikum I und II der Justus-Liebig-Universität. Er umfasst 14 Skulpturen und Kunstwerke. Bis auf zwei Arbeiten im Foyer der Universitätsbibliothek haben alle Werke ihren Aufstellungsort im Freien gefunden. Sie laden ein zum Verweilen und zur Auseinandersetzung mit zeitgenössischer Kunst inmitten der Natur. In seiner Bedeutung reicht der Gießener Kunstweg weit über den lokalen Raum hinaus. Auch Skulpturen von international höchst renommierten Künstlern wie Stephan Balkenhol (Mann im Turm) und Per Kirkeby (Objekt Gießen) sind zu sehen.

▸ Alter Friedhof

Der Alte Friedhof (um 1530 am „Narrenberg" angelegt) in der Licher Straße ist ein Kulturdenkmal im umfassenden Sinne: Er ist Zeugnis deutscher Grabmalkultur und eine historisch gewachsene Parkanlage. Bedeutende Gießener Bürger sind auf dem Alten

Friedhof beigesetzt, so z. B. der Nobelpreisträger Wilhelm Conrad Röntgen, der erste
Professor für Architektur und Baukunst an
der Gießener Universität Hugo von Ritgen,
der Mediziner und Pharmakologe Rudolf
Buchheim, der Physiker und Chemiker Heinrich Buff, die Familie Gail und die Eltern des
Politikers Wilhelm Liebknecht.

Museen

▸ Liebig-Museum

Gezeigt werden Original-Apparaturen, wertvolle Dokumente, das weltberühmte analy-
tische Laboratorium, der Vorlesungssaal und
das Studierzimmer von Justus von Liebig.
Adresse: Liebigsstraße 12, 35390 Gießen,
📞 0641/76392, 🌐 www.liebig-museum.de,
Öffnungszeiten: Di–So 10.00–16.00 Uhr

▸ 😊 Mathematikum

Das Museum stellt interaktive Exponate
zum Anfassen zur Verfügung: Knobelspielen,
Seifenhautexperimente, Brückenbauen,
Puzzles legen und vieles mehr.
Adresse: Liebigstraße 8, 35390 Gießen,
📞 0641/9697970, 🌐 www.mathematikum.
de, **Öffnungszeiten:** Mo–Fr 9.00–18.00 Uhr,
Do 9.00–20.00 Uhr, Sa und So 10.00–
19.00 Uhr
Für 8–12-jährige Kinder finden monatliche
Kindervorlesungen statt; kostenlose **Führun-
gen** finden regelmäßig statt.

▸ Oberhessisches Museum

Das Oberhessische Museum befindet sich
in den drei historischen Gebäuden der alten
Festung Gießen. Das Alte Schloss beher-
bergt die Gemäldegalerie, im Leibschen
Haus entdeckt man Wissenswertes über
Stadtgeschichte und Volkskunde und im
Wallenfelsschen Haus erfährt der Besucher
etwas über Vor- und Frühgeschichte sowie
Archäologie.
Öffnungszeiten: Di–So 10.00–16.00 Uhr

▸ 😊 MuSEhum

In der museumspädagogischen Einrichtung
des Oberhessischen Museums können
Kinder im Alter von sechs bis zwölf Jahren
auf spielerische Weise theoretischen und
praktischen Zugang zur Kunst finden.
Adresse: Kinderatelier im Oberhessischen
Museum, Brandplatz 2, 35390 Gießen
Anmeldung unter 📞 0641/3062477

▸ Gießkannenmuseum

Das Gießener Gießkannenmuseum widmet sich dem gebräuchlichen Alltags- und
Nutzgegenstand Gießkanne. Aus Metall,
Plastik oder Keramik, in figürliche Formen
gepresst oder auf nostalgisch getrimmt, als
schicker Design-Gegenstand oder banaler
Gartenbedarfsartikel, für drinnen oder
draußen, Kinder oder Hobbygärtner – die
Gießkanne ist ein Nutzgegenstand, bei dem
die Funktion mit unterschiedlichsten Formen
verbunden ist.
Adresse: Sonnenstraße 3, 35390 Gießen,
Öffnungszeiten: Fr und Sa 15.00–18.00 Uhr

▸ Buchdruckmuseum „Setzkasten"

Das Buchdruckmuseum zeigt einen Nach-
bau der Druckmaschine, darüber hinaus
entdeckt man hier eine Kniehebelpresse,
eine Bostonpresse und einen Heidelberger
Tiegel.
Adresse: Wellersburgring 10, 35396 Gießen-
Wieseck, 📞 0641/55990145, **Öffnungszeiten:** jeden ersten und zweiten Sa im Monat
ab 14.00 Uhr

▸ Heimatmuseum Lützellinden

Küche, Wohn- und Schlafzimmer sind mit
originalen Einrichtungsgegenständen eingerichtet. Zudem können Interessierte einen
Blick auf die reich verzierte Hüttenberger
Tracht werfen.
Adresse: Rheinfelser Straße 17, 35398 Gie-
ßen-Lützellinden, **Öffnungszeiten:** jeden
zweiten So im Monat 14.00–17.00 Uhr

Freizeit und Natur

▸ Wandern und Radfahren

Folgende Wanderwege sind ausgeschildert: der 7 km lange Theodorsruh-Weg von Gießen zum Schiffenberg, der 19 km lange Forstweg von Gießen zum Dünsberg, der 12 km lange Fohnbachtalweg von Gießen nach Krumbach, der 18 km lange Lumdatal-Bergweg von Gießen nach Allendorf, der 15 km lange Klosterweg von Gießen nach Freienseen. Wer

Im Mittelpunkt dieses Museums steht ein Nutzgegenstand, die Gießkanne.

mag, kann sich in Gießen auf den Lahnwanderweg nach Rodheim-Bieber (6,9 km) begeben. Hinzu kommen der 14 km lange Rundwanderweg RW-A (Panoramaweg Gießen) und der RW-B (Gießen-Badenburg, 10 km). Wer im Gießener Land radeln möchte, stößt auf den Lahntalradweg, den Hessischen Radfernweg R 6, den Hessischen Radfernweg R 7 und den Deutschen Limes-Radweg. **Auskunft** erteilt die Tourist-Information.

▸ Kanuwandern auf der Lahn

Die Lahn bietet keine hohen Schwierigkeitsgrade und die meisten Wehre sind mit Bootsgassen und (z. T. selbst zu bedienenden) Schleusen ausgestattet, sodass eine Kanufahrt auch von Laien leicht zu meistern ist. Voraussetzung ist allerdings eine geeignete Ausrüstung (Boot, Paddel, Schwimmwesten) und eine gewissenhafte Einführung in die Paddel-Technik. Beides erhält man bei den qualifizierten Kanu-Verleihern entlang der Lahn.

Kanuvermietung: Kanutours, Uferweg 12, 35398 Gießen, ☏ 0641/9303636

▸ Skaten

In der warmen Jahreszeit findet regelmäßig das **Tuesday Night Skating** quer durch Gießen statt. Spaß und Geselligkeit stehen beim gemeinsamen Inline-Skaten im Vordergrund. Vor und nach dem Lauf gibt es ein Unterhaltungsprogramm. Auch sonst lässt sich in und rund um Gießen gut skaten: etwa auf den Strecken Gießen–Wetzlar, Gießen–Watzenborn, Gießen–Wißmar, Gießen–Großen Buseck und rund um den Schwanenteich.

▸ 😊 TINKO Kindertheater

Seit seiner Gründung 1999 unterhält das Theater Kinder und Erwachsene mit einem vielfältigen Repertoire an Clown und Märchentheaterstücken. Fast alle Schauspieler des Bereichs Kindertheater kommen aus den Workshops, die das TINKO-Theater regelmäßig anbietet. Gespielt wird auf der Kleinen Bühne Gießen. Es werden auch Schauspielworkshops angeboten.

Adresse: Bleichstraße 28, 35390 Gießen,

☎ 0641/2502596, ⊕ www.kleine-buehne-
giessen.de

▶ **Sonstige Angebote**
Freibad und Hallenbad: Badezentrum Ring-
allee, Ringallee 12, 35390 Gießen
Motor/Segelfliegen: Motorsportclub Gießen-
Wieseck, Marburger Straße 286, 35396 Gießen
Paddeln an der Lahn: Ski- und Kanu-Club
Gießen, Bootshausstraße 20, 35390 Gießen
Eislaufen auf dem Schwanenteich, Tennis

Veranstaltungen und Feste

▶ **Musikalischer Sommer**
Im 1976 neu gestalteten Innenhof des Klosters Schiffenberg gastieren seit über 30 Jahren Solokünstler und Gruppen, große
Orchester und kleine Bands, Volksmusiker
und Rockmusiker, E-Musiker und U-Musiker.
Bei freiem Eintritt sitzen Fans oder zufällig
vorbeikommende Gäste im schönen Biergarten und erfreuen sich an der Musik und
der idyllischen Umgebung. **Informationen**
erteilt die Touristik-Information.

▶ **Kunst in der City**
Mehrere Aktionsflächen in der Fußgängerzone mit Künstlern, Bildhauern, Musikern sowie Kulinarischem laden alljährlich zu einem
langen Wochenende mit verkaufsoffenem
Sonntag ein (letztes Wochenende im April).

▶ **Frühjahrs- und Herbstmesse**
Als Frühjahrs- und Herbstmesse werden die
traditionellen Volksfeste auf dem Messeplatz
an der Ringallee bezeichnet. Überwiegend
Schausteller aus dem heimischen Raum
bieten neben attraktiven Karussells Imbiss,
Süß- und Spielwaren, Spielgeschäfte, Schieß-
buden und andere Belustigungen an.

▶ **Brückenfest am Lahnufer**
Mit dem Brückenfest mit Tanz und vielen
kulinarischen Angeboten am Lahnufer zwi-

schen Adenauer- und Sachsenhäuser Brücke
startet die Gießener Open-Air-Saison am
30. April/1. Mai.

▶ **Pfingstregatta**
Die internationale Ruderregatta auf der Lahn
zählt zu den traditionsreichsten Sportveranstaltungen in Deutschland. Sie bezieht
ihre Attraktivität aus der idealen Verbindung
von hochklassigem Sport und fröhlichem
Fest, zu dessen Gelingen auch die Gaststätten an der Lahn beitragen.

▶ **Stadtfest**
Das Gießener Stadtfest zählt seit 1985 zu
den größten Veranstaltungen Mittelhessens. Immer am 3. Wochenende im August
wird auf sechs Bühnen in der Innenstadt
ein attraktives und abwechslungsreiches
Programm angeboten. Von volkstümlicher
Musik über Rock, Pop, Folk und Jazz werden
so gut wie alle Stil- und Geschmacksrichtun-
gen abgedeckt. Vielfältige gastronomische
Angebote und Verkaufsstände runden das
Angebot ab.

▶ **Krämermarkt**
Kunsthandwerk, Mode, Schmuck, Haushalts-
waren, Stoffe, süße Leckereien, Gastronomie
und Kultur in der Fußgängerzone vereint –
dies bietet der traditionelle Krämermarkt am
zweiten Wochenende im Oktober.

Gladenbach

(Kreis Marburg-Biedenkopf)

Die Stadt liegt an einem östlichen Ausläufer des Westerwaldes im Naturpark Lahn-
Dill-Bergland. In den 15 Stadtteilen leben
rund 12 500 Menschen. Gladenbach wurde
1237 als Gerichtsort erstmals urkundlich
erwähnt. Zuvor, etwa in der zweiten Hälfte

des 12. Jh., hatten Gladenbacher Ritter die heute nur noch als Ruine vorhandene Burg Blankenstein erbauen lassen. Erst 1937 erhielt Gladenbach das Stadtrecht.

Stadtmarketing-Energie-Bäder Gladenbach GmbH/Haus des Gastes Karl-Waldschmidt-Straße 5 35075 Gladenbach 📞 06462/2010 🌐 www.gladenbach.de

Sehenswertes

▶**Martinskirche**
Ursprünglich wurde die Martinskirche als dreischiffige romanische Basilika im 13. Jh. errichtet. Im Jahre 1504 erhielt sie dann ein gotisches Kreuzgewölbe und einen gotischen Chor. Im Inneren des Chorraums beeindrucken der Taufstein und der Altar mit einer Sandsteinplatte, die noch aus der Entstehungszeit des Gotteshauses stammt.

▶**Kapelle Rachelshausen**
Im Ortsteil Rachelshausen befindet sich eine 1617 erbaute Fachwerkkapelle. Die Kapelle wurde in zweigeschossiger Rähmbauweise auf einem Steinsockel errichtet. Sie trägt einen achteckigen Dachreiter.

▶**Ruine Schloss Blankenstein**
Die Burg Blankenstein wurde vermutlich im Jahre 1237 durch die Herren von Merenberg auf einer älteren Anlage von 919 erbaut. Zweck der Burg war die Sicherung der alten Höhenstraße. Um das Jahr 1261 war es Aufgabe der Burgherren, die öffentliche Straße vom Niederrhein nach Marburg zu schützen. Heute steht die Ruine unter Denkmalschutz.

▶**Kaffeemühlenkirchen**
Die Kaffeemühlenkirchen in Frohnhausen und Runzhausen gehören aufgrund ihrer originellen Bauform zu den bekanntesten Sakralbauten Hessens. Als Kaffeemühlen werden die in der zweiten Hälfte des 18. Jh. gebauten Gotteshäuser deshalb bezeichnet, weil ihre quadratische, zugleich aber verhältnismäßig hohe, zweigeschossige Bauweise tatsächlich an die Form einer Kaffeemühle erinnert. Die besondere Bauweise geht auf die in Gladenbach und Achenbach beheimateten Brüder Johann Jakob und Johann Georg Blöcher zurück.

Museen

▶**Heimatmuseum Blankenstein**
Schwerpunkt ist die Geschichte der Burg Blankenstein mit Ausgrabungsfunden, Burgmodell, einer Bauernstube, einer Schusterwerkstatt und einer Gesteinssammlung. Zudem werden die Geschichte der Gladenbacher Juden dokumentiert und Trachten gezeigt. **Adresse:** Karl-Waldschmidt-Straße 5, 35075 Gladenbach, 📞 06462/2302, **Öffnungszeiten:** Mo–Fr 10.00–18.00 Uhr, Sa/So 14.00–18.00 Uhr

▶**Künstlerhaus Lenz**
Das Künstlerhaus Lenz in Gladenbach-Erdhausen ist nach dem Heimatmaler Karl Lenz benannt, der in dem Gebäude bis zu seinem Tode im Jahre 1948 wirkte und lebte. Seine Bilder haben hohen künstlerischen und volkstümlichen Wert. Berta Lenz, Witwe von Karl Lenz und ebenfalls Malerin, gründete Anfang der 1950er-Jahre mit dem Künstlerhaus Lenz ein Café, in dessen Räumlichkeiten bis heute die Bilder von Karl Lenz zu besichtigen sind. **Adresse:** Blaumühlenweg 10, 35075 Erdhausen-Gladenbach, 📞 06462/915250, **Öffnungszeiten:** tägl. außer Mo 12.00–24.00 Uhr

Freizeit und Natur

▶**Wandern**
Im ausgedehnten Laub-, Nadel- und Mischwald der Gladenbacher Umgebung können

sich Wanderer genussvoll die Beine vertreten. Es lohnt sich, den 22 m hohen Koppeturm in Erdhausen anzusteuern, denn von dessen Aussichtsplattform hat man bei gutem Wetter eine hervorragende Fernsicht. Ein Waldlehrpfad informiert über die heimische Tier- und Pflanzenwelt. In Gladenbach startet der 16 km Gladenbacher Berglandring nach Rüchenbach. Tourenvorschläge und Karten sind beim Stadtmarketing erhältlich.

▶ Naturdenkmäler

In der Gemarkung der Stadt Gladenbach finden sich zahlreiche Naturdenkmäler wie der Zwillingsbaum im Stadtteil Erdhausen, die zwei alten Linden auf dem neuen Friedhof in Rachelshausen oder die zwei ca. 150 Jahre alten Ulmen auf dem Friedhof im Stadtteil Rüchenbach.

▶ Freizeitbad Nautilust

Erlebnisbecken, Außentherme, Whirlpool, Römisches Dampfbad, Sauna und vieles mehr gehören zu den Attraktionen des Freizeit- und Erlebnisbads.
Adresse: Ferdinand-Köhler-Straße 42, 35075 Gladenbach, ☏ 06462/201651, ⊕ www.freizeitbad-nautilust.de, **Öffnungszeiten:** Mo–Sa 10.00–22.00 Uhr, So 9.00–20.00 Uhr

▶ Weitere Angebote

Open-Air-Tennis und Squash-Halle, Am Hain, 35075 Gladenbach
Freibad, Auf dem Bruch, 35075 Gladenbach-Weidenhausen

Veranstaltungen und Feste

Der Gladenbacher Kirschenmarkt ist das größte Volksfest im Lahn-Dill-Bergland. Bereits seit 170 Jahren veranstalten die Gladenbacher alljährlich in der ersten Juliwoche das bunte Markttreiben. Bis zu 130 000 Besucher verwandeln dann die Innenstadt in eine Vergnügungsmeile für die ganze Familie. Eine besondere Attraktion ist die sogenannte „Fressgasse" – ein Wegabschnitt zum Marktplatz, an dem beidseitig verschiedene kulinarische Köstlichkeiten angeboten werden. Jedes Jahr am dritten Sonntag im Oktober findet in Gladenbach der sogenannte Brunnenmarkt statt.

Grebenau

(Vogelsbergkreis)

Die Stadt Grebenau (ca. 2600 Einwohner) liegt in der Einmündung der Schwarza in die Jossa und bildet den Mittelpunkt des sogenannten „Gründchens", wie die Nordostecke des Vogelbergkreises auch genannt wird. Durch den Ort führte eine der wichtigsten mittelalterlichen Heeres- und Handelsstraßen. Erstmals urkundlich erwähnt wurde Grebenau als Waldkapelle in den Annalen des Mönches Lampert von Hersfeld.

Stadtverwaltung Grebenau
Amthof 2
36323 Grebenau
☏ **06646/9700**
⊕ **www.grebenau.de**

Sehenswertes

▶ Rathaus

Das liebevoll renovierte Rathaus ist eine besondere Sehenswürdigkeit. Teils aus rotem Sandstein gemauert, teils aus Fachwerk – so zeigt sich die besondere Baukunst längst vergangener Jahrhunderte.

▶ Johanniterhalle und Amtmannhaus

Im Jahr 1270 erwarben die Johanniter den Ort Grebenau und bauten die zerstörte

Burganlage wieder auf. Schon 1278 existierte eine florierende Kommende dieses Ritterordens. Im Jahr 1527 wurden die Johanniter vom Landgrafen von Hessen enteignet, der nun das Amt Grebenau von Amtmännern verwalten ließ.

▸ Jüdischer Friedhof

Der Friedhof liegt etwas abseits vom Ort in einem Wiesental. Er wurde im 18. Jh. angelegt und umfasst etwa 120 Grabstätten. Vorher wurden die Toten der jüdischen Gemeinde in Angenrod beigesetzt. Ein Gedenkstein von 1975 erinnert an die Zeit des Nationalsozialismus und seine schrecklichen Folgen für die jüdischen Mitbürger.

Rund um Grebenau, inmitten des „Gründchens", lädt eine malerische Landschaft zu Erkundigungstouren ein.

▸ Eulersdorfer Fachwerkkirche

Die Kirche aus dem Jahr 1749 wurde 1992 komplett renoviert.

Freizeit und Natur

▸ Wandern

Ein gut ausgebautes Netz an Radfahr- und Wanderwegen lädt den Naturbegeisterten zum Erkunden der idyllischen Landschaft rund um Grebenau ein. Wanderfreunde wird auch der 10 km lange Gründchenwanderweg locken. Der Waldlehrpfad, der bei Reimenrod beginnt, bietet unter anderem Informationen über die heimischen Baum- und Holzarten sowie die verschiedenen Tierarten. Damit es für Kinder nicht langweilig wird, sind unterwegs attraktive Spielmöglichkeiten integriert.

Veranstaltungen und Feste

Die Stadtteile Grebenau, Schwarz und Wallersdorf laden traditionell im August zur **Kirmes** ein. 1995 beschlossen einige

Grebenauer, den alten Kirmes-Brauch wieder aufleben zu lassen. Sie gründeten die Kirmesburschenschaft Grebenau.

Grebenhain

(Vogelsbergkreis)

Inmitten des Naturparks Hoher Vogelsberg liegt Grebenhain (ca. 5300 Einwohner) in 400–733 m Höhe. Das Gebiet der heutigen Großgemeinde wurde zwischen dem 8. bis 11. Jh. in mehreren Wellen von Siedlern aus der Wetterau im Zuge des hochmittelalterlichen Landesausbaus durch die Äbte von Fulda besiedelt. Ältester Ort auf dem heutigen Gemeindegebiet ist Crainfeld, auf dessen Existenz es bereits in einer fuldischen Schenkungsnotiz aus dem 9. Jh. Hinweise gibt. Bis ins 15. Jh. wurde dort Eisenerz abgebaut, woran noch heute der Flurname „Am Eisenberg" und der Eisenbergsweg erinnern.

Gemeinde Grebenhain
Hauptstraße 51
36355 Grebenhain
📞 **06644/96270**
🌐 **www.gemeinde-grebenhain.de**

Sehenswertes

▸ Alter Dorf- und Tanzplatz

Als Tanzplatz wird der alte, von Linden um-
standene Gerichtsplatz neben der Kirche genannt. Dort, unter den „Gerichtslinden", trat
einst die örtliche Gerichtsbarkeit zusammen.
Heute lädt der Platz zur Rast ein.

▸ Kirche Crainfeld

Die Crainfelder Kirche ist das älteste Bauwerk des Ortes. Bereits 1011/12 wurde dort
eine dem heiligen Ulrich geweihte Kirche
errichtet. Ältester Bestandteil im Inneren ist
der auf das 12. Jh. datierte romanische Taufstein. Im Jahr 1342 wird ein dem heiligen
Nikolaus geweihter Altar erwähnt. Der 1858
als Ersatz für einen älteren Turm errichtete
neugotische Kirchturm erreicht eine Höhe
von 42 m und wird als „Crainfelder Bleistift"
bezeichnet.

▸ Edelhof

In dem günstig an der Kreuzung zweier
mittelalterlicher Handelsstraßen gelegenen
Dorf diente der Edelhof (1683) als Amtshaus
des landgräflich-hessischen Oberschult-
heißen. Das prächtige Gebäude liegt direkt
neben der Kirche.

▸ Teufelsmühle

Im kleinen Vogelsbergdorf Ilbeshausen-
Hochwaldhausen entdeckt man ein ganz
besonderes Schmuckstück: die Teufelsmühle.
Der Zimmermeister Hans Muth aus Lauterbach baute 1691 die „Hansenmühle". Schon
früh kreisten Sagen um die Mühle. Eine
davon erzählt, dass die Mühle im Wettstreit
zwischen einem Zimmermann und dem

Teufel entstanden sein soll. Der Teufel sollte
den vorderen Giebel bauen, der Zimmermann den hinteren Teil. Der vordere Teil
wurde nicht nur schöner, sondern der Teufel
war mit seiner Arbeit auch sehr viel schneller
fertig. Nach vollbrachter Tat soll daraufhin
der Teufel den hochmütigen Zimmermann
in der Luft zerrissen haben. Tatsächlich hat
der Name „Teufelsmühle" seinen Ursprung
bei einem Besitzer der Mühle. Die Mühle war
Riedeselscher Besitz und wurde im 16. Jh.
an Klaus Tuvel als Lehen vergeben. Und der
Volksmund machte aus Tuvel dann Teufel.

*Das Uhuklippengesicht, ein großes Basalt-
blockfeld, gehört zu den einzigartigen
Naturdenkmälern in Grebenhain.*

Museen

▸ Muna-Museum

Erinnerungsstätte zur Geschichte und Folge-
nutzung der Luftmunitionsanstalt Hartmannshain 1936 –1945 in der „Alten Schule"
in Bermuthshain.
Adresse: An der Alten Schule 7, 36355 Grebenhain, 📞 06644/9180032, **Öffnungszeiten:** Sa 14.00–17.00 Uhr, So 10.00–17.00 Uhr.
Gesonderte Öffnungszeiten sind jederzeit
auf Anfrage unter 📞 06644/1471 (Carsten
Eigner) möglich.

Freizeit und Natur

▶ Wandern und Radfahren

In Hochwaldhausen startet der 7 km lange Geopfad. Von Hochwaldhausen führt auch die 18,5 km lange Etappe der Bonifatiusroute nach Kleinheiligkreuz. Der staatlich anerkannte Luftkurort Hochwaldshausen (mit Kurpark, Minigolf und Schwimmbad) ist zudem Ausgangspunkt für Wanderungen ins Schwarzbachtal, mit einem der ursprünglichsten Gebirgsbache im Vogelsberg. Im Oberwaldbereich reihen sich Zeugnisse der vulkanischen Tätigkeit aneinander. Entlang schöner Wanderwege entdeckt man Felsengalerien, Klippen und andere Steindenkmale. Grebenhain ist zudem Station des Lutherweges 1521, ein Angebot für Wanderer und Pilger, die an der Reformation und deren Auswirkungen interessiert sind. Eine örtliche Wanderkarte ist bei der Gemeinde erhältlich. Auch die Freunde des Drahtesels können sich in Grebenhain und Umgebung „abstrampeln". Der Vulkanradweg verläuft mitten durch die Gemeinde, zudem findet sich im Ortsteil Hartmannshain der Endpunkt des Südbahnradweges.

▶ Aussichtspunkt Herchenhain

Einer der wohl schönsten Aussichtspunkte: Die Herchenhainer Höhe ist mit Gasthaus, Wanderwegen und Skilift in jeder Jahreszeit einen Ausflug wert.

▶ Wintersport

Mit seinen Ortsteilen Ilbeshausen-Hochwaldhausen und Herchenhain liegt die Gemeinde Grebenhain mitten im Oberwald. Alpin-Skifahrer finden an der Herchenhainer Höhe (733 m) und am Taufstein (778 m) Pisten und Liftanlagen vor. Weitere Möglichkeiten bieten sich am Breugeshainer Hang und am Hoherodskopf (768 m). Den Langläufern stehen an die 60 km gespurte Loipen zur Verfügung. **Schneetelefon** 📞 06044/6666, 🌐 www.vogelsberg.de

▶ Wanderreiten

Unterwegs mit eigenen Pferden oder mit „ausgeliehenen" Islandpferden.
Adresse: Bertl's Bed & Breakfast, Sonja und Werner Bertl, Feldkrücker Weg 23, 36355 Grebenhain-Herschenhain, 📞 06644/493, 🌐 www.bertls-b-and-b.de

▶ Planwagenfahrten

Die Landschaft einmal ganz entspannt im Planwagen oder mit dem Pferdeschlitten erkunden: Erlebnisfahrten Oskar Langlitz, Alter Schulweg 14, Grebenhain-Volkartshain, 🌐 www.vulkanblitz.de.
Kutschfahrten bietet Jürgen Schleich an.
Adresse: Bachweg 5 a, 36355 Grebenhain Telefon 06644/1738

▶ Weitere Angebote

Freibad im Ortsteil Ilbeshausen-Hochwaldhausen, Hallenbad in der Vogelsberg-Klinik, Kurpark mit Minigolfanlage, Angeln am Katzenteich Grebenhain und am Nieder-Moser See

Veranstaltungen und Feste

Jeweils am Mittwoch vor Fronleichnam findet in Grebenhain-Herchenhain der Johannis-Markt statt. Er zählt zu den ältesten Märkten Hessens. Der Bermuthshainer Krammarkt wird jedes Jahr am letzten Dienstag im Juli abgehalten. Am zweiten Sonntag im Juli findet die Kirmes in Grebenhain statt, am zweiten Advent der Weihnachtsmarkt in Ilbeshausen-Hochwaldhausen.

Umgebung

▶ Weidenkirche Gedern

Weidenkirchen sind aus dem Naturmaterial Weidenruten bestehende Kirchengebäude ohne festes Dach. Die Weidenkirche im Gederner Ortsteil Steinberg am Michelsrain wurde unter Anleitung des Naturkünstlers

Thomas Hofmann errichtet und im Jahr 2004 fertiggestellt. **Weitere Information** zu Veranstaltungen, Führungen und Öffnungszeiten der Weidenkirche Steinberg finden sich unter 🌐 www.hirzenhain-evang.de.

▶ Gederner See

Der See ist ein idyllisch gelegenes Freizeitparadies im Naturpark Hoher Vogelsberg und bietet vielfältige Freizeitmöglichkeiten: Baden, Minigolf, Spielplatz, Bootsverleih, Wandern oder Radtouren auf dem nahen Vulkanradweg. Ein gemütliches Restaurant und ein Kiosk sorgen für das leibliche Wohl. Ein Feriendorf mit Campingplatz bietet verschiedene Unterkunftsmöglichkeiten. Besonders zu empfehlen ist das Seefest am letzten Samstag im Juli.

Greifenstein

(Lahn-Dill-Kreis)

Die Gemeinde Greifenstein am Südhang des Westerwaldes ist umgeben von Wäldern und Wiesen. Rund 7000 Menschen leben hier. Die Burg Greifenstein wurde im Jahre 1160 erstmals urkundlich erwähnt. Sie war namensgebend für die Gemeinde, die im Zuge der Gebietsreform in Hessen 1977 gegründet wurde.

**Gemeinde Greifenstein
Herborner Straße 38
35753 Greifenstein**
📞 **02779/9124-0**
🌐 **www.greifenstein.de**

Sehenswertes

▶ Burg Greifenstein

Hoch über dem Dilltal thront die Burg, das Wahrzeichen der Gemeinde. Als ehemalige Residenz der Grafen zu Solms-Greifenstein und Herrensitz der Nassauer weist das um 1200 urkundlich erstmals erwähnte Bauwerk eine beeindruckende Historie auf. Auf dem Gelände befindet sich zudem eine Barockkirche: Noch heute wird dort jeden Sonntag Gottesdienst gehalten. An der Gestaltung der Barockkirche, die auf einer Wehrkirche erbaut wurde, waren international renommierte Künstler beteiligt. Ein Rundweg um die Burg, ein Kräutergarten, das nahe gelegene Greifenstein-Museum im Torhaus, die Glockenwelt und zahlreiche Wanderwege runden das Angebot ab. Im größten Bollwerk der Festung, der einstigen Rossmühle, ist die „Glockenwelt Burg Greifenstein" untergebracht. Hier werden 900 Jahre Glockengeschichte aufgearbeitet.
Adresse: Talstraße 19, 35753 Greifenstein, 📞 06449/6460
Öffnungszeiten: 15. März–31. Mai und 1. Sept–1. Nov, Di–So 10.00–18.00 Uhr; 1. Juni–31. Aug, Mo–So 10.00–18.00 Uhr, 2. Nov–31. Dez, Sa/So 12.00–16.00 Uhr (nur an schnee- und eisfreien Wochenenden)
Führungen von Gruppen durch die ganze Burganlage können telefonisch bei der Geschäftsstelle des Greifenstein-Verein e.V. gebucht werden unter 📞 06449/6460.

▶ Skulpturenpark Siegfried Fietz

Siegfried Fietz, Komponist, Interpret und Musikproduzent, seit 45 Jahren mit seiner Familie in Allendorf beheimatet, hat diesen Park initiiert. Gemeinsam mit gleichgesinnten Künstlern schuf er im Ulmtal einen einladenden Ort, der in Verbindung mit der darstellenden Kunst zu neuem Leben erwacht. Das leicht ansteigende Gelände mit altem Baumbestand bietet Skulpturen aus Eisen, aus heimischen Hölzern, aus Steinen wie Basalt, Diabas u. a. den passenden Rahmen. Der Park befindet sich am südwestlichen Ortsrand von Allendorf Rich-

Das Wahrzeichen der Gemeinde, die Burg und ehemalige Residenz der Grafen zu Solms-Greifenstein, thront hoch über dem Dilltal und hat nichts von seiner Attraktivität eingebüßt.

tung Outdoor-Zentrum Lahntal, direkt am Ulmtalradweg gelegen, hinter der Kreuzung Lenzwies/Schönhäuser Straße. Der Park ist immer geöffnet.

▸ Fledermaushaus Allendorf

Die unteren Räume des Gebäudes wurden zu einem Infozentrum umgestaltet. Dort können sich Interessierte über die Lebensgewohnheiten der ca. 1000 Fledermäuse informieren. Über Infrarotkameras kann jeder von April bis Oktober einen Blick in die Stube der Mausohren werfen.
Adresse: Ulmer Straße 16, 35753 Greifenstein-Allendorf
Termine für Besichtigung unter
📞 06442/4468 oder 📞 06442/8906,
🌐 www.fledermaushaus.de

Museen

▸ Glockenwelt Burg Greifenstein

Glocken aus neun Jahrhunderten, Patenglocken aus den ehemaligen Ostgebieten, Glockenzubehör und ein Glockenspiel sind hier zu sehen. Auch die Technik des Glockengusses und des Glockenläutens wird veranschaulicht.
Adresse: Talstraße 19, 35753 Greifenstein-Allendorf, 📞 06449/921943, **Kontakt** und **Öffnungszeiten** wie Burg Greifenstein

▸ Greifenstein-Museum

Im Erdgeschoss befindet sich der ehemalige Schulsaal. Dort werden jährlich Ausstellungen von heimischen Künstlern gezeigt. In der 1. und 2. Etage sind Werkzeuge und

handgefertigte Erzeugnisse von früheren Handwerkern ausgestellt. Sehenswert sind ebenfalls die Materialien und Gerätschaften zur Verarbeitung von Hanf, wie z. B. ein betriebsbereiter, manuell bedienbarer Webstuhl.
Adresse: Talstraße 19, 35753 Greifenstein, **Kontakt:** Greifenstein-Verein e.V., ☎ 06449/6460, **Öffnungszeiten:** nach Vereinbarung

▶ Heimatstube Nenderoth
Die Heimatstube befindet sich im alten Backhaus des Ortes. Durch die knarrende Eichentür betritt man im Erdgeschoss den Backraum. Zwei Backöfen bilden den Blickfang in dem düster wirkenden Bruchsteingemäuer. An den Wänden auf hölzernen Ablagen liegen die Backbretter; zahlreich umherstehende Utensilien wie „Backschoß", „Kess" und „Wisch", vermitteln dem Betrachter das Bild des einstigen bäuerlichen Backbetriebes.
Adresse: Hauptstraße, 35753 Greifenstein-Nederoth, ☎ 06477/300, **Öffnungszeiten:** nach Vereinbarung

▶ Altes Haus
Das Haus ist ein lebendiges Zeugnis der Wohnkultur unserer Vorfahren. Nichts ist hinter Glas – alles kann angefasst und könnte sogar benutzt werden. Man könnte eigentlich sofort einziehen und wohnen – man müsste sich allerdings dann mit dem „Komfort" unserer Ururgroßeltern begnügen. Das Haus kann nach Voranmeldung besichtigt werden.
Adresse: Ulmtalstraße, 35753 Greifenstein, ☎ 06478/1436, **Öffnungszeiten:** nach Vereinbarung

▶ Dorfmuseum Arborn
In der Alten Schule, der „goure Stoub vu Orwend", findet man eine Ausstellung mit vielen Alltagsgeständen aus vergangener Zeit.
Anmeldung unter ☎ 06477/681

Freizeit und Natur

▶ Wandern und Radfahren
Die Eisenbahnstrecke der ehemaligen Ulmtalbahn wurde 1976 stillgelegt. Mittlerweile wurde die zwischen Leun-Biskirchen und Greifenstein-Beilstein verlaufende Trasse zu einem attraktiven Radweg umgebaut. So lässt sich die hessische Mittelgebirgslandschaft steigungsarm erfahren und genießen. Für Wanderer empfehlenswert ist der 40 km lange Ulmtal-Rundwanderweg durchs Leuner Becken und Greifensteiner Land.

▶ ☺ Ulmbachtalsperre
Die Ulmbachtalsperre liegt zwischen Wiesen und Steilhängen in einem Waldtal. Der See kann zum Baden genutzt werden, und es gibt auch ein flacheres Uferstück, das besonders für Kinder geeignet ist. Ausstattung: Badestrand, DLRG am Wochenende, Liegewiese, Kiosk/Restaurant, Badeboote, Tauchen, Angeln, Campingplatz, Kinderspielplatz, Vogelschutzgebiet. Der ungefähr 2,7 km lange Fußweg wird von Wanderern, Radfahrern, Inlineskatern und Nordicwalkern rege genutzt.
Öffnungszeiten: ganzjährig zugänglich

▶ ☺ Outdoor-Zentrum Lahntal
Natur pur – Spaß und Erlebnis. In Hessens größtem Outdoor-Camp kann man fast alles machen, das ganze Jahr über. Klettern, Bogenschießen, Hochseilwandern, Schlammtouren, durch den Sinnesparcours laufen, spielen, hüpfen, Tiere streicheln, schaukeln, übernachten im Tipi, grillen am Lagerfeuer, Kanufahren auf der Lahn, Reiten, Kutschfahrt (zum Teil nach Voranmeldung).
Adresse: Märchenpark 1, 35753 Greifenstein-Allendorf, ☎ 06473/412555, **Öffnungszeiten:** ganzjährig ab 10.00 Uhr (unbedingt vorher anmelden)

▸**Reiten**

Sowohl Reiten als auch Voltigieren kann man auf dem Reiterhof Falkenhof in Greifenstein erlernen. **Adresse:** Ralf und Dagmar Peters, Borngasse 25 a, 35753 Greifenstein, ☏ 06449/719688, ⊕ www.falkenhof-peters.de
In Holzhausen gibt es einen Reitplatz mit Halle. **Adresse:** Reit- und Fahrverein Holzhausen, Ulmtalstraße 17, 35753 Greifenstein, ☏ 06478/2183
Ebenfalls in Holzhausen gibt es einen Voltigierplatz mit Halle. **Adresse:** Voltigier- und Pferdefreunde Greifenstein-Holzhausen e. V., Hellsdorfstraße 6 a, 35753 Greifenstein, ☏ 06478/2389

▸**Wintersport**

Im Winter stehen in Arborn und Greifenstein zwei Langlaufloipen und Skiliftanlagen zur Verfügung.

▸**Freibäder**

Wird es im Sommer zu heiß, kann man sich in der Ulmbachtalsperre oder den beiden Freibädern Arborn und Nenderoth abkühlen.

Veranstaltungen und Feste

Ostermarkt mit Kunsthandwerk auf dem Gelände der Burg Greifenstein, Mittelalter-Spectaculum an einem Wochenende im Sommer auf dem Gelände der Burg Greifenstein, Markt im Park (Ortsteil Beilstein) am ersten So im Juli, Herbstmarkt (Ulmer Dreschhalle) am ersten So im Okt, Kirmes in Beilstein (Pfingsten), Konzerte in der Barockkirche Greifenstein, Orgel-Plus-Konzerte in der Schlosskirche Beilstein, Mannifest im Outdoor Zentrum Lahntal

Umgebung

▸**Dianaburg**

Das Waldidyll Dianaburg besteht heute eigentlich nur aus einem Turm und doch ist sie ein beliebtes Ziel vieler Wanderer. Der Fürst von Solms-Braunfels ließ in den Jahren 1842/43 nach Vorbild eines Prager Brückenturms den Turm mit zwei weiteren Gebäuden erbauen. **Öffnungszeiten:** jeden ersten Sonntag im Monat 10.00–16.00 Uhr.
Von März–Okt ist die Dianaburg geöffnet und lädt ein, die fantastische Aussicht zu genießen. In regelmäßigen Abständen werden „Dutch-Oven-Events" angeboten. Nach Anmeldung bekommen Wanderer, Radfahrer, Nordic Walker und all die anderen hier eine leckere Mahlzeit aus dem Topf über offenem Feuer. Die **Termine** werden über die Facebook, Instagram und unter ⊕ www.dutchovening.de bekannt gegeben.

Grünberg

(Landkreis Gießen)

Das 1186 gegründete Grünberg wurde erstmals 1222 als Stadt erwähnt. 14 000 Menschen leben im staatlich anerkannten Luftkurort. Die lebendige Fachwerkstadt liegt am Westrand des Vogelsberges inmitten einer einzigartigen Waldlandschaft.

Tourismusbüro Grünberg
Rabegasse 1
35305 Grünberg
☏ **06401/8040**
⊕ **www.gruenberg.de**

Sehenswertes

▸**Marktplatz**

Das Rathaus, ein prachtvoller Renaissance-Bau mit verziertem Portal, fällt sofort ins Auge. Es datiert aus dem Jahr 1586. Beachtenswert sind die liebevoll restaurierten Renaissance-Malereien rund um die Fenster und die Steinskulptur eines Mannes in spanischer Tracht. Vor dem Rathaus steht der kreisförmig gemauerte Marktbrunnen, ein Ziehbrunnen mit 36 m Tiefe. Bis um 1500 wurde hier Grundwasser geschöpft. Zu den schönen Barockhäusern am Markt gehört die Poststation aus dem Jahre 1668. Die hohe Halle erinnert noch an die ursprüngliche Funktion.

▶ Brauhaus

Das Brauhaus ist ein Fachwerkbau aus dem 18. Jh. 1921 wurde der Bau zu einem Wohnhaus umgestaltet. Den vorgelagerten Brunnen auf dem Winterplatz ziert ein Löwe, eine Nachbildung des alten Marktbrunnen-Löwen, der den Grünberger Wappenreiter hält.

▶ Diebsturm und Wartturm

Das Wahrzeichen der Stadt, der Diebsturm (am Renthof), mit seinem außergewöhnlichen Grundriss in Tropfenform, wurde um 1300 als Teil der Stadtbefestigung errichtet. Lange Zeit diente er als Gefängnis. In den Jahren 1895/96 wurde er zum Wasserturm umgerüstet, war im Zweiten Weltkrieg Munitionslager und wurde von den Alliierten teilweise gesprengt. Im Zuge der Restaurierung wurde er als Aussichtsturm ausgebaut. Bei klarem Wetter hat man einen wunderschönen Blick über Taunus und Vogelsberg. Im Inneren dokumentiert eine kleine Ausstellung die Geschichte des Turms. Auf einer Anhöhe nördlich der alten Stadtmauer thront der alte Wartturm. Von der 12,5 m hohen Plattform hat man einen weiten Blick über Stadt und Land.

▶ Klöster

Betritt man den Innenhof des Antoniterklosters in der Rosengasse, sieht man an der Nordseite das Mönchsgebäude. Hervorzuheben sind die eingemauerten und freistehenden Grabsteine und Werksteine der

alten Anlage. Das Franziskanerkloster wurde Mitte des 13. Jh. gegründet und liegt direkt neben dem Diebsturm. Der verbliebene und restaurierte Teil wird für kulturelle Veranstaltungen genutzt. Die mittelalterliche Neustadt hatte eine eigene kleine Kirche: St. Paul. In der Mitte des 15. Jh. errichteten Augustinerinnen daneben das jüngste Kloster der Stadt. Vom Kloster ist nur noch ein langgezogenes Fachwerkgebäude aus der Zeit um 1500 erhalten.

Auf einer Anhöhe nördlich der alten Stadtmauer ragt der alte Wartturm mit Aussichtsplattform aus der Landschaft.

▶ Stadtkirche

Die neugotische Stadtkirche am Kirchplatz wurde 1846–1852 auf den Grundmauern der 1816 eingestürzten gotischen Marienkirche erbaut. An ihrer Südseite befindet sich die Replik des sogenannten Tränenweibchens, eine Grabplastik Samuel Nahls aus dem Jahr 1770.

Museen

▸Museum im Spital

Die Geschichte der Stadt sowie die Entwicklung der Klöster werden Besuchern im Erdgeschoss des früheren Augustinerinnenklosters gezeigt. Der erste Stock ist dem Schaffen des Südamerikaforschers Theodor Koch-Grünberg (1872–1924) vorbehalten; sehenswert ist die ständige Amazonas-Regenwald-Ausstellung.
Adresse: Hintergasse 24, 35305 Grünberg, 📞 06401/223328-0, 🌐 www.museum-im-spital-gruenberg.de, **Öffnungszeiten:** Apr–Sept Mi 18.00–20.00 Uhr, Fr, Sa/So bis So 14.00–18.00 Uhr; Okt–März Mi 18.00–20.00 Uhr, Fr, Sa/So bis So 14.00–17.00 Uhr

▸Haus der Zünfte

In der Obhut des Verkehrsvereins kann man in der Judengasse in die Welt verschiedenster alter Zünfte eintauchen und sich dabei Anekdoten eines ehemaligen Frisörmeisters aus erster Hand anhören. Auch eine alte Schmiede kann besucht werden, die so aussieht, als hätte der Schmied sie gerade erst verlassen.
Kontakt über 📞 06401/22876 (Harald Sellner)

Freizeit und Natur

▸Naherholungsgebiet Brunnental

Am Winterplatz fällt das Gelände 60 m steil ab und bildet mit dem gegenüberliegenden Hang das Brunnental, durch das sich der Äschersbach sein Bett gegraben hat. Aus vielen unterirdischen Basaltspalten quillt klares Quellwasser, das sich in zwei Teichen sammelt und bachabwärts einst die Brunnenkunst im Tale, das Pumpwerk zur Förderung von Trinkwasser in die Stadt und im weiteren Verlauf die Mühle zum heiligen Born, die Stadtmühle und die Steinmühle antrieb. Heute ist Brunnental eine beliebte Naherholungsstätte.

▸Wandern und Radfahren

Das besondere Highlight ist der 70 km lange Residenzenring, der die Städte Grünberg, Laubach, Lich und Hungen miteinander verbindet. Es lässt sich in mehrere Etappen unterteilen. Die am Residenzweg gelegene Stieleiche, ein Naturdenkmal, ist ca. 270 Jahre alt. Nicht minder interessant ist der 18 km lange Vogelsberger Pfannenweg, der von Grünberg über Stockhausen und Weickartshain nach Freienseen führt. Der 24 km lange Grünberger Rundweg hat so gut wie keine Stadtberührung. Radfahrer sollten sich die 40 km lange Tour Grünberg–Laubach–Grünberg nicht entgehen lassen. Vier Routen (30 km) mit unterschiedlichen Längen und Schwierigkeitsgraden gibt es für Nordic-Walker im Nordic-Natur & Aktiv-Park in Grünberg. Nordic-Walking-Kurse mit qualifizierten Trainern sind möglich.
Kontakt über 📞 06401/7981

▸Schwimmbäder

Das Waldschwimmbad ist von Mai bis Sept. geöffnet. Es liegt am Stadtrand an der B 49 direkt neben dem Campingplatz. Neben dem großen Schwimmbecken mit Sprungturm, dem Nichtschwimmerbecken mit Rutsche und dem Kleinkinderbecken bietet ein Beachvolleyballfeld die Möglichkeit, sich sportlich zu betätigen. Das Hallenbad mit Sauna befindet sich auf dem Gelände der Sportschule des Hessischen Fußballbundes.
Adresse: Alsfelder Straße 57, 35305 Grünberg, **Öffnungszeiten:** ganzjährig Di–Fr 14.00–22.00 Uhr, Sa 8.00–18.00 Uhr, So 8.00–16.00 Uhr

▸Sonstige Angebote

Ballonfahrten kann man buchen bei: Dieter Lenz, 📞 06400/951567, 🌐 www.ballon-netz.de oder bei Klaus Werth, 📞 06401/1738, 🌐 www.ballon-klaus.de Planwagen- und Kutschfahrten bietet an: Fjordhof Neuss, OT Weitershain, 📞 06634/8481, 🌐 www.fjordhof-neuss.de. Auch reiten kann man dort.

Veranstaltungen und Feste

Grünberg auf der Rolle: Seit 2004 findet jedes Jahr am letzten Sonntag im Mai in Grünberg der autofreie Tag für Radfahrer und Inline-Skater statt. Von 10.00–17.00 Uhr werden an diesem Tag die Straßen rund um Grünberg für den motorisierten Verkehr gesperrt. Start- und Endpunkt des 15 km langen Rundkurses ist der Ortsausgang in Richtung Beltershain in Grünberg.
Gallusmarkt: Jeweils zehn Tage im Oktober werden Besuchern Kunstausstellung, Vergnügungspark, Krämermarkt, Tierschauen, Kulinarisches aus der heimischen Küche, Bockbierabend und ein mitreißendes Show-Programm in der Altstadt und auf dem Festplatz geboten.

Hadamar

(Kreis Limburg-Weilburg)

Gut 12 000 Menschen leben in der Stadt zwischen Westerwald und Lahntal. Größere Bedeutung kam ihr erstmals 1320 zu, als Graf Emich die ältere Linie des Hauses Nassau-Hadamar begründete und auf der Basis eines ehemaligen Klostergutes der Zisterzienser eine Wasserburg errichten ließ. 1540 kam es zu einer verheerenden Brandkatastrophe. Bis auf drei Häuser brannte die gesamte Stadt ab. Ein umfassender Stadtumbau folgte unter dem Grafen, später Fürsten, Johann Ludwig von Nassau-Hadamar (1590–1653), der die jüngere Linie des Hauses begründete und Hadamar zu seiner Residenz machte. Mit dem „Hadamarer Barock"

entwickelte sich in der Fürstenstadt eine überörtlich bedeutsame Spielart dieser Kulturepoche.

Fremdenverkehrsamt
Untermarkt 1
65589 Hadamar
📞 **06433/890**
🌐 **www.hadamar.de**

Sehenswertes

▸ **Stadtführungen**
Regelmäßig werden Stadtführungen angeboten. Darüber hinaus gibt es Themenführungen, etwa zum Fachwerk oder zum Hadamarer Barock. **Anmeldung** beim Fremdenverkehrsamt.

▸ **Renaissance-Schloss**
Das zwischen 1612–1629 ausgebaute Schloss mit prunkvollen Stuckarbeiten im Sommer- und Wintersaal ist eine der größten und bedeutendsten Renaissance-Schlösser Deutschlands. Im Fürstensaal finden Konzerte, Ausstellungen und private Veranstaltungen statt. Im Rahmen von Stadtführungen kann das Schloss besichtigt werden.

▸ **Fachwerk**
In der Altstadt haben sich zahlreiche Fachwerkgebäude erhalten, z. B. das Duchscherer-Haus, eines der bedeutendsten Fachwerkbauten aus der Zeit des Frühbarocks mit aufwendiger Ornamentik (Schulstraße 17). Putten, Pilaster und Rankwerk zieren das elegante Portal des dreistöckigen Fachwerkhauses „Ohlenschläger", Borngasse Nr. 7. In dem um 1600 errrichteten Fachwerkgebäude war von 1685–1773 das fürstliche Konvikt für Lateinschüler untergebracht, das sich westwärts an das noch erhaltene Stadttor (Hammelburg) anlehnt. Ebenso sehenswert sind das um 1639 erbaute Rathaus Hadamars sowie das alte Rathaus in Nieder-

hadamar, Fachwerkhäuser in der Gemeinde Steinbach und die Stadtschänke.

▸ Liebfrauenkirche

Die Liebfrauenkirche ist eine dreischiffige spätgotische Hallenkirche (14.–15. Jh.) mit gotischem Deckenschmuck, Kreuzrippen- und Netzgewölben, reichhaltiger Bemalung und barocker Ausstattung (Hochaltar, Kanzel). Sie gilt als Kulturdenkmal. Die „Marienglocke", die im Turm erklingt, stammt von 1451 und ist damit eine der ältesten noch in Betrieb befindlichen Glocken Deutschlands. Die „Liebfrauenkonzerte" erfreuen sich großer Beliebtheit: jeweils um 16.30 Uhr an den ersten Sonntagen der Monate Juni bis September. **Öffnungszeiten:** Apr–Okt So 15.00–16.00 Uhr (mit Führung)

▸ Barocke Stadtpfarrkirche

Die ehemalige Klosterkirche der Jesuiten (18. Jh.) besitzt im Inneren zwei große Deckengemälde, die das Martyrium und die Verherrlichung des Kirchenpatrons Johannes Nepomuk darstellen. Drei Altäre, Kanzel, Beichtstühle und Orgelgehäuse stammen aus der Bauzeit des Hadamarer Barock. **Öffnungszeiten:** tägl. 9.00–16.00 Uhr

▸ Wallfahrtskapelle auf dem Herzensberg

Die weithin sichtbare Muttergottes-Kapelle mit Gnadenbild und prächtigem Hochaltar stammt aus dem 17. Jh. Vier naussauische Fürsten ließen ihre Herzen in der Kapelle bestatten. **Öffnungszeiten:** tägl. von 9.00–16.00 Uhr. Eine Attraktion in den Sommermonaten ist der herrliche Rosengarten auf der Anhöhe des Herzenbergs – über 2000 Rosenstöcke stehen dann in Blüte.

Museen

▸ Stadtmuseum

Zu den Künstlern, denen im Stadtmuseum eine Dauerausstellung gewidmet ist, zählen Ernst Moritz Engert, einer der bedeutendsten Silhouettenkünstler des 20. Jh., Karl Wilhelm Diefenbach, mit seinem berühmten 68 m langen Wandfries „Per aspera ad astra" des Jugendstils und der heimische Maler Alois Koch mit einer Vielzahl von Aquarellen und Ölgemälden. **Adresse:** Schlossplatz 6–10, 65589 Hadamar, ☏ 06433/89174, **Öffnungszeiten:** Apr–Okt Sa/So 14.00–17.00 Uhr

▸ Krippenmuseum

Eine Besonderheit ist die jährliche Krippenausstellung im Gewölbekeller des Franziskanerklosters mit über 500 Krippen aus aller Welt. Eine Auswahl der Sammlung von Pfarrer Lippert kann nicht nur zur Weihnachtszeit, sondern auch ganzjährig im Krippenmuseum besichtigt werden. **Adresse:** Schlossplatz 12, 65589 Hadamar, ☏ 06435/5481532, **Öffnungszeiten:** auf Anfrage

▸ Glasmuseum Schloss Hadamar

Im neu gestalteten Glasmuseum Schloss Hadamar (Gymnasiumstr. 4) begegnet man in prächtig renovierten Fürstenräumen den vielfältigen Themen der Glaskunst. **Öffnungszeiten:** Sa/So 14.00–17.00 Uhr

▸ Glasfachschule

Die Glasfachschule gehört zu den bekanntesten Ausbildungs- und Glasveredelungsstätten. Besichtigungen und Führungen im Werkstattbetrieb sind nach vorheriger Vereinbarung möglich. **Adresse:** An der Glasfachschule 6, 65589 Hadamar, ☏ 06433/91330, ⊕ www.glasfachschule-hadamar.de

▸ Dorfmuseum Niederzeuzheim

Neben originell eingerichteten Wohnräumen des vergangenen Jahrhunderts zeigt der Museumssaal eine erlesene Sammlung ländlichen Kulturguts.

Hadamar

Adresse: Am Backhausberg 1, 65589 Hadamar-Niederzeuzheim, ☏ 06433/8477, **Öffnungszeiten:** nach Vereinbarung

▶ **Dorfmuseum Oberweyer**
Über 300 Ausstellungsstücke dokumentieren das Leben auf dem Land.
Adresse: Schulstraße 1, 65589 Hadamar Stadtteil Oberweyer, ☏ 06433/5766, **Öffnungszeiten:** nach Vereinbarung

▶ **Gedenkstätte Hadamar**
Eine Dauerausstellung im Zentrum für soziale Psychiatrie erinnert in den authentischen Kellerräumen an die NS-Euthanasieverbrechen. Von 1941–1945 wurden in der ehemaligen Landesheilanstalt ca. 15 000 Menschen ermordet.
Adresse: Mönchberg 8, 65589 Hadamar, ☏ 06433/917172, ⊕ www.gedenkstaette-hadamar.de, **Öffnungszeiten:** Di–Do 9.00–16.00 Uhr, Fr 9.00–13.00 Uhr sowie jede ersten So im Monat 11.00–16.00 Uhr. Jeden ersten So im Monat findet um 14.30 Uhr eine öffentliche Führung statt.

Freizeit und Natur

▶ **Wandern**
Auf 17 Rundwanderwegen (135 km) mit vier verschiedenen Ausgangspunkten entdeckt der Naturfreund eine intakte Natur in abwechslungsreicher Landschaft. Die Wanderwege, gekennzeichnet durch blaue Schilder mit weißer Schrift, erschließen die stadtnahen Erholungsgebiete mit herrlichem Fernblick auf die Höhen des Westerwaldes und das Lahntal. Naturschutz- und Landschaftsschutzgebiete ergänzen diese schöne Kulisse.

▶ **Radfahren**
Für Radler spielen Landesgrenzen keine Rolle. Das zeigt die 2016 eröffnete „Nassau-Wäller-Radrunde". Mit einer Gesamtlänge von 58 km führt die Nassau-Wäller-Radrunde von Westerburg über Wallmerod nach Elz, von dort über Hadamar und Dornburg wieder zurück nach Westerburg.

▶ **Planwagen- und Kutschfahrten**
Romantische Planwagenfahrten durch den schönen Westerwald und zu anderen Zielen bietet Andreas Egenolf an.
Adresse: Melanderstraße 11, 65589 Hadamar, ☏ 06433/3276

▶ **Freibad**
Das Freibad ist ausgestattet mit solarbeheiztem Schwimmbecken, Kinderbecken, Beachvolleyball-Anlage, Basketballspiel, Freiland-Schach- und Damespiel. Kostenlose Parkplätze gibt es direkt am Freibad, ebenso einen Imbiss mit Sitzplätzen im Eingangsbereich.
Adresse: Hexenschluchtweg 11, 65589 Hadamar, ☏ 06433/89121, **Öffnungszeiten:** Mai–Sept Mo–Sa 10.00–20.00 Uhr, So 10.00–19.00 Uhr

▶ **Reiten**
Tagesritte, Mehrtagestouren, Geländeritte: Hofgut Molsberg, ☏ 06435/54222, Voltigierunterricht: Hubertushof Niederzeuzheim, ☏ 06433/6500, Reitschule mit Islandpferden: Historischer Gestütsstall, ☏ 06433/70325

▶ **Weitere Angebote**
Angeln (Hotel Lochmühle, ☏ 06433/2288), Boule, Tennis (Tennisclub Hadamar, ☏ 06433/4665), Segelflug (Gästerundflüge mit Motor- oder Segelflugzeug und Motorsegler, ☏ 06433/54200, Sa und So ab 11.00, wochentags nach Vereinbarung)

Veranstaltungen und Feste

Liebfrauenkonzerte (jeweils am ersten So Juni bis Sept), **Frühlingsmarkt** (Ende März), **Stadtfest** (Ende Aug), **Flohmarkt** (3. Okt), **Steinbacher Krammarkt** (Mitte Okt), **Schlossweihnacht** und **Krippenausstellung** (Dez)

Haiger

(Lahn-Dill-Kreis)

Haiger liegt im nördlichen Teil des Lahn-Dill-Kreises. Rund 19 000 Menschen leben in den 13 Stadtteilen. Erstmals erwähnt wurde Haiger 778. Damals schenkte Theutbirg ihre Besitzungen in „Haigrahe" dem Kloster Lorsch. Im Jahre 1048 weihte Erzbischof Eberhard von Trier den Neubau der Haigerer Kirche ein, die noch heute das Wahrzeichen der Stadt ist.

Touristinformation
Marktplatz 7
35708 Haiger
☎ **02773/8110**
🌐 **www.haiger.de**

Sehenswertes

▶ **Stadtkirche**
Die spätgotische Kirche prägt das Stadtbild. Der Westturm stammt noch aus romanischer Zeit. Im Inneren ist die reichhaltige Bemalung sehenswert, die Fresken entstanden um 1500. Terminvereinbarungen für **Kirchenführungen** unter ☎ 02773/4749

▶ **Eduardsturm**
Südlich von Haiger steht der denk-malgeschützte, 1883 errichtete Eduardsturm. Der Aussichtsturm ist ca. 10 m hoch.

Museen

▶ **Spitzen- und Leinenmuseum**
Hier wird der Weg von der Aussaat des Flachses bis zum fertig genähten und gemangelten Wäschestück gezeigt. Ein noch voll funktionsfähiger Webstuhl, Spinnrad, Geräte zum Brechen und Hecheln des Flachses findet man ebenso wie einen alten Kaufladen oder aufwendig gefertigte Handarbeiten. **Adresse:** Seelbachstraße 9, 35708 Haiger, ☎ 02773/1789, **Öffnungszeiten:** März–Nov jeden ersten So im Monat 14.00–17.00 Uhr

▶ **Heimatmuseum**
Es gibt einen der Stadt- und Kirchengeschichte gewidmeten Raum, Objekte aus

Die Stadtkirche Haigers prägt den malerischen Marktplatz mit Brunnen.

den großen Brand- und Kriegskatastrophen, Urkunden zur Kirchengeschichte Haigers. Zudem gibt es eine Dokumentation über das Haigerer Sicherheitswesen und über die „Haubergswirtschaft" und vieles Interessante mehr zu typischen Bräuchen.
Adresse: Marktplatz 2, 35708 Haiger, 02773/5685, **Öffnungszeiten:** Mo–Fr 10.00–12.00 Uhr und 15.00–17.00 Uhr, Sa 10.00–12.00 Uhr

Freizeit und Natur

▶ Wandern
Insgesamt sieben Wege stehen zur Wahl. **Informationen** und Kartenmaterial gibt es bei der Stadt.

▶ Bäder
Im Ortsteil Flammersbach, Börnchen, gibt es ein Freibad (02773/72542) und in Haiger, Schlesische Straße, ein Hallenbad (02773/5308).

Veranstaltungen und Feste

Regelmäßig gefeiert werden das **Altstadtfest** im Sommer, der **Lukasmarkt** im Oktober, der **Pfingst-** und der **Weihnachtsmarkt.**

Herborn

(Lahn-Dill-Kreis)

In der pittoresken Fachwerkstadt an der Dill leben rund 21 000 Menschen. Herborn wurde 1048 erstmals urkundlich erwähnt und erhielt 1251 auf Betreiben der Grafen Walram II. und Otto I. von Nassau die Stadtrechte. Der Ort war Vorort der nach ihm benannten Herborner Mark, die während der Auseinandersetzungen um

die Landeshoheit zwischen den Grafen von Nassau und den Landgrafen von Hessen(-Thüringen) hart umkämpft war. Diese Streitigkeiten und heftigen Kämpfe sind unter dem Begriff „100-jährige Dernbacher Fehde" (1230–1333) in die Geschichtsschreibung eingegangen.

Stadtmarketing Herborn e. V.
Bahnhofsplatz 1
35745 Herborn
 02772/7081900
 www.herborn.de

Sehenswertes

▶ Altstadt
Im Zweiten Weltkrieg blieb Herborn weitestgehend von den Bomben der Alliierten verschont. Besucher können deshalb bei einem Rundgang durch die Altstadt einen Hauch von Mittelalter erleben – auch im Rahmen einer Führung. Auch **Themenführungen** sind sehr beliebt: Herborn für Kinder, Herborn im Lichterglanz, Sagenrundgang, Fastenbrezel-Dunge-Tour, Anekdoten-Tour. Mundartliche Führung, Fachwerk-Tour, Herborns Frauen- und Zunfttour etc. Gebucht werden können sie beim Stadtmarketing Herborn.

▶ Rathaus und Doppelhaus
Das Rathaus am Marktplatz erhielt seine jetzige Gestalt um 1630, geht aber auf einen Bau von 1589 zurück. Heute Hauptsitz der Stadtverwaltung, war das Rathaus früher Tagungsort des Gerichts, des Rats, der Zünfte; es diente gleichzeitig als Stadtwaage, Tanzhaus, Weinkeller, Getreidespeicher, Waffenarsenal und Abstellraum für die Feuerlöschgeräte. Dem Rathaus gegenüber hat sich das Doppelhaus von 1726/28 erhalten. Ein barockes Mansardendach verbindet sich mit Ornamenten, die noch einem Übergangsstil zwischen Renaissance und Barock entsprechen.

▶ **Kornmarkt**

Über die Neugasse und den Holzmarkt gelangt der Besucher zum Kornmarkt. Schon um 1200 besiedelt, wurde dieser Platz im 16. und 17. Jh. wichtiger Umschlagplatz für Getreide zwischen Wetterau und Siegerland. Zahlreiche schmuckvolle große Bauten zeugen vom Wohlstand seiner damaligen Bewohner. Besonders eindrucksvoll ist die Fassade des Hauses Bast (erbaut um 1627). Ursprünglich ein Doppelhaus, wurde es um 1720 mit der schönen Strebe in Form einer vollplastischen Löwenfigur versehen.

▶ **Hohe Schule**

1584 wurde von Graf Johann VI. von Nassau-Dillenburg die „Academia Nassauensis", die Hohe Schule Herborn, gegründet. Man erreicht sie über die Schulhofstraße. Die später reformierte universitätsähnliche Hochschule war mit vier Fakultäten ausgestattet. Der Fachwerkflügel und das westliche Nebengebäude kamen um 1600 dazu, sie stehen auf mittelalterlichen Bauresten. Sie wurde bald eine der wichtigsten Bildungsstätten der Kalvinistisch-Reformierten in Europa.

▶ **Schloss**

Betrachtet man zunächst die Ostseite des Schlosses, erkennt man, dass die „Burg" in mehreren Abschnitten im 13. und 14. Jh. entstanden ist. Die schmale Südseite, der ältere Teil der Anlage, bietet die typische Silhouette einer Burg im Stil der frühen Gotik. Das Gebäude gehört der Kirche, eine Besichtigung ist nur von außen möglich.

▶ **Evangelische Stadtkirche**

Fast auf einer Höhe mit dem Schloss liegt die Stadtkirche. Ihre Südfassade wurde 1811 in früher neugotischer Fassung wieder hergestellt, während die Nordseite die ältere Außenfront des Hauptschiffes (1200 und 1600) und den gotischen Chor zur Geltung bringt. Im Inneren zeichnet sich die Kirche durch

Als Teil der Stadtbefestigung blickt der Dillturm auf den gleichnamigen Fluss.

ein aufwendiges Netzgewölbe (um 1490) im Chor und schöne Renaissance-Emporen im Hauptschiff aus. Reste des romanischen Westturms sind noch an der Nordseite des Glockenturms zu sehen. Westlich der Kirche steht als markanter Rest der Stadtbefestigung der Gefängnisturm „Bürgerturm".

Museen

▶ **Museum Herborn**

Das Museum zeigt die Geschichte der Hohen Schule, die Vor- und Frühgeschichte, die Mittelalterarchäologie des Dillgebietes, die Auswirkungen des Zweiten Weltkrieges, historische Waffen, bürgerliche Wohnkultur des 18. und 19 Jh. und vorindustrielle Textiltechnik, insbesondere Strumpfwirkerei, Leineweberei, Blaudruck sowie heimische Töpfereiprodukte.

Adresse: Schulhofstraße 3–5, 35745 Herborn, 02772/573810, **Öffnungszeiten:** Sa, So, Mi, Do 13.00–17.00 Uhr

▸ Heimatmuseum Seelbach

In einem Fachwerkhaus von 1602 werden Exponate aus der Geschichte des Ortes Seelbach gezeigt, etwa Möbel und sonstige Einrichtungs- und Gebrauchsgegenstände, landwirtschaftliche, handwerkliche und bergbauliche Gerätschaften und Dokumente sowie Mineralienfunde aus der Umgebung Seelbachs.

Öffnungszeiten nach **Anmeldung** bei Hans Benner (02772/61552) oder Eckhard Görzel (02772/62176)

▸ Heimat- und Industriemuseum Burg

Es beherbergt eine umfangreiche Dokumentation sowie Exponate von Erzeugnissen der ehemaligen Burger Eisenwerke. Das Museum soll die Erinnerung an die Generationen wachhalten, die hier Arbeit und Brot fanden.

Adresse: Burger Hauptstraße, 35745 Herborn, 02772/42892, **Öffnungszeiten:** nach Voranmeldung bei Friedrich Heuser unter 02772/2534

▸ Heimatstube Hörbach

Im ehemaligen Rathaus in der Schulstraße hat der Landfrauenverein eine Heimatstube eingerichtet. Dort sieht man eine komplett eingerichtete Küche, einen Schlafraum, einen gemütlichen Wohnraum sowie einen Flur. Die Einrichtung gibt Einblick in das dörfliche Leben und Wohnen in der Vergangenheit. Interessierten Besuchern wird das Spinnen auf einem alten Spinnrad gezeigt. In dem Speicherraum sind landwirtschaftliche Geräte und eine Schuhmacherwerkstatt ausge-

stellt. Auf Wunsch werden Besuchergruppen mit Kaffee und Kuchen bewirtet.

Kontakt: Annemarie Neuser unter 02772/54833

Freizeit und Natur

▸ Wandern

Rund 350 km Wanderwege in reizvoller Mittelgebirgslandschaft können um Herborn erkundet werden. Herborn ist Portalsstadt der prämierten Wanderwege „Westerwaldsteig" von Herborn nach Bad Hönningen am Rhein (235 km) mit Anbindung an den Rheinsteig, sowie der dazugehörigen „Greifenstein-Schleife" (36 km bzw. 68 km); und den „Lahn-Dill-Bergland-Pfad" (86 km) von Herborn nach Marburg an der Lahn, oder die zu Herborn gehörige Extratour „Dernbachwiesen" (14,4 km). Mitten durch die Altstadt führt auch der Hessenweg 1, der vom Diemelsee bis nach Eltville verläuft.

▸ Nordic Walking

Drei Strecken laden dazu ein, den gesunden Sport zu betreiben. Die Strecke „Rehberg" (5,5 km), der Waldlehrpfad (5 km) und der Radweg Schönbach-Roth (6 km). Ein Flyer mit Karte ist beim Stadtmarketing erhältlich.

▸ Radfahren

Herborn liegt am Hessischen Radfernweg R8 (Frankenberg/Eder bis Heppenheim/Bergstraße auf 310 km), der gerade im Herborner Bereich eine sehr reizvolle Route bietet, und an der Radstrecke Oranier-Route (Nassau bis Bad Arolsen). Dieser Radweg verbindet fünf Städte miteinander, die seit vielen Jahrhunderten in geschichtlichem Zusammenhang mit dem Königshaus der Niederlande stehen. Auch am Flüsschen Dill entlang verlaufen Radwege bis zur Mündung in die Lahn in Wetzlar, wo eine Anbindung an den prämierten Lahntal-Radweg besteht. Der Dillradweg beginnt in der Stadt Haiger nahe der Landesgrenze zu Nordrhein-Westfalen (beschildert ab Bahnhof Haiger) und endet an der Einmündung in den Lahnradweg in Wetzlar. In Herborn-Burg zweigt dazu auch ein Radweg durch das Aartal ab. Dazu kommt die Montanroute, der erste Themenweg des Geopark-Radwegenetzes. Auf einer Länge von 95 km bietet sich Radfahrern die einmalige Möglichkeit, die Bergbaugeschichte der Region kennenzulernen.

Der Hof der Hohen Schule war eine universitätsähnliche Hochschule, die von 1584 bis 1817 bestand. Heute lässt sich im Hof das Leben genießen und gut essen und trinken.

▸ Vogelpark

Der Vogelpark in Uckersdorf gilt mit seinen naturnahen, teilweise begehbaren Gehegen als Perle unter den kleineren Tiergärten. Etwa 300 exotische und heimische Tiere in 70 Arten, größtenteils Vögel, sowie einige Säugetiere, Reptilien, Lurche, Fische und Insekten sind in dem Naturerlebniszentrum zu Hause.
Adresse: Im Beilsbach 16, 35745 Herborn, ☏ 02772/42522, **Öffnungszeiten:** Apr–Sept tägl. 9.30–19.00 Uhr

▸ ☺ Wildgehege

Am Ende des Uckersdorfer Wegs unterhält die Stadt ein kleines Wildgehege. Große Attraktion für kleine Besucher sind die direkt am Parkplatz grasenden Ziegen, die für jeden Leckerbissen dankbar sind. Vom Parkplatz aus geht es leicht bergan, vorbei an Muffel- und Damwild. Ein malerischer Teich mit Enten, im Sommer auch mit Schwänen, lockt Kinder an. Auch ein Rothirsch mit seinem Rudel lebt in einem weitläufigen Gehege mit Aussichtsplattform, von der aus das Wild nahezu wie in freier Wildbahn zu beobachten ist.
Adresse: Am Ende des Uckersdorfer Wegs, ☏ 02772/7081900, **Öffnungszeiten:** ganzjährig geöffnet

▸ Waldlehrpfad

Über das Gehege hinaus führt ein rustikal beschilderter Waldlehrpfad durch den Stadtwald, wo es in Form eines Rundwegs von etwa einer Stunde Wissenswertes zu heimischen Bäumen und Sträuchern zu erforschen gibt.

▸ Weitere Angebote

Wellenbad mit Liege- und Spielwiese im Außenbereich (Konrad-Adenauer-Straße 80, 35745 Herborn, ☏ 02772/571798), Freibäder in Herborn und Schönbach, Tennisplatz, Angeln in der Dill

Veranstaltungen und Feste

Rock im Stadtpark (Pfingstsamstag), **Ponyfest** (Mai/Juni), **Erdbeersonntag** (erster So im Juni), **Weinfest** (erstes Wochenende im Juli), **Sommerfest** (letzter Sa im Juli), **Kinderspektakel im Stadtpark** (August), **Kartoffelsonntag** (erster So im September), **Martinimarkt** (November)

Herbstein

(Vogelsbergkreis)

Inmitten des Naturparks Hoher Vogelsberg, umgeben von Wäldern, Feldern und Wiesen, liegt auf einer Anhöhe das Heilbad Herbstein. Die zentrale Lage der acht Ortsteile in der Region bietet ideale Bedingungen zum Regenerieren: frische Luft, unberührte Natur, Ruhe und kraftspendendes Wasser. Geschichtlich wird Herbstein (ca. 5000 Einwohner) zum ersten Mal in der zweiten Hälfte des 10. Jh. erwähnt, als dem Kloster Fulda Ländereien geschenkt wurden.

Kurverwaltung
Marktplatz 7
36358 Herbstein
📞 **06643/960019**
🌐 **www.herbstein.de**

Sehenswertes

▸ **Schloss und Park Stockhausen**
Zwischen 1790 und 1807 wurde das Schloss im Stadtteil Stockhausen errichtet. An gleicher Stelle stand bereits seit Mitte des 16. Jh. die Herrmannsburg, eine Befestigung der Freiherren von Riedesel, von der Kellergewölbe im heute barocken Schloss erhalten sind. Das Schloss ist in privater Hand und kann nur von außen besichtigt werden. Werkstätten der Gemeinschaft bieten verschiedene landwirtschaftliche und handwerkliche Produkte auf ökologischer Basis an.
Öffnungszeiten Schlossladen: Mo–Sa 8.30–12.00 Uhr, Mo–Fr 14.00–17.00 Uhr

▸ **Pfarrkirche St. Jakobus**
Die 600 Jahre alte Kirche ist Anlaufpunkt des Jakobsweges, der sich an der historischen Route orientiert und von Blankenau über Herbstein und Schotten bis Hungen und Münzenberg verläuft. In der Kirche findet sich eine reiche Ausstattung, sehenswerte Schnitzereien und eine schöne Kanzel. Im Außenbereich finden sich viele alte und bemerkenswerte Grabsteine.
Kontakt: Pfarramt St. Jakobus, Kirchplatz 4, 36358 Herbstein, 📞 06643/234

▸ 🔵 **Bibelpark Herbstein**
Der Bibelpark auf dem Gelände des Kolping-Feriendorfes ist eine Kulisse biblischer Bauten, Figuren und Szenen, die zum Spielen, Lernen und Leben anregt. Die einzelnen Stationen bestehen meist aus Holz. Alle Kreationen sind Kunst und Spielgeräte für Kinder in einem – Gebrauchsgegenstände eben. **Führungen** für Gruppen ab 10 Personen bitte vorher im Kolping-Feriendorf anmelden.

Das Schloss im Stadtteil Stockhausen wurde Ende des 18. Jh. errichtet.

Adresse: Kolping-Feriendorf Herbstein,
Adolph-Kolping-Straße 22, 36358 Herbstein
📞 06643/7020

Museen

▸**Fastnacht- und Stattmuseum**
Das Faschingstreiben oder „Foaseltreiben",
wie es hier genannt wird, hat seinen Ursprung in der Zeit um 1672. In diesem Jahr
wurde die Stadtmauer gebaut. Beschäftigt
waren dafür Steinmetze aus Tirol. Diese
brachten ihre Bräuche mit, und so finden
sich bis heute in den Herbsteiner Faschings-
bräuchen Tiroler Einflüsse. Zu erkennen ist
dies besonders an den Kostümen, die im
Fastnachtmuseum gezeigt werden. Im Stattmuseum können Besucher ein Apotheken-
und ein Bürgermeisterzimmer, Bildstöcke
sowie wechselnde Ausstellungen ansehen.
Adresse: Fastnacht- und Stattmuseum, Obergasse 5, 36358 Herbstein, 📞 06643/960019,
Öffnungszeiten: So 14.00–16.30 Uhr und
nach Vereinbarung

Freizeit und Natur

▸**Wandern und Pilgern**
Schon im 13. Jh. machten Jakobspilger auf
dem Weg nach Santiago de Compostela Halt
in Herbstein. Der Jakobsweg und die Bonifatius-Route sind heute noch beliebte Pilger-
wege, die direkt durch den Ort führen. Auftanken kann man zudem auf dem 125 km
langen Rundwanderweg Vulkanring Vogelsberg oder auf der 20,5 km langen Felsen-
Tour. Nicht zu vergessen die Wälder-Wiesen-
Wasser-Runde und der Kreuzweg: Der
Weg ab Kolping-Feriendorf verläuft auf der
ehemaligen Grenze zwischen dem Fürstbis-
tum Fulda und dem Großherzogtum Hessen-
Darmstadt. Die 200 Jahre alten Grenzsteine flankieren den Weg bis zum Ende des
Waldes. Der Erlebnisweg „SaBa" (Sandstein/
Basalt) zwischen Stockhausen und Schadges
führt aus der Stockhäuser Niederung zu den
östlichen Ausläufern des Vulkanmassivs des
Vogelsbergs bei Schadges. Der 2,5 km lange
Weg ändert stetig die Beschaffenheit durch
begleitende Bachläufe, natürliche Begren-
zungen, markante Übergänge und sanfte
Steigungen. Einheimische Künstler und
Handwerker haben entlang des SaBa-Weges
an zwölf herausragenden Punkten die dort
vorhandenen Energien durch Skulpturen,
Bauwerken und Istallationen verstärkt und in
geologische, landschaftliche, kulturelle und
bauliche Zusammenhänge eingebettet.

▸**Radfahren**
Der Vogelsberg bietet Strecken für den
Genussfahrer, aber auch für den sportlichen
Fahrer. Besonders beliebt ist das Bahntras-
senradeln auf dem Vulkanradweg. Der 93 km
lange Rundweg schlängelt sich auf der Trasse
der ehemaligen Oberwaldbahn durch eine
offene Wald- und Wiesenlandschaft. Für
Freunde des Drahtesels interessant ist auch
der neue hessische Radfernweg BahnRadweg Hessen, der 245 km von Hanau bis Bad
Hersfeld führt.

▸**Vulkantherme und Vulkansauna**
Inmitten vorvulkanischen Gesteins in
rund 1000 m Tiefe wird das mineralische
Heilwasser Herbsteins gefördert. 32,6 °C
warmes, magnesiumreiches, fluorhaltiges
Kalzium-Natrium-Sulfat-Heilwasser fließt
aus der Tiefe in das Becken des Thermal-
Bewegungsbades. Die Vulkansauna schenkt
gestressten Seelen neue Vitalität. Dampfbad,
finnische Sauna, Biosauna mit Aromathera-
pie, Erlebnisdusche, Eisbrunnen, großzügige
Ruhezonen im Innen- und Außenbereich
bieten Entspannung.
Adresse: Zum Thermalbad 1, 36358 Herbstein

▸**Weitere Angebote**
Reiten auf Reitplatz oder Reithalle: Reit- und
Fahrverein Herbstein, 📞 06643/7020

Tennis, Minigolfanlage und Großschachspiel im Kurpark bei der Vulkantherme, Pit-Pat-Anlage beim Haus des Gastes, Boules neben der Minigolfanlage

Veranstaltungen und Feste

Rosenmontag: traditionelle „Foaselt" mit Springerzug und Rosenmontagsball, drittes Wochenende im Juni: **Johannimarkt** im Schlosskark von Stockhausen, zweites Wochenende im Juli: 24h-Oldtimer-Traktorrennen **„Vulkan-Trophy"** in Altenschlirf, **Herbsteiner Sagentage:** in den hessischen Herbstferien, zehn Tage vor Volkstrauertag: **Wurstkirmes** in Altenschlirf

Heuchelheim

(Landkreis Gießen)

Aus den Orten Kinzenbach und Heuchelheim entstand 1967 die Großgemeinde Heuchelheim. Beide Orte, die an der Westgrenze des Landkreises Gießen im Lahntal liegen, sind über 1200 Jahre alt (Ersterwähnung im Lorscher Codex 778 bzw. 788). Derzeit leben rund 8000 Menschen hier.

Gemeindeverwaltung
Linnpfad 30
35452 Heuchelheim
📞 **0641/60020**
🌐 **www.heuchelheim.de**

Sehenswertes

▶Ortskern
Im alten Ortskern von Heuchelheim befinden sich einige schöne Fachwerkhäuser sowie geschlossene Hofanlagen mit den für diese Gegend typischen „Hüttenberger Hoftoren".

▶Alte Martinskirche
Oberhalb des Bieberbaches befindet sich die unter Denkmalschutz stehende alte Martinskirche. Ihr Turm stammt aus dem Jahr 1250, der Chor entstand etwa 100 Jahre später und das Schiff 1450. Reste der Wandbemalung und seltene barocke Brüstungsmalereien im Inneren sowie ein Tryptichon mit dem namensgebenden Heiligen Martin und der Gottesmutter aus dem 15. Jh. zeugen von der Bedeutung dieses Gotteshauses in der Heuchelheimer Kirchstraße.
Besichtigung nach Anmeldung im Pfarrbüro unter 📞 0641/9605760

▶Evangelische Kirche Kinzenbach
Die Kirche an der Hauptstr./Krofdorfer Str. wurde um 1863 mit roten Sandsteinen in neugotischem Stil erbaut. Die das Ortsbild prägende Kirche wird von schönen Fachwerkhäusern gerahmt.

Museen

▶Heimatmuseum Heuchelheim
Der 1877/78 erbaute alte Bahnhof in Heuchelheim-Kinzenbach an der Bahnstrecke der stillgelegten Kanonenbahn (Wetzlar–Lollar) wurde auch als Bahnhof für die Schmalspurbahn „Bieberlieschen" genutzt. Auf dem ehemaligen Bahnsteig können zwei rote Schienenbusse besichtigt werden. Heute beherbergt das Bahnhofsgebäude das Heimatmuseum, in dem u. a. noch ein Tante-Emma-Laden aus den 1950er-Jahren im Original zu sehen ist.
Adresse: Bahnhofstraße 30, 35452 Heuchelheim-Kinzenbach, 📞 0641/61429, 🌐 www.heimatmuseum-heuchelheim.de., **Öffnungszeiten:** Mi 15.00–17.00 Uhr, So 10.00–12.00 Uhr

▶Kameramuseum
Im ehemaligen Backhaus findet der Besucher etwa 500 Exponate aus verschiedenen

technischen Entwicklungsstadien zusammen mit vielen Geräten der einstigen Schmalfilmer. Das älteste Stück stammt aus der Zeit um 1900. **Adresse:** Wilhelmstraße 36, 35452 Heuchelheim, ☏ 0641/67868, 🌐 www.kameramuseum-heuchelheim.de, **Öffnungszeiten:** jeden zweiten Monat am zweiten So 10.00–13.00 Uhr

Freizeit und Natur

▸ **Wandern und Radfahren**
Empfehlenswert sind der 13 km lange Frankenbacher Weg nach Biebertal und der 11 km lange Wanderweg Kinzenbach, der von Heuchelheim zur Burgruine Königsstuhl führt. Radfahrer können die 30 km lange Rundtour Heuchelheim–Lahnau–Gießen–Wißmar–Heuchelheim in Angriff nehmen oder eine Etappe der 43 km langen Gleiberg-Rundroute Wettenberg–Heuchelheim–Biebertal abradeln. Weitere **Informationen** erteilt die Gemeinde.

▸ **Inlineskaten/Nordic Walking**
Die Inlineskate-Tour beginnt südlich der Heuchelheimer Seen und führt meist parallel zur Lahn durch Felder, Wiesen und die grüne Lahnaue bis nach Wetzlar (ca. 17 km). Start für die Heuchelheim-Nordic-Walking-Strecke ist am Waldparkplatz an der Grillhütte in Kinzenbach.

▸ **Heuchelheimer Seen/Naherholungsgebiet Lahnpark**
Die Heuchelheimer Seen in der Lahnaue stellen Relikte aus der inzwischen überwie-

Die Heuchelheimer Seen in der Lahnaue und das dazugehörige Naherholungsgebiet bieten vielfältige Freizeitmöglichkeiten.

gend eingestellten Kiesabbauwirtschaft dar. Die Vielfalt der Pflanzen und über 60 Brutvogelarten sind Beleg für intakte Natur. Neben diesen geschützen Bereichen bestehen vielfältige Freizeitmöglichkeiten. Die beiden Seen sind 15 und 25 ha groß und besitzen eine hervorragende Wasserqualität und schöne, ausgewiesene Spazierwege. Als besondere Attraktion werden eine Wasserskianlage und Wasserskikurse für Anfänger und Fortgeschrittene angeboten. Ausgestattet mit Neoprenanzug, Schwimmweste, Wasserski, einer kurzen Einweisung sowie etwas Mut gelingt das selbst Anfängern oft auf Anhieb. Auch Wakeboarding ist hier möglich. **Adresse:** Lahnpark-Straße, außerhalb von Heuchelheim in Richtung Klein-Linden/Dutenhofen.

Veranstaltungen und Feste

Jeden ersten So im Nov. findet im Ortszentrum der **Martinsmarkt** statt.

Hofbieber

(Landkreis Fulda)

Hofbieber im Naturpark Hessische Rhön ist ein anerkannter Luftkurort, die Ortsteile Langenbieber und Schwarzbach sind als Erholungsorte ausgewiesen. In den 16 Ortsteilen leben rund 6000 Menschen. Die ersten im Bereich der Gemeinde nachweisbaren Spuren einer Besiedlung stammen aus der Bronzezeit. Zahlreiche Gräber sowie ein Ringwall auf der Milseburg zeugen davon, dass keltische Stämme hier angesiedelt waren.

Tourist-Information
Schulweg 5
36145 Hofbieber
📞 **06657/987412**
🌐 **www.hofbieber.de**

Sehenswertes

▶ Schloss Bieberstein
Hoch auf dem Kugelberg im Ortsteil Langenbieber ragt das Barockschloss aus der malerischen Landschaft heraus. Es wurde 1710–1740 vom Bamberger Baumeister Johann Dientzenhofer erbaut (die Vorgängerburg um 1150). Nach einer wechselvollen Geschichte befindet sich heute im Schloss eine private Schule. Eine Besichtigung der Räumlichkeiten ist nach Voranmeldung bei der Schulverwaltung möglich. Die Außenanlagen können jederzeit besichtigt werden. **Kontakt** unter 📞 06657/790

▶ Pfarrkirche St. Georg (Hofbieber)
Der historisierende Neubau, 1901 eingeweiht, wurde nach Plänen des Architekten Georg Kegel errichtet. Die zwei Türme erreichen eine Höhe von 37 m. Bemerkenswert ist der reich bearbeitete Taufstein mit Astwerk und figürlichen Reliefs von 1520 aus der Vorgängerkirche, die um 1500 errichtet wurde. Die Statue des Hl. Nikolaus stammt wie die Kreuzigungsszene aus dem 18. Jh.

▶ St. Johannes der Täufer
Die katholische Kirche in Allmus ist ein kleiner gotischer Rechteckbau mit schmalerem, gerade geschlossenem Chor. 1958 wurden Wandmalereien vom Anfang des 15. Jh. freigelegt. An der Südseite sind es sieben Apostel und an der Nordseite sechs weibliche Heilige und die Reste von Marienszenen. Der Altar und die Westempore stammen aus der Zeit um 1700. Das Altarblatt wurde 1905 angefertigt.

▶ Oppidum Milseburg
In der Nähe des Ortsteils Kleinsassen erhebt sich der 835 m hohe Gipfel der sagenumwobenen Milseburg. Vom Gipfel genießt man einen weiten Panoramablick. Auf den Gipfel führt ein prähistorischer Wanderpfad, auf dem Ausgrabungen Wall- und Mauerreste mehrerer Schutzanlagen zutagegefördert haben. Die ältesten stammen von einer keltischen Fliehburg aus dem ersten vorchristlichen Jahrhundert. An ihrer Stelle entstand im frühen Mittelalter eine Burg, die um 1120 vom Abt von Fulda zerstört und nicht wieder aufgebaut wurde. Unterhalb des Gipfels steht seit dem 15. Jh. eine Kapelle, die mehrfach erneuert und umgebaut wurde. Heute sind rund um die Milseburg erklärende Tafeln und Zeichnungen aufgestellt.

▶ Malerdorf Kleinsassen
Am Fuße der Milseburg liegt das weit über die Grenzen des Landkreises hinaus bekannte Künstler- und Malerdorf Kleinsassen. Bereits in der Mitte des 19. Jh. entdeckten Maler aus Berlin, Düsseldorf, Dresden und anderen deutschen Großstädten das Rhöndorf. Das malerisch gelegene Kleinsassen inspirierte sie so sehr, dass aus der nachfol-

genden Initiative der Künstler eine bedeutsame Tradition entstand, die bis heute erhalten geblieben ist. Jedes Jahr am zweiten Sonntag im August findet in den Straßen und Häusern, in Scheunen und Höfen die gut besuchte **Kunstwoche** statt, bei der viele Künstler ihre Arbeiten ausstellen. Sie wird vom Verein Malerdorf Kleinsassen e. V. ausgerichtet.

Museen

▸**Kunststation Kleinsassen**
Wechselnde Ausstellungen, Aktionen und Veranstaltungen werden über das ganze Jahr angeboten.
Adresse: An der Milseburg 2, 36145 Hofbieber-Kleinsassen, ☎ 06657/8002, 🌐 www.kleinsassen.de, **Öffnungszeiten:** Di–So 13.00–18.00 Uhr, in der Winterzeit von 13.00 bis 17.00 Uhr

▸**Pfundsmuseum
  Kleinsassen**
Auf mehreren Etagen finden Besucher des Museums eine große Sammlung an Exponaten rund um das Thema Wiegen, Messen und Gewichte. Die Zeitspanne reicht von vor 5000 Jahren bis heute.
Adresse: Julius-von-Kreyfelt-Straße 1, 36145 Hofbieber-Kleinsassen, ☎ 06657/1607, **Öffnungszeiten:** Apr–Okt Mi–Fr 14.00–18.00 Uhr, Sa/So 10.00–18.00 Uhr; Nov–Marz Fr 14.00–18.00 Uhr, Sa/So 10.00–18.00 Uhr

Natur und Freizeit

▸**Wandern**
In und um Hofbieber sowie auf dem einmaligen Premiumweg „Hochrhöner" und seiner

Extratour „Milseburg" können Wanderer eine einzigartige Landschaft genießen. Weitere Angebote sind die Tunnelwanderung am Milseburgweg, Nachtwanderungen und Nordic-Walking-Parcours mit sechs Rundwegen.

Inmitten einer herrlichen Landschaft liegt in der westlichen Kuppenrhön die Gemeinde Hofbieber.

▸**Lehrpfade**
Auf dem Prähistorischen Wanderpfad (3,5 km) geht es um die Geschichte der Milseburg. Am Stellberg gelegen verbindet der Waldschadenspfad den Waldparkplatz bei Dipperz-Wolferts mit dem Naturschutzgebiet am Oberen Stellberg. Auf etwa 500 m zeigen sieben große Bildtafeln auf, welche Funktion der Wald für den Menschen erfüllt, welche Auswirkungen die Luftverunreinigung hat und welche Schädigungskategorien bzw. stufen die Bäume aufweisen. Der Archäologische Wanderpfad spürt auf 15 Stationen den Kelten nach. Infos erteilt die Tourist-Information.

▸ Barfuß-Erlebnispfad

Nahe dem Ortskern von Hofbieber findet sich am Wassertretbecken der Ausgangspunkt des ersten Rhöner Barfuß-Erlebnispfads. 18 Stationen mit verschiedenen Materialien aus der Rhön – körniger Sand, massierender Kies, lehmige Erde, raues Gestein, naturgewachsenes Holz oder erfrischendes Wasser – sorgen für ein gesundes Erlebnis, das „die Sinne weckt". Geöffnet ist der Pfad von Apr–Okt von 9.00 Uhr bis zum Einbruch der Dunkelheit.

▸ Radfahren

Durch Hofbieber führt der Milseburgradweg. Besonderes Highlight des asphaltierten, insgesamt 27 km langen Radwegs ist der Milseburgtunnel, der eine Länge von 1172 m hat. Der aus dem Jahre 1889 stammende Tunnel ist tagsüber beleuchtet und bildet die höchste Erhebung des Milseburgradwegs. Er ist vom 15. Apr–31. Okt geöffnet.

▸ Bogenschießen

Örtliche Vereine bieten zwei Parcours an, die im Wald (Parcours Nässegrund bei Hofbieber) bzw. auf einem Platz (Fita Platz in Elters) optimale Bedingungen bieten. Der Parcours im Nässegrund kann von März bis Okt genutzt werden. 28 Ziele in 10 ha Mischwald-Gelände mit verschiedensten Schwierigkeitsgraden erwarten „Robin Hood".
Informationen: Verein Feldbogensport Elters e.V., ✉ feldbogensportvereinelters@gmail.com.

▸ Reiten

Es gibt in der Gemeinde mehrere Möglichkeiten, die Landschaft auf dem Rücken der Pferde zu erkunden:
Weihersmühle: Weihersmühle 2, 36145 Hofbieber, ☏ 06657/6242
Reitanlage Hornhayer: Obergruben 1, 36145 Hofbieber-Obergruben, ☏ 06684/918971

▸ Weitere Angebote

Wintersport (siehe Gersfeld), Freibad Bieberstein, 18-Loch-Golfplatz auf dem Hofberg, Modellflug-Flugplatz

Homberg (Ohm)

(Vogelsbergkreis)

Der Luftkurort (ca. 7700 Einwohner) liegt am Südostrand des Amöneburger Beckens und an den Südwesthängen des 358 m hohen Hochberges (in Homberg auch Hoher Berg genannt). Enge Gässchen mit hübschem Fachwerk schlängeln sich durch die Altstadt mit ihren verträumten Winkeln und den Resten mittelalterlicher Wehranlagen. Urkundlich wurde Homberg schon 1065 erwähnt. Die verkehrsgünstige Lage zwischen den Handelsplätzen Leipzig und Frankfurt sorgte für eine gute Entwicklung als Marktstandort.

Tourist-Information
Marktstraße 26
35315 Homberg (Ohm)
☏ **06633/1840**
🌐 **www.homberg.de**

Sehenswertes

▸ Deutsche Fachwerkstraße

Homberg ist mit seiner gut erhaltenen und restaurierten Fachwerk-Altstadt seit 2014 Mitglied in der „Deutschen Fachwerkstraße". Die Gemeinde liegt an der Regionalstrecke „Vom Weserbergland über Nordhessen zum Vogelsberg und Spessart", die von Hann. Münden bis Steinau an der Straße führt.

▸ Rathaus

Das Rathaus am Markt, errichtet in Ständerbauweise, stammt aus dem Jahr 1539.

Das Rathaus sowie der Marktbrunnen mit Löwen prägen den Marktplatz Hombergs.

Das Haus untergliedert sich in zwei Untergeschosse und drei Obergeschosse unter einem Krüppelwalmdach. Die Obergeschosse dienten zur Einlagerung von Vorräten (Fruchtspeicher). Das erste Untergeschoss war Markthalle und Kontor. Das darüber liegende Geschoss wurde als Sitzungssaal, Ratssaal und Ballsaal genutzt.

▸ Marktbrunnen
Der Marktbrunnen mit dem Hessischen Löwen, auch „Kompf" genannt, wurde 1828 umgestaltet und erhielt seine heutige Form.

▸ Homberger Apotheke
Dieser in Formen der Spätrenaissance in der zweiten Hälfte des 16. Jh. errichtete Fachwerkbau beherbergte von 1715 bis 1960 die Apotheke.

▸ Stadtwirtshaus
Homberg, das urkundlich seit 1671 das Privileg zum alleinigen Wein- und Branntweinausschank besaß, verpachtete das auch als Herberge dienende Wirtshaus jeweils

mehrere Jahre an einen Bürger der Stadt, der seine Ware vom städtischen Weinmeister erhielt. Noch im 19. Jh. befand sich in dem bereits vor dem Jahr 1700 erbauten Fachwerkhaus eine Gastwirtschaft mit Metzgerei und Gastzimmer.

▸ Altes Brauhaus
Das Brauhaus aus dem 13. Jh. wurde zunächst als Wachhaus und Teil der Stadtbefestigung genutzt. Seit 1581 überwachte ein von der Stadt angestellter Braumeister das Bierbrauen, das von den einzelnen Bürgern vorwiegend für den Eigenbedarf praktiziert wurde. Der Brauhausturm ist der einzige erhaltene Turm der Stadtmauer. Bis ins 18. Jh. hinein diente er als Gefängnis mit Arrestzelle und vorgebauter Wachstube. Im Alten Brauhaus befindet sich heute das Stadtmuseum.

▸ Stadtkirche
Erbaut wurde die Stadtkirche um 1220 als flachgedeckte, dreischiffige romanische Pfeilerbasilika. Das ursprüngliche Chorquadrat mit Apsis wurde in der zweiten Hälfte des 14. Jh. durch einen wesentlich größeren Chor ersetzt. Von 1479–1491 wurde das Langhaus eingewölbt und später alle drei Schiffe unter einem gemeinsamen, lang herabgezogenen Dach zusammengefasst.

▸ Homberger Schloss
Von der eigentlichen Kernburg erhalten sind das dreigeschossige Haupthaus in L-Form mit Mauerteilen aus dem 13. Jh. und die sich östlich daneben befindliche Burgkapelle St. Georg, ein spätgotisch veränderter Rechteckbau. Neben dem über der Stadt thronenden Schloss selbst macht auch der herrliche Weitblick einen Besuch lohnend, den man

von dort ins Ohmtal hat. Im Schlosscafé kann jeden Sonntagnachmittag selbst gebackener Kuchen in historischer Atmosphäre genossen werden.

Museen

▸ Museum im Brauhaus

Wissenswertes über Stadtgeschichte, Handwerk und Basaltabbau wurde hier zusammengetragen.
Adresse: Brauhausgasse, 35315 Homberg (Ohm), ☎ 06633/1840, **Öffnungszeiten:** März–Dez So 15.00–17.00 Uhr und nach Vereinbarung

▸ Oldtimer Museum Dannenrod

In drei großen Hallen werden über 100 Traktoren, LKW und andere (landwirtschaftliche) Antiquitäten präsentiert. Jeder Oldtimer ist fahrbereit und funktionstüchtig.
Eine Führung durch die Ausstellungshallen ist nach telefonischer Vereinbarung möglich.
Informationen: Karl-Heinz Pfeffer unter ☎ 06633/9119787

▸ Bauernhofmuseum Erbenhausen

Im wunderschön hergerichteten Kulturdenkmal Steinscheune im Homberger Stadtteil Erbenhausen befindet sich ein privates Bauernhof-Museum mit Fahrzeugen und Gerätschaften aus den letzten 200 Jahren.
Kontakt: Ernst Krug, Ehringshäuser Straße 4, 35315 Homberg (Ohm)-Erbenhausen ☎ 06635/7516

Freizeit und Natur

▸ Wandern und Radfahren

Hombergs Premiumwanderweg „Sagenhaftes Schächerbachtal" erhielt 2013 die besten Bewertungen von allen prämiierten Wegen Hessens! Er ist ausgezeichnet und zertifiziert mit dem Deutschen Wandersiegel. Empfehlenswert ist auch der Themenwanderweg „GeoTour Felsenmeer", in dem sich Millionen Jahre wechselvoller Erdgeschichte spiegeln. Einen Besuch lohnt auch das Naherholungsgebiet Harthschlucht mit seiner Teufelskanzel und einem Wanderlehrpfad. Nicht zu vergessen die Apfelwein- und Obstwiesenroute, für Wanderer und Radler gleichermaßen geeignet. Drei Rundwege (Wald-Parcours Herrmannsberg) laden zum Laufen und Nordic Walken ein.

▸ Planwagenfahrten

Eine Landpartie der besonderen Art: Prächtige Haflinger werden angespannt und los geht's mit dem Planwagen durch die wunderschöne Natur „Rund um Homberg". **Auskunft** erteilt die Tourist-Information.

▸ Segelfliegen

Das Angebot des Segelflugplatzes des Luftsportvereins Homberg im Stadtteil Dannenrod erstreckt sich über Segelflug, Motorsegler und Ballonfahren bis zum Modellflug. Möglichkeit zur Ausbildung zum Segelflug bzw. Motorseglerführer. Weitere Auskünfte erteilt der Luftsportverein Homberg.
Kontakt unter ☎ 06633/5842

▸ Freibad

Bademöglichkeiten bietet das beheizte Freibad mit seinen Liegewiesen.
Adresse: Gemündener Straße 1, 35315 Homberg (Ohm), ☎ 06633/1446, **Öffnungszeiten:** Anfang/Mitte Mai bis Mitte Sept Mo 11.00–20.00 Uhr, Di–So 9.00–20.00 Uhr

▸ Reiten

Auf der „Bar Y Ranch" im Stadtteil Deckenbach werden zahlreiche Kurse und auch eine besondere Wanderung auf dem Rücken der Pferde rund um Deckenbach angeboten.
Adresse: Sandra Weiershäuser-Kullick, Bornwiesenweg 3, 35315 Homberg (Ohm)-Deckenbach, ☎ 06633/919551

▸ Seifenmanufaktur Glatthaar

In der Seifenmanufaktur Glatthaar werden noch Naturseifen aus wertvollen Rohstoffen handgemacht. In der Zeit von Febr–Nov kann man die Manufaktur am Sa von 10.00–13.00 Uhr besuchen, ab Anfang Nov bis Weihnachten gibt es einen zauberhaften Winterladen bei der Manufaktur, der nicht nur Seifen zum Kauf anbietet. Vorträge in der Seifenwerkstatt nach Voranmeldung.
Adresse: Hauptstraße 34, 35315 Homberg-Appenrod, 📞 06633/919 38, 🌐 www.seifenmanukfaktur-glatthaar.de

▸ Sandmühle

Neben dem historischen Gebäude mit einem funktionierenden Wasserrad lohnt in der Sandmühle ein Besuch des steil an der Felswand angelegten Steingartens, der zum Flanieren einlädt. Die Besitzerin ist Malerin und stellt ihre Kunstwerke in einer kleinen Galerie im ehemaligen Stallgebäude aus. Die Mühle kann gerne nach Vereinbarung besucht werden.
Adresse: Erika und Carl Christ, Mühltal 15, 35315 Homberg (Ohm), 📞 06633/7584

Veranstaltungen und Feste

Das alte Homberger Schloss ist nicht nur Kulisse für das historische **Schlossfest** im Juli, sondern bietet auch das ganze Jahr über Ausstellungsflächen für Künstler. Hier findet auch der **Weihnachtszauber** statt, ein ganz besonders stimmungsvoller Weihnachtsmarkt. Das **Apfel-Fest** verwandelt im Oktober die ganze Altstadt in einen Festplatz. Das Stadtfest läutet die **Homberger Marktwoche** ein, die mit dem bereits seit mehr als 460 Jahren stattfindenden Kalten Markt am Mittwoch darauf seine Fortsetzung findet. Jeweils am dritten Wochenende im Juli findet das „**Homberger Brunnenfest**", ein Bürger- und Altstadtfest rund um das historische Rathaus auf dem Marktplatz statt.

Hünfelden

(Kreis Limburg-Weilburg)

Am Hang des Taunus unweit von Wiesbaden liegt Hünfelden (rund 9800 Einwohner). Die sieben Ortsteile Dauborn mit Gnadenthal, Heringen, Kirberg, Mensfelden, Nauheim, Neesbach und Ohren können auf eine erlebnisreiche und wechselhafte Geschichte zurückblicken.

Gemeinde Hünfelden
Le Thillay-Platz
65597 Hünfelden
📞 06438/8380
🌐 www.huenfelden.de

Sehenswertes

▸ Kirberg

Sehenswert ist der historische Dorfkern mit seinen restaurierten Fachwerkhäusern. Von besonderem Interesse sind das Steinsche Haus (1481) und die restaurierte Burgruine mit Aussichtsturm sowie Resten der alten Stadtmauer. Das Alte Rathaus aus dem Jahr 1610 zeigt das für Kirberg typische Schopfmannsdach und den runden Zwerghausgiebel. Im Inneren befindet sich u. a. das Heimatmuseum.

▸ Kloster Gnadenthal

Zum Ortsteil Dauborn gehört der Weiler Gnadenthal, ein ehemaliges adliges Nonnenkloster des Zisterzienserordens. Heute sind restaurierte Fachwerkbauten mit Kirche und Äbtissenhaus zu besichtigen. Auskunft erteilt die Gemeinde.

Freizeit und Natur

▸ Wandern und Radfahren

Vom Kloster Gnadenthal aus führen Wanderwege durch Feld und Wald in den nahe gelegenen Ortsteil Ohren. Die einzelnen Ortsteile sind zudem über einen ausgewiesenen Rundwanderweg miteinander verbunden. Empfehlenswert der Radrundweg Emsbach-/Wörsbachtal, der Dauborn quert.

▶ Naherholungsgebiet Mensfelder Kopf

Das Naherholungsgebiet mit sehr gut markierten Wanderwegen befindet sich in der Nähe des Ortsteils Hünfelden-Mensfelden. Der Mensfelder Kopf bietet einen sehr schönen Blick über das Limburger Becken bis weit in den Westerwald und Taunus.

▶ Hünengräber

In den Wäldern des Ortsteils Ohren befinden sich zahlreiche Hünengräber aus der Hügelgräberbronzezeit. Insgesamt 444 Grabhügel wurden in diesem Raum registriert. 1 km südöstlich von Ohren liegt mit 258 Hügeln das größte geschlossene Hügelgräberfeld Hessens.

▶ Weitere Angebote

Freibäder in Dauborn und Kirberg

Veranstaltungen

Der **Dauborner Markt** (erstes Wochenende im Sept) bietet seinen Besuchern einen traditionellen Vieh- und Krammarkt, Frühschoppen im Festzelt, Nachwuchsrockfestival, Abendveranstaltungen und einen Kirmesplatz.

Hungen

(Landkreis Gießen)

Die „Schäferstadt" wurde erstmals 782 als Schenkung Kaiser Karls des Großen an das Stift Hersfeld urkundlich erwähnt. Im April 1361 verlieh Kaiser Karl IV. Hungen die

Stadtrechte. Im Mittelalter lag Hungen an den „Kurzen Hessen" – der Handelsstraße zwischen Frankfurt und Leipzig –, was die Entwicklung durch die Jahrhunderte prägte. Heute leben rund 13 000 Menschen in der Gemeinde, die an der Grenze zwischen Wetterau und Vogelsberg liegt.

Stadtmarketing Hungen e. V.
Untertorstraße 13
35410 Hungen
📞 **06402-5289819**
🌐 **www.stadtmarketing-hungen.de**

Sehenswertes

▶ Fachwerkhäuser

Das spätmittelalterliche Fachwerkhaus in der Bitzenstraße 34–36 wurde 1465 erbaut. Es ist das älteste Wohnhaus der Stadt und das älteste Ackerbürgerhaus des Landkreises. Aus dem Jahr 1475 stammt das Wohn- und Geschäftshaus in der Obertorstraße 13, das heute die Gaststätte „Zum Otto" beherbergt. Früher befand sich darin die Hofapotheke. Das aus dem Jahre 1475 stammende spätgotische Fachwerkhaus wurde Mitte der

Der Wanderer und Pilger kann sich auf dem Lutherweg über das Leben des Reformators informieren, aus dem Alltag heraustreten und zur Besinnung kommen. Jeder auf seine Art.

1990er-Jahre renoviert. Sehenswert ist auch das Fachwerkhaus in der Obertorstraße 29, das Gasthaus Sterntaler (1691). Seinen Namen bekam das Haus aber vom Märchen „Sterntaler", dem Lieblingsmärchen der jetzigen Eigentümerin. Im alten Stadtkern, der sog. Bitze, stehen weitere schöne Fachwerkhäuser. Dort findet man auch das ehemalige Krankenhaus und die alte Synagoge.

▸ Stadtkirche

Als ältestes Bauwerk der Stadt gilt die Ende des 11. Jh. erbaute und 1286 erstmals urkundlich erwähnte evangelische Stadtkirche. Die beiden Obergeschosse zeigen spätromanische und frühgotische Stilelemente, die Wandmalereien im Inneren datieren von 1400. Im Turm befinden sich ebenfalls Wandgemälde, die um 1600 übermalt und inzwischen freigelegt und restauriert wurden. Sehenswert ist der spätgotische Chorraum, der seit der Reformation von den Grafen Solms-Hungen als Grabkapelle genutzt wurde.

▸ Schloss Hungen

Direkt hinter der Stadtkirche in der Schlossgasse 11 erhebt sich ein wenig versteckt das Schloss. Es wurde Mitte des 15. Jh. anstelle einer älteren Burganlage von 1383 errichtet. Sehenswert ist der „Blaue Saal". Farbgebung und Namen erhielt er von seinem prachtvollen blauen Kachelofen. Hier finden viele kulturelle Veranstaltungen statt (Lesungen, Kammerkonzerte, Liederabende, Kabarett usw.). Der Pferdestall beherbergte früher bis zu 26 Reit- und Kutschpferde der gräflichen Familie. 1978 wurde er aufwendig als Gemeinschafts- und Ausstellungsraum umgestaltet. Heute finden hier auf einer Grundfläche von etwa 70 m² regelmäßig Ausstellungen unterschiedlicher Art statt. **Informationen:** Freundeskreis Schloss Hungen e. V., ☎ 06402/512451, ⊕ www.freundeskreis-schloss-hungen.de

▸ Jüdischer Friedhof

Graf Bernhard III. von Solms-Braunfels gab den Hungener Juden bereits 1510 das Recht auf einen eigenen Friedhof. Die letzte Beerdigung auf dem 3177 m² großen Areal in der Friedberger Straße fand im Mai 1946 statt. Der Verstorbene war der aus dem Konzentrationslager Theresienstadt zurückgekehrte Jeremias Oppenheim.

▸ Limesinformationszentrum Hof Grass

Das Limesinformationszentrum befindet sich in einem ehemaligen Landarbeiterhaus und gliedert sich in zwei Ausstellungsräume sowie einen Vortragsraum mit einer digitalen Präsentation. Diese informiert – bei Bedarf mit Untertiteln für Hörgeschädigte – über die römische Besiedlung in Hessen und insbesondere im Landkreis Gießen. Da sich das Limesinformationszentrum in einem Naturschutzgebiet befindet, in dem jährlich rund 16 Millionen Kubikmeter Trinkwasser gefördert werden, liegt ein weiterer Schwerpunkt auf dem Thema Wasser in römischer Zeit. Taktile Pläne und Objekte zum Anfassen laden auch Sehende zum „Begreifen" der Themen ein. In römische Sandalen schlüpfen, die Rüstung eines römischen Auxiliarsoldaten anlegen – ausprobieren und erfahren ist hier möglich.
Adresse: Hof Grass, 35410 Hungen, **Informationen** unter ☎ 06402/5080266 und ⊕ www.liz-hofgrass.de, **Öffnungszeiten:** Mi 13.00–20.00 Uhr, Do–So 13.00–17.00 Uhr und nach Vereinbarung. Der Eintritt ins Info-Zentrum ist frei. Führungen/Vorträge können gegen ein geringes Entgelt gebucht werden.
Auf Hof Grass gibt es zudem eine gehobene Gastronomie mit Biergarten, die in modernem Ambiente Speisen für den gehobenen Anspruch, aber auch kleine Gerichte für den Wanderer und Radler anbietet. Im Biergarten hat man einen schönen Überblick über das angrenzende Naturschutzgebiet.

▶ Kleinkastell Feldheimer Wald

Der Obergermanisch-Raetische Limes (seit 2006 UNESCO-Weltkulturerbe), der auf einer Strecke von 7,8 km durch das Gemeindegebiet verläuft, kann hier mit fünf Turmstellen, drei Kleinkastellen und einem Kastell nachgewiesen werden. Der Verlauf des Weltkulturerbes ist durch Pfähle an den wichtigsten Durchgangsstraßen markiert. Die Umwehrung des ca. 0,7 ha großen Kleinkastells am Nordrand des Feldheimer Waldes ist als schwache Erhöhung im Gelände gut sichtbar. Es befindet sich 1 km nordöstlich vom Stadtteil Inheiden, unweit der Horloff im Feldheimer Wald.

Informationen:
Verein Limes-Freunde Hungen,
📞 06402/5080266

Museen

▶ Heimatmuseum Obbornhofen

Schwerpunkte sind Exponate zu bäuerlichem Wohnen, Bergbauwesen, landwirtschaftliche Geräte, Leinenherstellung sowie Alltagsgegenständen.

Er gehört einfach dazu: Der Zigarre rauchende Heiner auf dem Hungener Marktplatz.

Adresse: Oberhofstraße 2–4, 35410 Hungen-Obbornhofen, 📞 06036/981280

Freizeit und Natur

▶ 🌐 Limes-Informations-Rundweg Hof Grass

Angeschlossen an das Informationszentrum (siehe Sehenswertes) ist ein 3,2 km langer, mit Informationstafeln und Rätseln ausgestatteter Rundweg durch die Auenlandschaft um Hof Grass. Er führt u. a. zu einem neuen Spielplatz mit Vorschlägen zu römischen Spielen, zum Limes sowie zum Kastellplatz Inheiden und greift weitere natur- und kulturhistorische Besonderheiten auf. Die Texte sind dort ebenfalls in Blindenschrift übersetzt und die Rätsel beziehen sich nicht nur auf die römische Zeit. Sie vermitteln den kleinen und großen Spaziergängern Spannendes und vielleicht noch nicht Bekanntes von der Geschichte bis zur Gegenwart.

▶ Wandern und Radfahren

Hungen liegt am Rande der Wetterauer Seenplatte und des Vogelsberges. Sowohl sanfte Hügel als auch weite Ebenen kennzeichnen die Umgebung. Wälder, Wiesen, Felder, Seen und Feuchtgebiete – alles ist rund um Hungen zu finden. Die weitgehend ebenen Flächen eignen sich insbesondere für Familien und ältere Menschen zum Wandern und Radfahren auf gut markierten Wegen, aber auch ambitionierte Radfahrer und Wanderer finden in der Gegend anspruchsvolles Terrain. Die drei Schleifen des Hungen-Rundweges verbinden die unterschiedlichen Naturschönheiten mit kulturellen Sehenswürdigkeiten. Die Nordschleife führt durch Wälder zu den idyllischen „Drei Teichen", die Südschleife zu Hof Grass und der Möglichkeit zur Vogelbeobachtung auf dem 3-Seen-Weg.

Vielfältige Informationen zu den Spuren der Römer in der Region und einen großen Spielplatz gibt es auf dem Rundweg um Hof Grass.

Interessant auch die Themenwanderwege, wie der „Limesrundweg" und der Erlebnisweg „Auf Schäfers Spuren", an deren Strecke der interessierte Wanderer viele Informationen mittels Schautafeln erhält. Die Route führt zu markanten Punkten rund um Hungen, die mit Schafen, Schäferei sowie der Flora und Fauna auf Magerrasen zu tun haben. Aber auch der Lutherweg, der Martin Luthers Spuren von 1521 folgt, hat seinen Reiz. Der Lutherweg orientiert sich im Verlauf an der historischen Wegstrecke, die der Reformator im Jahre 1521 von Wittenberg zum Reichstag nach Worms genommen hat. 🌐 www.lutherweg-in hessen.de Für längere Wanderungen bieten sich die Fernwanderwege wie beispielsweise der Residenzenring an, der Hungen mit Lich, Grünberg und Laubach verbindet. Aber auch verschiedene Radwege durchziehen das Gebiet und verbinden auf schönen Wegen die Hungener Stadtteile oder führen in die Wetterauer Seenplatte. Sehr bekannt ist unter anderem der „Deutsche Limes-Radweg", der auf seinen 800 km auch durch Hungen führt. 🌐 www.limesstrasse.de

▸ Trais-Horloffer-Inheidener See

Er ist wichtigstes Naherholungs- und Freizeitzentrum der Region. Wassersportlern bietet der See Möglichkeiten zum Schwimmen, Angeln, Segeln und Windsurfen. Im August findet hier vier Tage lang ein großes Seefest statt.

▸ Naturerholungsgebiet „Drei Teiche"

„Drei Teiche" ist ein idyllisches Naherholungsgebiet, das zwischen Hungen und Nonnenroth im Stadtwald liegt. Schutzhütten und Ruhebänke findet der Besucher hier genauso wie gut ausgebaute Wander- und

Radwege, die um die mehr als 15 ha großen Teiche führen. Im Sommer werden sie von Sportanglern genutzt.

▸ Naturschutzgebiet Mittlere Horloffaue

Zum NSG Mittlere Horloffaue gehören ein ehemaliger Braunkohletagebau, der Untere Knappensee sowie ein feuchtes Wiesendreieck zwischen Horloff und Lehngraben. Am Ostufer des Unteren Knappensees entstand ein vielgestaltiger Lebensraum für Tiere und Pflanzen. Es gibt mehrere Beobachtungsstände, von denen aus das Gebiet eingesehen werden kann. **Lage:** Hungen-Utphe in Richtung Unter-Widdersheim.

▸ Hungener Käsescheune

Im historischen Stadtkern befindet sich die Käsescheune mit Schaukäserei, Käseschule, Gastraum, Genussladen und dem „Erlebnisraum Schaf und Natur – unterwegs in den Wetterauer Hutungen". Für alle Käsefreunde werden hier regelmäßig Führungen, Käse-Seminare, individuelle Verkostungen und geführte Erlebniswanderungen angeboten. **Adresse:** Braunhofstraße 3–7, 35410 Hungen, 📞 06402/5188572, 🌐 www.kaese-scheune.de

▸ Weitere Angebote

Dirtpark Schanzenfeld (Bikepark mit verschiedenen Sprüngen und Pumptrack) am Bellersheimer Fußweg, solarbeheiztes Freibad im Horlofftal (Albert-Schweitzer-Straße 2), Inlinerstrecke entlang der alten Bahnstrecke Hungen-Laubach

Veranstaltungen und Feste

Kunst- und Kürbistag: feiert man alle zwei Jahre Mitte September (🌐 www.kunst-undkuerbis.de), **Allerheiligenmarkt:** findet alljährlich am ersten November statt, **Hessisches Schäferfest:** im zweijährigen

Turnus wird am letzten Augustwochenende in geraden Jahren Hungen zum Mekka
für Hessens Schäfer, **Inheidener Seefest:**
findet Jährlich Anfang August statt, **Europa-
woche:** im Mai mit Marktplatz-Brunnenfest,
Adventskalender: Jedes Jahr in der Vorweihnachtszeit verwandelt sich das Kulturzentrum in einen großen Adventskalender. Vom
1. Dezember bis zum Weihnachtsfest wird
jeden Tag ein neues, kreativ bemaltes Fenster
erleuchtet. **Weihnachtsmarkt:** zwischen
Kulturzentrum und Käsescheune Anfang
Dezember mit Kunsthandwerkermarkt im
Kulturzentrum

Hüttenberg

(Lahn-Dill-Kreis)

Knapp 11 000 Menschen sind in der
Gemeinde zu Hause, die sich aus sechs
Ortsteilen (Hüttenberg, Rechtenbach,
Reiskirchen, Vollnkirchen, Volpertshausen
und Weidenhausen) zusammensetzt.
Bekannt wurde die Gemeinde vor allem
durch die ansässige Handkäseproduktion.
Dieser wird auch heute noch in Hütten-
berg produziert und deutschlandweit
vertrieben.

**Tourist-Info im Rathaus
Frankfurter Straße 49–51
35625 Hüttenberg
📞 06441/70060
🌐 www.huettenberg.de**

Museen

▸ **Heimatmuseum „Goethehaus
Volpertshausen"**
Die ausgestellten Exponate widmen sich
der bäuerlichen Tradition des Hüttenberger
Landes. Gedacht wird hier aber auch der

*Der Ortsteil Vollnkirchen – malerisch einge-
bettet zwischen Feldern, Wiesen, Wald.*

in die Literatur eingegangenen Ballnacht
vom 9. Juni des Jahres 1772, an der J. W. von
Goethe teilnahm. Der Ballraum im ersten
Stock ist im Stil dieser Zeit gestaltet.
Adresse: Rheinfelser Straße 69, 35625 Hüt-
tenberg-Volpertshausen, 🌐 www.goethe-
haus-volpertshausen.de, **Öffnungszeiten:**
jeden zweiten So im Monat 14.00–18.00 Uhr
oder nach Voranmeldung

▸ **Schulbauernhof Gottfrieds Haus**
Der Bauernhof widmet sich der alten
Handwerkskunst und Traditionen wie Honig-
kochen, Spinnen und Weben.
Adresse: Kultur- und Heimatkreis Rechten-
bach, Bergstraße 8, 35625 Hüttenberg-
Rechtenbach
Besichtigung nach Vereinbarung unter
📞 06441/74768

Freizeit und Natur

▸ **Wandern und Radfahren**
Ausgedehnte Wälder, Auen, Obstwiesen, Felder und Bachläufe haben über Jahrhunderte
eine Kulturlandschaft rund um Hüttenberg
geschaffen, in der man gern auf Schusters

Rappen oder auf dem Drahtesel unterwegs ist, um sich zu entschleunigen. Eine Rad- und Freizeitkarte ist im Rathaus erhältlich.

▶ 🐾 Erlebnispfade

Viel Spaß und reichlich Wissenswertes erleben kleine und auch große Wanderer auf dem Naturerlebnisweg „Eselspfad" in Vollnkirchen. Hinweisschilder mit dem Eselskopf begleiten auf dem 2,5 oder 5 km langen Rundweg, der beim Bürgerhaus beginnt. Spielstationen für Kinder bringen zusätzliche Freude: Da können sie dem Eichhörnchen beim Suchen von Zapfen helfen, sich mit den Tieren des Waldes im Weitsprung messen, herausfinden, wie alt ein Baum ist, die Landschaft mit dem Auge eines Insekts betrachten, den Kletterturm erobern und in den Waldhängematten ausruhen.

▶ Weitere Angebote

Hallenbad Hüttenberg, Hauptstraße 107, Hüttenberg, 📞 06403/5000
Minigolf
Reiten (Reit- und Fahrverein Hüttenberger Land e.V., Inselhof, 📞 06493/77139 und Reit- und Fahrverein Schwingbach, Lottestraße 28, 📞 06441/71486)
Kutschfahrten (Kinder-, Jugend- und Familienhilfe der Kreuznacher Diakonie, Frankfurter Straße 64, 📞 06441/78370 und Jens Weber, Hauptstraße 186, 📞 0173/2005382)

Feste und Veranstaltungen

Ostermarkt in Rechtenbach, **Maiglöckchenfest** in Vollnkirchen (1. Mai), **Maimarkt** Ende Mai (alle zwei Jahre, wieder 2019), **Kultursommer** (Juni bis September), **Apfelsaftfest** in Volpertshausen (alle zwei Jahre am ersten So im Oktober), **Weihnachtsmarkt** am Goethehaus (zweiten Advent), **Backhausfest** in Vollnkirchen am letzten So im Dezember

Kirchhain

(Kreis Marburg-Biedenkopf)

Kirchhain, am Rande des Burgwalds gelegen, blickt auf eine lange Geschichte zurück (erstmals erwähnt 1146). Höchste Erhebung des Stadtgebietes ist der 380 m hohe Burgholz im Norden. Rund 16 000 Menschen leben in der Stadt, die neben der Kernstadt Kirchhain aus zwölf weiteren Ortsteilen besteht.

Stadtverwaltung
Am Markt 1
35274 Kirchhain
📞 **06422/8080**
🌐 **www.kirchhain.de**

Sehenswertes

▶ Stadtkern

Schon allein der vielen malerischen Fachwerkhäuser (u. a. der „Blaue Löwe" von 1612) wegen lohnt sich ein Abstecher nach Kirchhain. Der Heimat- und Geschichtsverein Kirchhain e.V. bietet Führungen an. **Auskunft** erteilt die Stadtverwaltung.

▶ Rathaus

Im Jahr 1412 führte ein großer Brand zur fast vollständigen Verwüstung der Stadt. Im Zuge des Wiederaufbaus entstand eines der Wahrzeichen Kirchhains, das Fachwerk-Rathaus (um 1533 erbaut) mit Wendeltreppenturm (erbaut 1562). Die Halle im Erdgeschoss diente früher als Markt- und Festhalle.

▶ Hexenturm

Im Mittelalter wurden in diesem Turm Hexen eingekerkert, die zur Aburteilung nach Marburg gebracht werden sollten. Heute bildet der Hexenturm zusammen mit den gut erhaltenen Teilen der Stadtmauer (errichtet in den 60er-Jahren des 14. Jh.) und dem Burgtor die romantische Kulisse für Freilichtaufführungen in den Sommermonaten.

▶ Kirche St. Jakobi und Menhir

Die evangelische Kirche im Stadtteil Langenstein stammt aus dem 14. Jh. Sehenswert ist das sechseckige und zweischichtige Netzgewölbe im Chorraum der Kirche. Links neben dem Toreingang steht ein jungsteinzeitlicher Menhir („Langer Stein"), der dem Ort Langenstein seinen Namen gab.

Museen

▶ Heimatmuseum Großseelheim

Das Museum wurde in einem kleinen Anwesen der Hugenottenfamilie Brunet eingerichtet und hat lebensnah die Atmosphäre eines ländlichen Haushalts bewahrt. Bestände: Eingerichtetes Fachwerkhaus mit guter Stube, Küche, Wurstkammer, Altenteil. Dokumentation der Ortsgeschichte Großseelheims. Trachten und Stickereien. Landwirtschaftliche und handwerkliche Geräte und Werkzeuge. Flachsverarbeitung bis zum Weben, Butterherstellung, Holzbearbeitung, Schusterwerkstatt. Komplett eingerichtete alte Schmiede.
Adresse: Marburger Ring 31,
35274 Kirchhain-Großseelheim,
Öffnungszeiten: nach Vereinbarung mit dem Heimat- und Verschönerungsverein Großseelheim unter 📞 06422/858932

Freizeit und Natur

▶ Wandern und Radfahren

Empfehlenswert ist die 18 km lange Extratour Himmelsberg von Burgholz über Kirchhain nach Emsdorf. Die weithin bekannte Himmelsberger Dorflinde, Grenzsteine, und alte Baumriesen sind nur einige der zusätzlichen Attraktionen am Wegesrand.

Die Stadt Kirchhain verfügt über ein gut ausgebautes, attraktives Radwegenetz. Neben zahlreichen lokalen Radwanderwegen im Ohm- und Wohratal kreuzen sich in Kirchhain zwei Hessische Radfernwege: R 2 – Die Vier-Flüsse-Tour (195 km) und R 6 – Vom Waldecker Land ins Rheintal (400 km). Drei Nordic-Walking-Strecken starten am Parkplatz am Emsdorfer Wald an der K14 (nördlich von Kirchhain).

Kirchhains Wahrzeichen, das Fachwerk-Rathaus aus dem 16. Jahrhundert.

▶ Annapark

Am nördlichen Rand der Kirchhainer Altstadt befindet sich der Annapark, ein ehemaliger Friedhof, der vom Marburger Brauereibesitzer Bopp zu Beginn des 20. Jh. zum Park umgestaltet und nach seiner Frau benannt wurde. Neben der Skulptur der „Anna" befindet sich dort die Bronzeskulptur „Lesendes Mädchen" des Bildhauers Bernhard Kleinhans.

▶ Skulpturenpfad Kirchhain

Der Pfad startet in der Fußgängerzone, verläuft über den Marktplatz, durch den Anna-Park bis zum Naturerlebnisbereich Erlensee mit seiner Akustikstation. Entlang des 2 km langen Weges sind aus unterschiedlichen Materialien gestaltete Skulpturen von Künstlern der Region Burgwald zu sehen.

▶ Erlensee

Ein idyllischer See, eine geheimnisvolle Urwaldinsel, abwechslungsreiches Ufer, Auwald, Wiesen und eine steppenähnliche Fläche eröffnen reizvolle Landschaftseindrücke. Auf dem Gelände einer ehemaligen Kiesgrube ist ein Naturlehrpfad mit Leitsystem für Blinde und Sehbehinderte mit Akustikstation entstanden. In der Akustikstation können Tierstimmen und Hörbilder mit und ohne die Laute der nahe gelegenen Bundesstraße mittels CD und Kopfhörer angehört werden. Die taktile Fläche neben der Station enthält verschiedene Naturstoffe, die mit nackten Füßen erfühlt und wahrgenommen werden können. Eine in den See ragende Beobachtungsplattform und sechs Informationsständer geben Gelegenheit, die Natur mit allen Sinnen wahrzunehmen.

▶ Hunburgturm

In Burgholz – mit 378 m über NN höchstgelegener Ort im ehemaligen Landkreis Marburg – steht der 28,5 m hohe Hunburgturm. Der Turm ist tagsüber zugänglich und von oben kann man einen schönen Fernblick genießen. Der Turm ist Teil eines Rundwanderweges.

▶ Weitere Angebote

Freibad und Phönix-Hallenbad in Kirchhain

Veranstaltungen und Feste

Der **Prämienmarkt** mit Kreistierschau, Reit- und Fahrturnier findet im Turnus von zwei Jahren (gerade Jahre) Ende Juni/Anfang Juli auf dem Festplatz statt.
Oster- und **Neujahrsmarkt** werden alljährlich am Palmsonntag bzw. am letzten Werktag vor Silvester abgehalten.
Am letzten Wochenende im Oktober wird jedes Jahr der **Martinsmarkt** gefeiert.

Kirtorf

(Vogelsbergkreis)

Am Nordrand des Vogelsbergs liegt Kirtorf (3300 Einwohner). Die Ersterwähnung stammt aus den Jahren 917/918. Anfang des 13. Jh. war Kirtorf fuldische Ortsvogtei der Grafen von Ziegenhain, die bis in die Mitte des 15. Jh. auch die Gerichtsbarkeit in der Stadt ausübten. Die Stadtrechte und damit verbunden das Recht, Märkte abzuhalten, zu brauen und ein Wirtshaus zu betreiben, erhielt Kirtorf gegen 1472.

Stadtverwaltung
Neustädter Straße 10–12
36320 Kirtorf
 **06635/180**
🌐 **www.stadt-kirtorf.de**

Sehenswertes

Den historischen Marktplatz dominiert das imposante Fachwerkrathaus aus dem Jahr 1559. Vorbildlich restauriert ist auch das prächtige Doktorhaus in der Alsfelder Straße 5. Im Ortsteil Arnshain entdeckt man schöne, alte Fachwerkhäuser und naturgeschützte Friedhofslinden, in Gleimenhain sehenswert ist die alte Dorfkirche mit ihrem gotischen Chor aus dem 13. Jh. und in Lehrbach ein uralter Pestfriedhof, die „alte Kirschbrücke" von 1541 und der „Kirchenstumpf", die Reste einer kleinen Kirche aus der Zeit des Bonifatius. Nicht unbeachtet lassen sollte der Besucher im Ortsteil Ober-Gleen den sagenumwobenen Ransberg mit seinen Wällen und Ruinen aus frühgeschichtlicher Zeit, den geheimnisvollen Hexenstein oberhalb des Dorfes, die alten Mühlen und Fachwerkhäuser und den „Himmelsborn" mit seiner uralten Eiche sowie die alten Eichen am „Rosengarten".

Adresse: Kirtorf-Ober-Gleen, Kirchgasse 3, 36320 Kirtorf, ☏ 06635/7166, **Öffnungszeiten:** Di, Mi, Fr 15.00–18.00 Uhr, Sa 14.00–16.00 Uhr und nach Vereinbarung

Ob zu Fuß oder auf dem Rad unterwegs: Die Landschaft um Kirtorf bietet immer wieder schöne Stellen für eine Rast.

Museen

▸ **Museum Kirtorf**

Ein lebendiges Museum, betrieben vom Heimatverein der Stadt Kirtorf. Zu den fest installierten Ausstellungsbereichen gibt es wechselnde Ausstellungen mit unterschiedlichen Themen. Für kulturelle Aktionen, wie Lesungen, Vorträge und dergleichen mehr bietet das Museum ein heimeliges Ambiente.
Adresse: Neustädter Tor 8, 36320 Kirtorf, ☏ 06635/1820, **Öffnungszeiten:** März–Dez So 13.00–17.00 Uhr oder auf Anfrage

▸ **Kunst im Kuhstall**

Originell und sehenswert zeigt sich die Kunstgalerie, die der Begründer und frühere Hotelier Ernst A. Bloemers 1999 in den alten Kuhstall seines Anwesens mitten im Dorf in der Kirchgasse 3 hineingebaut hat. KUNST IM KUHSTALL, abgekürzt K.I.K., präsentiert moderne, aber auch für jedermann verständliche Kunst und erfreut den Besucher mit ständig wechselnden Ausstellungen.

Freizeit und Natur

In der Umgebung finden sich zahlreiche Zeugnisse der Vergangenheit: Schlagstätten der Steinzeitmenschen, Hügelgräber aus der Bronzezeit, Wallanlagen der Kelten und Germanen sowie Dorf- und Burgwüstungen des hohen Mittelalters. Heute werden in Kirtorf Sport und Freizeit groß geschrieben: Angeln, Radfahren, Reiten, Schwimmen, Wandern, Tennis ... vieles ist möglich. Auskunft erteilt die Stadtverwaltung Kirtorf. Für Mountainbiker gibt es ab Kirtorf eine 86 km lange, ausgewiesene Strecke.

Veranstaltungen und Feste

Alljährlich am dritten Wochenende im Juli wird in Kirtorf der traditionsreiche Jakobimarkt mit Kirmes veranstaltet.

Lahnau

(Lahn-Dill-Kreis)

Lahnau, zwischen Gießen und Wetzlar im Lahntal liegend, ist eine aus den drei Ortsteilen Waldgirmes, Dorlar und Atzbach bestehende Gemeinde. Rund 8200 Menschen haben hier ihr Zuhause.

Gemeinde Lahnau
Rathausplatz 1–5
35633 Lahnau
📞 **06441-9644-0**
🌐 **www.lahnau.de**

Sehenswertes

▸ **Römisches Forum Waldgirmes**

Das römische Forum war ein befestigter römischer Handelsplatz am Rande der Ortschaft Waldgirmes aus der Zeit um Christi Geburt. Archäologische Grabungen brachten wertvolle Schmuck- und Geschirrfunde sowie die Steinfundamente zutage. Hier können Besucher eine interessante und lehrreiche Zeitreise erleben.
Adresse: Das Grabungsgelände findet man aus Richtung Wetzlar-Naunheim kommend gleich an der Ortseinfahrt zu Waldgirmes, links der Ausschilderung folgend. **Führungen** sind nach Voranmeldung möglich.
Informationen: Förderverein Römisches Forum Waldgirmes, 📞 06441/65240, 🌐 www.waldgirmes.de

▸ **Kirche Dorlar**

Die zu Beginn des 13. Jh. errichtete Dorlarer Klosterkirche zählt zu den ältesten frühgotischen Bauwerken Mittelhessens.

▸ **Kirche Atzbach**

Bei der Kirche (1767 geweiht) handelt es sich um einen symmetrischen Saalbau. An der Süd-wand sind fünf, an der Nordwand zwei Rundbogenfenster eingelassen, an der östlichen und westlichen Wand jeweils weitere vier. Im Inneren der Kirche sehenswert ist der Altar aus Holz. Darüber befindet sich die Kanzel, auf deren Spitze ein Pelikan mit seinen Jungen thront. Die Brüstung ist mit Stellen aus der Bibel bemalt und an der Westwand befindet sich die 1637 gebaute Orgel mit 638 Pfeifen.

Museen

▸ **Heimatmuseum Lahnau**

Hier erfährt man auf lebendige Weise, wie die Menschen in der Region ihren Alltag in den letzten 200 Jahren meistern mussten. Im Hauptgebäude wird die Dauerausstellung „Leben im 19. Jahrhundert" präsentiert.
Adresse: Friedenstraße 20, 35633 Lahnau, 📞 06441/64522, **Öffnungszeiten:** Mi 15.00–17.00 Uhr, jeden ersten So 15.00–17.00 Uhr

Freizeit und Natur

▸ **Wandern und Nordic Walking**

Themenwege vernetzen die Gemeinden des Gleiberger Landes und stellen Verbindungen zu den Fern- und Regionalwegen her. Auf insgesamt 177 km orientieren sie sich an Natur- und Baudenkmälern, Zeugnissen der frühen und neueren Geschichte an Bergen, Bächen, Talsenken und Seeufern. Jeder dieser Wege hat einen eigenen Namen und ist einem bestimmten Thema gewidmet. Die Wanderwege sind in der Freizeitkarte „Gleiberger Land" dargestellt, die bei der Gemeinde erhältlich ist. Ein Nordic-Walking-Parcours in Lahnau startet an der Beppierschen (Atzbacher) Mühle im Ortsteil Atzbach.

▸ **Weitere Angebote**

Tennis (Atzbach, Minna-Naumann-Weg 38), Reit- und Fahrverein Lahnau-Waldgirmes (📞 06441/62355), Hallen- und Freibad, Trimm-dich-Pfad Atzbach

Veranstaltungen und Feste

Kirmes in Atzbach (Juni), LahnLaender (letzter Samstag im Juni), Kirmes in Waldgirmes (erster Sonntag im August), Backhausfest in Dorlar (alle zwei Jahre am ersten Wochenende im September), Waldgirmeser Christnikelsmarkt (erster Advent), Atzbacher Adventsmarkt (zweiter Advent)

Lahntal

(Kreis Marburg-Biedenkopf)

Lahntal liegt an der oberen Lahn, vor den Toren Marburgs, westlich vom 498 m hohen Rimberg. Rund 7000 Menschen haben hier ihr Zuhause. Die Gemeinde besteht aus insgesamt sieben Ortsteilen.

Gemeinde Lahntal
Oberdorfer Straße 1
35094 Lahntal
📞 **06420/82300**
🌐 **www.lahntal.de**

Sehenswürdigkeiten

▶ Nicolaikirche Caldern
Die spätromanische Kirche aus dem 13. Jh. war Teil des Zisterzienserinnenklosters. Das ehemalige Kloster prägte das dörfliche Leben, bis es 1527 aufgelöst wurde und in den Besitz der Philipps-Universität Marburg überging. Ein Teil der Klostermauer ist noch heute erhalten. Die Kirche wird heute von der Evangelisch-Lutherischen Kirchengemeinde genutzt. Das ehemalige Klostergelände dient teilweise der Kirchengemeinde unter dem Namen „Paradies" als Gemeindegarten. Unter dem Titel „Kultur im Paradies" finden dort kulturelle Veranstaltungen statt.
Adresse: Kernbacher Straße 1, 35094 Lahntal-Caldern, **Öffnungszeiten:** in den Sommermonaten tägl. 10.00–19.00 Uhr, in den Wintermonaten Sa und So 10.00–17.00 Uhr

▶ Kirche Sterzhausen
Der wehrhafte Turm der evangelischen Kirche und der Chorraum mit seinen Wandmalereien stammen aus dem 12. Jh. Das Kirchenschiff wurde 1836 anstelle eines durch Brand beschädigten Vorgängerbaus errichtet. Aus barocker Zeit sind dort die Orgel und die Porträts von Martin Luther und vier Aposteln erhalten.
Adresse: Oberdorfer Straße 14, 35094 Lahntal-Sterzhausen, **Öffnungszeiten:** tägl. 9.00–19.00 Uhr

▶ Wichtelhäuser Steine
Die Wichtelhäuser, eine imposante Felsgruppe in Brungershausen, sind einen Abstecher wert. Ein ausgeschilderter Wanderweg führt direkt zu dieser Felsformation. Der Sage nach haben Wichtelmänner, denen wir diese Felsengruppe zu verdanken haben, im Wollenberg gelebt. Von den Felsen hat man einen wunderbaren Blick nach Kernbach und in das Lahntal.

▶ Rimbergturm
Der 487 m hohe Rimberg bei Caldern mit seinem 24 m hohen Aussichtsturm ist das Ziel vieler Wanderfreunde. Die Drachenhöhle befindet sich am steilen Ostabhang, 200 m unterhalb des Rimbergturms. Hier soll der Sage nach Siegfried den Drachen erschlagen haben.

Museen

▶ Otto-Ubbelohde-Haus
Goßfelden war der Lebensmittelpunkt des Malers Otto Ubbelohde (1867–1922), der durch zahlreiche Gemälde und Radierungen sowie Illustrationen von Kinder- und Hausmärchen der Gebrüder Grimm bekannt

wurde. Das Haus Otto Ubbelohdes in Goßfelden ist der Öffentlichkeit zugänglich; hier wird das Leben und Wirken des Illustrators vorgestellt. Die Grabstätte befindet sich auf dem Friedhof in Goßfelden. Die Gärten rund um das Otto-Ubbelohde-Haus wurden in ihrer ursprünglichen Form wieder angelegt und ergänzt.

Adresse: Otto-Ubbelohde-Weg 30, 35094 Lahntal-Goßfelden, 🌐 www.otto-ubbelohde.de, **Öffnungszeiten:** Sa/So 11.00–17.00 Uhr, **Führungen** nach Vereinbarung

Natur und Freizeit

▸ Wandern und Radfahren

Der Lahnwanderweg, der sich von der Mündung bis zur Quelle der Lahn erstreckt, verläuft über Caldern. Von hier aus lässt es sich an einem Tag nach Marburg (16,3 km) oder nach Buchenau (12,9 km) wandern. Der nördlich von Lahntal gelegene und vollständig bewaldete Wollenberg kann von fast allen Lahntaler Ortsteilen direkt erreicht werden und lädt mit einer Fülle von Rundwanderwegen zum Erkunden ein. Von Kernbach und Caldern erreicht man auf bequemen Wanderwegen den Rimberg mit seinem Aussichtsturm. Der Lahnradweg ist mit der Streckenführung des Hessischen Fernradwanderweges R 2 weitgehend identisch. Der Mühlen- sowie der Ubbelohderadweg verlaufen zum Teil parallel zum Lahnradweg und schaffen somit eine attraktive Verbindung zum Burgwald.

▸ Rundweg „Auf den Spuren von Otto Ubbelohde"

Der Rundweg „Auf den Spuren von Otto Ubbelohde durch Goßfelden" spürt den Motiven nach, die der Künstler in seinen Zeichnungen und Gemälden festgehalten hat. Er beginnt beim Museum in den Lahnauen und führt über rund 1,5 km und anhand von 16 Stationen zumeist durch das alte Goßfelden, ein Deutschordensdorf mit schönen Fachwerkhäusern. Es stellt Zeichnungen, Illustrationen und Gemälde von Ubbelohde an den Stellen im Dorf vor, an denen man die Motive (auch Märchenillustrationen) noch heute wiedererkennen kann oder wiederzuerkennen meint. Auch das Grab der Eheleute Otto und Hanna Ubbelohde auf dem Friedhof in Goßfelden liegt auf dem Weg.

Wahrzeichen im Ortsteil Goßfelden ist die alte Brücke aus dem Jahr 1802.

Veranstaltungen und Feste

Frühlings- und **Ostermarkt, Aktiv-Woche** im September, **Kunsthandwerkermarkt** im Herbst, **Kunstmarkt** im November

Langgöns

(Landkreis Gießen)

Die Gemeinde mit ihren rund 12 100 Einwohnern kann auf eine lange Geschichte zurückblicken. Die „Gönser Mark" wurde erstmals im Jahr 777 in einer Urkunde des Klosters Lorsch erwähnt.

Gemeinde Langgöns
St. Ulrich-Ring 13
35428 Langgöns
📞 06403/90200
🌐 www.langgoens.de

Sehenswertes

▶ Historische Stadtbefestigung Cleeberg
Die Stadtbefestigung wurde zwischen 1350 und 1380 erbaut. Zwar wurde das meiste abgerissen oder überbaut, aber in der Gaul-

Ein besonderer Tipp für alle Wanderer und Radfahrer ist der Limeswanderradweg.

bach- und Altmarkstraße sind noch Relikte zu erkennen. In der Altmarkstraße sieht man überdies die Reste des „Stumpenturms" mit 6 m Breite und 6,5 m Höhe.

▶ Rathaus Cleeberg
Das im Jahre 1574 erbaute Rathaus wurde 1953 abgebrochen und mit den alten Balken wieder neu aufgebaut. Heute gehört es der Kirchengemeinde Cleeberg, die es den Pilgern des Elisabeth-Pfades als Übernachtungsmöglichkeit zur Verfügung stellt.

▶ Olyssches Haus
Das 1620 erbaute Haus in Niederkleen wurde mit überreichen Schnitzereien am Erker versehen. Der viereckige Erker reicht vom Keller aus durch beide Geschosse bis ins Dachgeschoss. Fachwerkgeschoss und Giebel ruhen auf Keller und verputztem Erdgeschoss. Zahnschnittmuster betonen die Waagerechten und die Sparren des Hauptgiebels.

▶ Wehrkirche
Der Wehrturm der Kirche in Oberkleen stammt aus dem 15. Jh., das Kirchenschiff wurde 1768 erweitert. Berühmt ist die aus dem Jahre 1830 stammende einmanualige Orgel des bekannten Orgelbaumeisters Johannes Byrgi, die als Besonderheit zwei Soloinstrumente (Krummhorn und Trompete) aufweist und seit 1978 wieder in Betrieb ist.

▶ Burg Cleeberg
1263 wurde der Burgturm zum ersten Mal urkundlich erwähnt: Er ist 20,6 m hoch (ehemals 33,2 m). Cleeberg war im 12. Jh. Mittelpunkt der Grafschaft Cleeberg-Mörle und Sitz einer Seitenlinie der Grafen von Peilstein aus Niederösterreich. Die Burg ist nur von außen zu besichtigen.

▶ Hüttenberger Hoftore
Typisch für Langgöns und die umliegenden Gemeinden sind die sogenannten Hofreiten.

Was diesen Hoftyp von anderen abhebt, ist der straßenseitige Abschluss durch das hohe, überdachte oder überbaute Tor, das keinen Blick in den Innenhof gestattet. In der Volkskunde spricht man vom sogenannten Hüttenberger Hoftor; der Volksmund sagt „Groose Hoptor". Diese Hoftore bestehen meist aus einer zweiflügeligen Torfahrt für die landwirtschaftlichen Fahrzeuge und einer Pforte für Personen. Die ältesten Exemplare findet man in Langgöns, Großen-Linden und Lützelinden. Besonders sehenswert ist der aus dem Jahr 1608 Glaumsche Hof in Langgöns-Niederkleen in der Burgstraße.

Museen

▸ Bärner Heimatstube
Zur Erinnerung an die vielen Heimatvertriebenen, die nach dem Zweiten Weltkrieg zuzogen, wurde 1974 das Museum eingerichtet. Hier werden viele Dokumente, die aus der alten Heimat im Kreis Bärn (Sudetenland) mitgebracht wurden, aufbewahrt, um sie den jüngeren Generationen vorstellen zu können.
Adresse: Am Alten Stück 3, 35428 Langgöns, **Öffnungszeiten:** jeden ersten Do im Monat 14.00–16.00 Uhr

▸ Heimatmuseum Niederkleen
Im ehemaligen Rathaus von 1701 findet der Besucher eine voll eingerichtete und mit vielen Details ausgestattete Ess-, Wohn- und Schlafstube.
Adresse: Kirchgasse 5, 35428 Langgöns, ✉ heimatmuseum@langgoens, **Öffnungszeiten:** nur nach Vereinbarung

Freizeit und Natur

▸ Wandern und Radfahren
Der Panoramaweg Cleeberg (11,9 km) punktet mit einem besonders schönen Verlauf, vorbei an markanten Aussichtspunkten. Ein besonderer Tipp ist auch eine Wanderung entlang des Limes. Ein 33 km langer Radweg mit leichten Steigungen verbindet die Städte Gießen, Pohlheim, Gambach, Langgöns und Linden, und der 44 km lange Radweg von Gießen nach Usingen führt über Langgöns. Das rund 11 ha große Naturschutzgebiet Kümmelberg hat einen botanischen und einen geologischen Schwerpunkt. In diesem Waldstück wachsen seltene Pflanzen des Kalkbuchenwaldes. Ein Radweg führt von Cleeberg nach Ebergöns am Rande des Naturschutzgebietes entlang.

▸ Sonstige Angebote
Reiten (Reitanlage Wildhof in Cleeberg, ☏ 06085/988358)

Laubach

(Landkreis Gießen)

Laubach wurde 786 zum ersten Mal namentlich erwähnt und 1405 als Stadt geführt. Im Jahre 1418 kam die Burg an die Grafen zu Solms-Laubach, sie wird noch heute von der gräflichen Familie bewohnt. Im Jahre 1507 erhielt Laubach unter Kaiser Maximilian die Marktrechte, und im Jahre 1548 entstand die selbstständige Reichsgrafschaft Solms-Laubach. Etwa 10 300 Menschen haben hier ihr Zuhause.

Kultur- und Tourismusbüro
Marktplatz 6
35321 Laubach
☏ **06405/921321**
🌐 **www.laubach-online.de**

Sehenswertes

▸ Altstadt
Die über 1200 Jahre alte ehemalige Residenzstadt ist geprägt von basaltgepflas-

terten Straßen mit idyllischen Ecken und plätschernden Brunnen – dazwischen interessante Bauwerke und Reste der ehemaligen Stadtbefestigung. In den engen Gassen stehen bis zu 500 Jahre alte Fachwerkhäuser, die alle überragt werden vom Prunkstück der Altstadt, dem 600 Jahre alten Schloss der Grafen zu Solms-Laubach. **Stadtführungen** werden regelmäßig angeboten. Empfehlenswert ist u. a. die Nachtwächterführung, in der man auf Bürger und Gesinde vergangener Jahrhunderte trifft, die Kräuterweiberführung, bei der Anna und Katharina so manches Kraut zur Linderung von Wehwechen empfehlen, die Weibergeschichten und viele mehr. Eigens für Kinder konzipiert ist „Komm wir finden einen Schatz!"

▸ Schloss Laubach

Das dreitürmige Schloss mit seinen schönen, der Öffentlichkeit zugänglichen Parkanlagen, weist Renaissance-Elemente sowie gotische und barocke Motive auf. Das heutige Wohnschloss wurde auf den Grundmauern der ehemaligen Wasserburg aus dem 13. Jh. errichtet, die vom Stadtbereich durch eine Mauer getrennt war. Um die Burg zu schützen, wurden zahlreiche Teichanlagen angelegt. Heute grenzt an das historische Bauwerk der große Schloss- und Kurpark mit herrlichem alten Baumbestand, Schwanenteich und einer Kneippanlage mit Veranstaltungsbühne für sommerliche Konzerte und Theateraufführungen. Der Schlosspark wurde Ende des 19. Jh. im englischen Gartenstil angelegt. **Führungen:** 15. Apr–31. Okt Mi 17.00 Uhr, Treffpunkt ist am Schlossbrunnen im großen Schlosshof, keine **Anmeldung** erforderlich

▸ Stadtkirche

Im Herzen der Altstadt steht die Stadtkirche, deren ältesten Teile aus dem 13. Jh. stammen. Sehenswert sind die prächtige Barockorgel aus dem Jahr 1750, mehrere Epitaphen, Wandmalereien, Grabmäler der Solmser Grafen und deren Herrschaftsstuhl. **Öffnungszeiten:** Mai–Okt So 15.00–18.00 Uhr, Do bis Sa 10.00–18.00 Uhr; Nov–Apr So 15.00–17.00 Uhr, Do 10.00–17.00 Uhr

▸ Dorfkirche Gontershausen

Die frühgotische Kirche aus der Mitte des 13. Jh. ist ein typisches Beispiel für den frühen Landkirchenbau. Im Innenraum der Kirche sind Kruzifixe verschiedener Zeitstellung und eine hübsche Spätrokoko-Orgel erhalten.

Das dreitürmige Laubacher Schloss grenzt an einen herrlichen Park mit altem Baumbestand und ist Kulisse für Veranstaltungen.

▸ Jüdischer Friedhof

Der kleine jüdische Friedhof aus der Zeit um 1800 verbirgt sich hinter hohen Bäumen am Rande der Stadt. Die 43 vorhandenen Grabsteine sind aufgrund der üblichen längeren Inschriften oft recht hoch, hier und da sind Giebel angedeutet, am ältesten

Grabstein wird eine Art Hausform sichtbar. Auf dem etwa 600 Quadratmeter großen Gelände haben etwa 120 Grabstellen Platz. Etwa 80 Beerdigungen dürften hier stattgefunden haben, nur gut die Hälfte ist durch Steine sichtbar.
Führungen auf Anfrage unter
📞 06405/921321.

Museen

▶ Heimatmuseum Fridericanum
Auf einer Zeitreise durch den Laubacher Raum, von der Steinzeit bis zur Nachkriegszeit, erfährt der Besucher Interessantes über die erste Besiedlung, die Residenzzeit, die Dorfbewohner im Dreißigjährigen Krieg und vieles mehr.
Adresse: Friedrichstraße 9, 35321 Laubach, 📞 06405/921602, 🌐 www.museumfridericanum.de, **Öffnungszeiten:** Sa und So 14.30–16.30 Uhr, jeden ersten Mi im Monat 10.00–12.00 Uhr

▶ Schlossmuseum
Geschichten und Schätze aus 500 Jahre Leben im Laubacher Schloss warten in den wundervollen gotischen Räumen auf Besucher, um das damalige Lebensgefühl und die Traditionen näherzubringen und erlebbar zu machen.
Führungen: 15. Apr–31. Okt Mi 15.00 Uhr

▶ 😊 Puppenstuben-Museum
Die einzigartige umfangreiche Sammlung historisch wertvoller Puppenstuben von Prinzessin Monika von Hannover bildete die Voraussetzung für die Errichtung eines kleinen Spezialmuseums in Laubach. Eine Audioführung begleitet in einfühlsamer Weise durch die Ausstellung und lässt die Kinderzeiten längst vergangener Epochen wieder lebendig werden.
Adresse: Friedrichstraße 4 a, 35321 Laubach, 📞 06405/5053300, 🌐 www.puppenstu-ben-museum.com, **Öffnungszeiten:** Di–Fr 14.00–17.00 Uhr, Sa und So 11.00–17.00 Uhr

▶ Spenglerei- und Ofenmuseum
Die Geschichte, Technik und Faszination von Gussöfen und Küchenherden ist eines historischen Rückblicks wert. Ausgesuchte und besondere Einzelstücke ab dem Jahr 1870 gibt es im Ofen- und Spengleimuseum der Firma Alban zu sehen.
Adresse: Firma Alban, Zum Tiergärtner Teich 11, 35321 Laubach, 📞 06404/1514, **Öffnungszeiten:** nach Vereinbarung

Freizeit und Natur

▶ Wandern und Radfahren
Für Spaziergänger, die kurze Touren in schöner Landschaft suchen, ist die Natur rund um Laubach ebenso geeignet wie für den ambitionierten Wanderer. Empfehlenswert ist der 18 km lange Pfannenweg, der Laubach mit Grünberg verbindet, und der 29 km lange Taunus-Rhön-Weg, der von Laubach zum Kloster Arnsburg führt. Daneben lässt sich die Natur auf dem 33 km langen Rundweg Laubach und dem 70 km langen Residenzweg erkunden. Eine kürzere Strecke bietet der Panoramaweg Laubach (9 km), der sich auch im Winter gut begehen lässt. Nicht weniger interessant ist Laubach und Umgebung für den passionierten Radfahrer. Hier kann er sich auf die 46 km lange Route von Gießen an den Niddastausee begeben oder nach Grünberg radeln. Absolutes Highlight ist der Vulkan-Radweg.

▶ Naturschutzgebiet Silbachtal
Besonders interessant im 23 ha großen Naturschutzgebiet sind die botanische Vielfalt und die hier vorkommenden Vogelarten. Der Wanderweg Vulkanring führt von Laubach aus und der Rundwanderweg Laubach von Ruppertsburg aus durch das Silbachtal.

▸ 🦇 Fliegende Kobolde der Nacht

Wenn die Sonne untergegangen ist, gehen die Kobolde der Nacht auf Insektenjagd. Die geheimnisvollen Fledermäuse, die ein bisschen wie Vampire aussehen, jagen meist in Parkanlagen, in Gärten oder entlang von Baumalleen, eben überall dort, wo Insekten sind. Anfang Mai bis Ende September geht es auf Beobachtungstour. Mit einem Bat-Detector, der die für Menschen nicht hörbaren Rufe der Fledermäuse verstärkt, kann man die fliegenden Kobolde erkennen.
Führungen für Kinder und Erwachsene sind buchbar unter 📞 06405/7880

▸ Sonstige Angebote

Freibad und Hallenbad
Reiten: Hessenbrückenhammer,
📞 06405/1484 und Gestüt Panoramahof,
📞 06405/1324
Schreinersmühle 📞 06405/1731
Henriettenhof 📞 06405/505290
Angeln: Sportfischerclub Ruppertsburg,
📞 06405-4176 oder Fischzucht Janzen,
📞 06405/7829
Planwagen- und Kutschfahrten: Familie Löber 📞 06405/6159 und Gestüt Panorama-hof 📞 06405/1324

Veranstaltungen und Feste

Jährlich am vorletzten Wochenende im August findet drei Tage lang im Laubacher Schlosspark Deutschlands größtes Bluesfestival und schönstes Apfelfest des Landes statt. Das Orgel- und Drehorgelfestival findet für zwei Tage alljährlich am letzten Wochenende im Juni in der historischen Altstadt und der Stadtkirche von Laubach statt. Gleichzeitig gibt es den Kunsthandwerkermarkt. Weitere regelmäßige Veranstaltungen sind Open-Air-Kino, Lichterfest im August, La Villa Cotta (Garten- und Landhaustage im April) sowie Schlossparkkonzerte (Juni bis Mitte Aug So um 15 Uhr). Seit 2007 findet alljährlich am zweiten Wochenende im September das mittelalterliche Spektakulum im Schlosspark statt. Das traditionelle Volksfest ist das Laubacher Ausschussfest, dessen Wurzeln bis ins Jahr 1540 zurückreichen.

Lauterbach

(Vogelsbergkreis)

Die Kreisstadt des Vogelsbergkreises (rund 14 000 Einwohner) wurde in der fränkischen Rodungs- und Siedlungszeit (400–800 n. Chr.) gegründet. 812 wurde sie erstmals erwähnt. 1266 bekam Lauterbach das Stadtrecht, Burg und Stadtmauer wurden gebaut. Im 15. und 16. Jh. versuchte das Adelsgeschlecht der Riedesel – diesem gehörte bereits ein großer Teil des Umlands – Lauterbach in seinen Besitz zu bekommen. Hierdurch kam es zu ernsten Auseinandersetzungen mit der Abtei Fulda. Der endgültige Bruch mit Fulda kam durch die Einführung der Reformation unter Hermann II. Riedesel im Jahr 1526.

Tourist-Center Stadtmühle
Marktplatz 1
36341 Lauterbach
📞 **06641/184112**
🌐 **www.lauterbach-hessen.de**

Sehenswertes

▸ Stadtführungen

Eine malerische Altstadt erwartet den Besucher. Mit den historisch gekleideten Stadtführern und Stadtführerinnen wird die Erkundung von Bauten, Gassen und vielem mehr zu einem unvergesslichen Erlebnis. Angeboten werden: Musikalische und historische Stadtführung, Nachtwächterführung,

Erlebnisstadtführung für Kinder und vieles mehr. Auskünfte erteilt das Tourist-Center.

▶ Evangelische Stadtkirche

Die von den Baumeistern Georg und Georg Veit Koch 1763–1767 erbaute Stadtkirche ist eine der schönsten Rokoko-Kirchen Hessens. Der stattliche Saalbau hat eine reich geschmückte Kanzelwand aus Stuckmarmor mit seitlichen Säulen und Rokoko-Ornamenten. Auf drei Seiten befinden sich doppelte Emporen, die vor dem Chor in zweigeschossigen Logen enden.
Öffnungszeiten: So 10.00–16.00, Mo–Sa 8.00–16.00 (im Sommer eine Stunde länger)

▶ Lateinschule

Die Fachwerkhäuser wurden zwischen 1581 und 1709 erbaut und beherbergten bis 1862 die Lateinschule, die 1340 zum ersten Mal erwähnt wurde. Sie stellte eine beachtliche Anzahl von Studenten der Universitäten Erfurt, Marburg und Gießen.

▶ Altes Brauhaus

1667 wurde das Fachwerkhaus am Marktplatz 3 erbaut. Bis in die Mitte des 19. Jh. übten Bürger hier das Braurecht aus, das ihnen vom Abt von Fulda verliehen worden war.

▶ Geburtshaus Adolf Spieß

Herausragend unter den Fachwerkhäusern am Eisenbacher Tor ist das Haus Nummer 10, das Geburtshaus des Begründers des Schulturnens und des Mädchenturnens.

▶ Schrittsteine

Geht man am Strumpfbrunnen und an der Stadtmühle durch die alte Passage zum Entenberg mit den prachtvollen Fachwerkhäusern (Entennest), gelangt man an die wunderschöne Promenade an der Lauter. Der Weg führt über den „See" (so heißt diese Straße) zu den Schrittsteinen, der ältesten Durchquerung der Lauter.

▶ Am Graben

Die wohl schönste Ecke Lauterbachs: Die alten Fachwerkhäuser, vorwiegend aus dem 17. und 18. Jh., lehnen sich in langer Reihe an die alte Stadtmauer aus dem Jahre 1266 an. Hervorzuheben ist hier das Haus Nummer 36. Es ist das Haus des Zimmermeisters Muth, des Erbauers der Teufelsmühle in Ilbeshausen.

Der Strolch ist aus Lauterbach nicht mehr wegzudenken. Über 100 Jahre prägt er bereits das Stadtbild.

▶ Burg

Die Burg geht in ihren Anfängen auf das Jahr 1266 zurück. Der von Mauern und Gebäuden umgebene Hof sowie die Burg verstärkten die westliche Flanke der Stadtbefestigungsanlage. Der Burghof hat seine heutige Gestalt in der zweiten Hälfte des

17. Jh. erhalten. Das Hauptgebäude, das Schloss, das in seinem ältesten Teil noch aus gotischer Zeit stammt, wurde in dieser Zeit erweitert. Hervorzuheben sind das schöne Renaissanceportal und der bemerkenswerte Röhrenbrunnen. Nicht zu vergessen das ehemalige Pächterhaus mit dem prächtig geschwungenen Giebel, ebenso das Burgtor. Die Anlage ist im Privatbesitz und kann nur von außen besichtigt werden.

▶ Schloss Eisenbach mit Schlosspark

Von der alten Burg der Familie Eisenbach sind noch der ungewöhnliche fünfeckige Bergfried, die Ringmauer und Mauerteile der Kernburg erhalten. Das Schloss ist umgeben von einem idyllischen Park. Das Schloss befindet sich in Privatbesitz, ist nur von außen zu besichtigen. Der Schlosspark, der direkt an den Vulkanradweg grenzt, ist frei zugänglich.

▶ Schloss Sickendorf

Das herrschaftliche Anwesen aus dem 19. Jh. (Hofstraße 14), eingebettet in einen großen Schlosspark, lädt zu idyllischen Spaziergängen ein. Dort findet der traditionelle Antik- und Trödelmarkt statt.

▶ Fachwerkkirche Rudlos

Die wohl kleinste Fachwerkkirche Hessens wurde 1770 errichtet. Eine Seite ist heute verschindelt, die anderen Seiten bieten schönes, typisches Fachwerk. Besichtigungen und Führungen nach telefonischer Absprache unter ☏ 06641/4672

Museen

▶ Hohhaus-Museum

Als kostbarsten Schatz birgt das Museum den spätgotischen Lauterbacher Marienaltar, einen Doppelflügelaltar mit drei Wandlungen. Der Altar zählt zu den Meisterwerken der sakralen Kunst in Hessen. Im Rokokosaal des Stadtschlosses finden kulturelle

Ereignisse statt, etwa die weithin bekannten Hohhauskonzerte.
Adresse: Eisenbacher Tor 1, 36341 Lauterbach, ☏ 06641/2402, ⊕ www.hohhaus.de, **Öffnungszeiten:** Di, Do, Fr und So 10.00–12.00 und 14.00–17.00 Uhr, Mi 10.00–12.00 und Sa 14.00–17.00 Uhr

Freizeit und Natur

▶ Wandern und Radfahren

Die Natur rund um Lauterbach lässt sich auf vielen Wegen erkunden. Empfehlenswert ist der Weg hinauf zum „Hainig" mit seinen vielhundertjährigen Eichen und seinem Aussichtsturm. Hier genießt man die weite Sicht über die Höhen von Vogelsberg, Knüll und Rhön, und hier zu entdecken sind bronzezeitliche Hügelgräber. Die 16 km lange Bachtour Lauterbach hat ihren Namen von dem kleinen Bächlein, zu denen sie meist den Sichtkontakt behält. Für Abwechslung sorgen auch die Hügelgräbertour (5,2 km) und die Bilskuppe-Tour (13,4 km). Auch für Radler ist Lauterbach ideal, denn hier kreuzen sich der Vulkanradweg und der neue hessische Radfernweg entlang stillgelegter Bahnradrouten. **Weitere Informationen** im Tourist-Center.

▶ Erlebnispfade

Die Natur-Erlebnis-Pfad-Tour ist eine GPS geführte Tour rund um das Lautertal mit Naturlehrpfad. Der Erlebnispfad beginnt in Engelrod und führt über 12,5 km teilweise steil bergauf und bergab (Höhenunterschied 232 m).

▶ Hasenköpferl

Der Steinbruch unweit von Schloss Eisenbach ist ein beliebtes Ausflugsziel. An den Wänden des Steinbruchs befinden sich mittelstarke Basaltsäulen (bis 50 cm Durchmesser), die senkrechte, teilweise geschwungene Formen aufweisen. Im oberen Teil verleihen Klüfte dem Gestein ein eigentümliches Aussehen.

▶ **Badespaß**

Badespaß und Saunavergnügen erwartet die Besucher in der „Welle": Riesenrutsche, Wellenbad und Saunabereich mit vier finnischen Saunen, Dampfbad und Solarien.
Adresse: Am Sportfeld 9, 36341 Lauterbach, 📞 06641/62729

▶ **Das Eis**

In der Eissporthalle kann man Eishockey spielen, Eiskunstlaufen, Eisstockschießen. Schlittschuhe können ausgeliehen werden.
Adresse: Am Sportfeld 7, 36341 Lauterbach,
Öffnungszeiten: Okt–März

▶ **Golf**

Der Golfpark Schlossgut Sickendorf liegt eingebettet in ein naturbelassenes Erholungsgebiet. Der Platz ist sowohl für Anfänger als auch für ambitionierte Golfer und internationale Turniere geschaffen.
Adresse: Golfclub Lauterbach e. V., Hofstraße 14, 36341 Lauterbach, 📞 06641/96130, 🌐 www.gc-lauterbach.de

▶ **Kutsch- und Planwagenfahrten**

Eine Rundfahrt durch die historische Altstadt, eine Tour nach Schloss Eisenbach oder eine Erlebnistour durch Dorf, Feld und Wald: Alle Fahrten auf Wunsch auch mit Bewirtung, vom rustikalen Bauernfrühstück über Kaffee und Kuchen bis hin zu einem attraktiven Buffet im Grünen.
Adresse: Kutsch- und Planwagenfahrten Dechert, Brückenstraße 24, 36341 Lauterbach-Heblos, 📞 06641/5474
Adresse: Fahrstall Schmelz, Brückenstraße 2, 36341 Lauterbach-Heblos, 📞 06641/3730

▶ **Töpferei Bauer**

Seit 400 Jahren stellt die Familie Bauer in Lauterbach zeitlose schöne Gebrauchs- und Kunstkeramik, Räucherfiguren, Licht- und Dufthäuschen und vieles mehr her. Bei Interesse kann den Töpfern und Malern in der Werkstatt über die Schulter gesehen werden (Mo–Fr 9.00–12.00 Uhr und 14.00–17.00 Uhr). Daneben finden Töpferkurse statt.
Adresse: Lindenstraße 61–65, 36341 Lauterbach, 📞 06641/96660, 🌐 www.toepfereibauer.de, **Öffnungszeiten** des Geschäftes: Mo–Fr 9.00–18.00 Uhr, Sa 9.00–13.00 Uhr

▶ **Weitere Angebote**

Tennishalle in Steinigsgrund (📞 06641/1245), Tennisplatz Ostpreußenweg (📞 06641/4488, vorherige Anmeldung erforderlich), Reithalle Lauterbach-Sickendorf (📞 06641/5344), Kneippanlage mit Tretbecken, Armtauchbecken, Sandtretbecken und Gymnastikwiese, Segel- und Motorflliegen (AERO-Club Lauterbach e. V., Telefon 06641/3378), Modellflugplatz (📞 06638/1427)

Veranstaltungen und Feste

Die Lauterbacher Pfingstmusiktage bilden einen virtuosen Höhepunkt im musikalischen Leben der Stadt mit Kammer- und Orgelkonzerten, Chor- und Solistenkonzerten, Kontratanz auf der Schlosswiese Eisenbach. Eines der traditionsreichsten Feste im Vogelsberg – der Lauterbacher Prämienmarkt von Fronleichnam bis zum So – hat alle Zeiten überlebt. Eckpfeiler sind die Eröffnung des Marktes mit Hissen der Marktfahne, Viehprämierung mit großer Tierschau, Krämermarkt mit über 400 Händlern, Weinkosthalle, Illumination der Altstadt, Wasserspiele und Lauterfeuerwerk, Krönung der Lauterbacher Bierkönigin, attraktiver Vergnügungspark. Die Romantische Nacht der Lieder findet am ersten Sa im Juli statt, das Lauterbacher Sockenfest am zweiten September-Wochenende, ebenso der handwerkliche Töpfermarkt. Am ersten So im November kann man den Kunsthandwerker- und Brauchtumsmarkt besuchen. Von April bis Oktober findet jeden ersten So im Monat ein **Trödelmarkt** im Schlosspark Sickendorf statt.

Lautertal

(Vogelsbergkreis)

Das Gebiet der Gemeinde (ca. 2700 Einwohner) liegt in landschaftlich reizvoller Lage im Naturpark Hoher Vogelsberg. Erste urkundliche Erwähnungen der Ortsteile fallen in die Zeit zwischen 800 und 1200.

Gemeindeverwaltung
Rathausstraße 3
36369 Lautertal
📞 **06643/96100**
🌐 **www.lautertal-vogelsberg.de**

Sehenswertes

▶ Galgen

Zwischen Hopfmannsfeld und Hörgenau finden sich auf einer Anhöhe zwei runde Säulen aus rotem Sandstein. Mit einem Holzbalken darüber dienten sie früher als Galgen. Gerichtsherren waren die Freiherren Riedesel zu Eisenbach.

▶ Totenköppel in Meiches

Die Totenkirche wurde bald nach der ersten Nennung des Ortes um 1250 errichtet. Sie erfuhr zahlreiche Umbauten und erhielt ihre heutige Form 1729, wie eine Jahreszahl über dem Türsturz verrät. Reste der gotischen Kirche sind im Inneren erkennbar.

Wandmalereien, Grabplatten aus dem 18. Jh., ein schöner Taufstein und ein Altar an ungewöhnlicher Stelle verbergen sich hinter den Mauern. Erstaunlich an der Anlage ist auch der umgebende Friedhof, auf dem sich zahlreiche Sippengräber von Familien aus dem Ort Meiches finden – hier reichen die Bestattungen bis in das 17. Jh. zurück. Die Kirche liegt weithin sichtbar auf einem Hügel südlich von Meiches; die Kirche ist frei zugänglich und kann besichtigt werden.

▶ Fachwerkkirche Dirlammen

1690 wurde der Grundstein für die stattliche Fachwerkkirche gelegt. Sie ersetzte eine ältere Kirche. Aus dem Vorgängerbau wurde ein Taufstein von 1633 sowie zwei Glocken und die heute als restaurierte Objekte in der Kirche zu bewundernde Uhr übernommen. Das Turmhaus wurde 1705 aufgesetzt. Die Kirche ist im Originalzustand erhalten. Die Kanzel ist mit den Figuren der Evangelisten dekoriert.
Besichtigung nach Absprache unter
📞 06630/411

Das Geotop bei Engelrod ist Zeuge der Vulkantätigkeit des Vogelsberges in der Gemeinde Lautertal.

▸ Schalksbachteiche

In der Nähe von Hopfmannsfeld befindet sich ein Paradies für Vogelfreunde. Das Naturschutzgebiet Schalksbachteiche bietet seltenen Vögeln eine Heimat oder einen Rastplatz. Ein idyllischer Weg entlang der Seen lädt zum erholsamen Spaziergang ein.

Freizeit und Natur

▸ Wandern und Radfahren

Eine örtliche Wanderkarte ist bei der Gemeinde erhältlich. In Lautertal hat man Anschluss an den Wanderweg Vulkanring nach Herbstein oder Ulrichstein. Zwischen Eichelhain und Lanzenhain befindet sich ein Naturlehrpfad. Wanderungen mit GPS bietet der Ferienhof Rahn in Engelrod an (📞 06645/7734). Wer Lautertal und Umgebung mit dem Rad erkunden möchte, kann hier auf den Hessischen Radfernweg R 7 anschließen. Weitere Tourenvorschläge gibt es bei der Gemeinde.

▸ Erlebnispfad Eichenrod

Der Naturlehrpfad liegt südlich von Eichenrod, 500 m hoch. Er erstreckt sich über ca. 3 km auf Asphalt-, hauptsächlich jedoch Schotter- und Waldwegen. Die Natur- und Vogelschutzgruppe, die diesen Pfad betreut, hat sich den Artenschutz sowie die Anlage und Betreuung aktiver Biotope zur Aufgabe gemacht. Ein ca. einstündiger erlebnisreicher Spaziergang führt vorbei an sechs Schau- und Informationstafeln mit ca. 50 markierten Pflanzen und anderen Objekten.

▸ Angeln

Die Teichanlagen befinden sich zwischen Hopfmannsfeld, Rixfeld und Herbstein. Mit gültigem Angel- oder Fischereischein kann man bei der Gemeinde eine Tageskarte erwerben. Angeln ist ebenfalls bei der Fischzucht Lang möglich.
Adresse: An der Teichmühle 21, 36369 Lautertal, 📞 06645/302

▸ Reiten

Reiterferien und Wanderreiten (ab 3 Jahre) bietet Familie Rössler an.
Adresse: Außerhalb 6, 36369 Lautertal-Engelrod, 📞 06645/1331

▸ Wintersport

Lautertal gilt nicht als schneesicheres Gebiet. Dennoch kommen Wintersportler hier auf ihre Kosten. Das Loipennetz des nahe gelegenen Hoherodskopf reicht hinab in die Gemeinde. Mehrere Pisten und Liftanlagen stehen zur Verfügung.

Leun

(Lahn-Dill-Kreis)

Knapp 6000 Menschen leben in der kleinen Stadt zwischen den Ausläufern des nördlichen Taunus und des Westerwaldes im Lahntal. Leun wurde bereits im Jahre 771 urkundlich erwähnt. Der Ende des 15. Jh. erfolgte Bau einer steinernen Brücke über die zwischen Wetzlar und Weilburg damals brückenlose Lahn und die Verleihung des Marktrechts (insbesondere Wollmarkt) verhalfen dem Ort zu einem wirtschaftlichen Aufschwung, der 1664 in der Verleihung der Stadtrechte durch die Grafen von Solms gipfelte.

Stadt Leun
Bahnhofstraße 25
35638 Leun
📞 **06473/91440**
🌐 **www.leun.de**

Sehenswertes

▸ Historischer Stadtkern

Der Ortskern der Kernstadt besitzt noch einige prächtige Fachwerkhäuser, die vom einstigen Wohlstand zeugen. Als prächtigste Fachwerkstraße gilt die Limburger Straße, wo sich das weit über die Grenzen Leuns hinweg bekannte Wahrzeichen der Stadt befindet: das Erkerhaus. Am großen barocken Hofportal erkennbar ist der Rest des ehemaligen Junkerhofes, Sitz der Familie Mohr, mit noch erhaltenem Herrenhaus. Sehenswert sind auch die alte Mühle sowie die alte Lateinschule.

▶ Gertrudisbrunnen

Der Brunnen, der durch seine kohlesäurehaltigen Heil- und Mineralquellen bekannt geworden ist, befindet sich im Stadtteil Biskirchen. Erstmals erwähnt wurde er 1650. Er steht allen Besuchern kostenlos zur Verfügung.

▶ Evangelische Kirche

Der mächtige Wehrturm und das Hauptschiff dürften der Romanik zuzuordnen sein, während Chorraum und Querschiff früh- bzw. spätgotischen Ursprungs sind. Besonders sehenswert ist das große Sandsteinfenster im Querschiff. Im Inneren findet sich eine alte und kunsthistorisch bedeutsame Kanzel aus Holz mit Vertäfelungen, die vorderasiatische Motive zeigen. Im Querschiff steht die 1808 von den Brüdern Philipp Heinrich und Johann Georg Bürgy erbaute Bürgy-Orgel.

▶ Bahnhof Leun

Das heute aufgrund des Haltepunktcharakters völlig überdimensioniert wirkende Gebäude stammt aus dem Jahr 1863 und zählt mit seinen zwei Türmen zu den größten der Lahntalbahn. Seine besondere Ausschmückung verdankt es der fürstlichen Familie in Braunfels, die den Bahnhof dementsprechend nach ihrem Stammsitz nannte, obgleich er auf Leuner Grund stand.

Museen

▶ Stadtmuseum Leun

Schwerpunkte der Ausstellung sind die Wohn- und Arbeitswelt der letzten 200 Jahre. Die Spielzeugausstellung und die 50er-Jahre-Zimmer wecken bei manchen Besuchern fast vergessene Kindheitserinnerungen.
Adresse: Limburger Straße 3, 35638 Leun, 📞 06473/3565, **Öffnungszeiten:** jeden ersten So im Monat 14.00–17.00 Uhr

Freizeit und Natur

▶ Naturdenkmäler

Im nördlichen Wald befindet sich die Leuner Burg, ein ehemaliger Steinbruch, der heute Naturdenkmal ist. In Biskirchen kann man das Naturdenkmal Seiderteiche finden.

▶ Wandern und Kanu fahren

Ausgebaute Wanderwege laden ein, die Schönheit der Natur und die Reinheit der Luft in vollen Zügen zu genießen. Die Lahn bietet Wassersportfreunden das ideale Terrain. Im Stadtteil Leun-Lahnbahnhof und in Leun befinden sich Bootsanlegestellen.

▶ Radfahren

Gleich zwei sehr gut ausgebaute Radwege führen durch die Stadt Leun, der Lahntalradweg und der Fernradweg R 7 von Limburg an der Lahn bis nach Philippsthal/Werra.

▶ Reiten

Reitunterricht nehmen und Station beim Wanderreiten machen kann man in der Pferdepension „Hof Grauer Stein", die darüber hinaus auch ein Gnadenhof für Pferde ist.
Adresse: Hof Grauer Stein 1, 35638 Leun-Stockhausen, 📞 06473/922589, 🌐 www.pferdepension-leun.de

Veranstaltungen und Feste

Seit dem Mittelalter prägen die im Jahresverlauf veranstalteten Märkte und Feste wie der **Fasten-, Oster-** oder **Pfingstmarkt,** der **Brunnenlauf** und die **Kirmes-** und **Faschingsveranstaltungen** das Leben der Menschen. Ein besonderer Anziehungspunkt ist der traditionell am ersten Septemberwochenende stattfindende **Leuner Brückenmarkt,** der an die Verleihung der Stadtrechte erinnert.

Lich

(Landkreis Gießen)

In der ehemaligen Residenz- und Festungsstadt, die seit 1300 Stadtrechte besitzt, leben heute rund 13 500 Menschen in acht Stadtteilen. Seit Jahren führt Lich aufgrund seines milden Klimas das Prädikat „staatlich anerkannter Erholungsort". Die Stadt liegt an einer Furt des Flüsschens Wetter, das der Wetterau zwischen Taunus und Vogelsberg den Namen gibt.

Fremdenverkehrsbüro
Unterstadt 1
35423 Lich
📞 06404/8060
🌐 www.lich.de

Sehenswertes

▶ Fachwerkstadt

Zur Attraktivität trägt maßgeblich die historische Altstadt bei. Zentrum des liebevoll restaurierten Altstadtkerns ist der Marktplatz mit Brunnen. Von hier verlaufen in alle Richtungen Gässchen mit zahlreichen Fachwerkhäusern, deren Giebel und Detailausführungen sehenswert sind, wie etwa das Textorhaus gegenüber der Stiftskirche,

ein viergeschossiger Fachwerkbau aus den Jahren 1631/32, das „Rosengärtchen" (Kirchgasse 2) und das Rathaus aus den Jahren 1847–1850. Stadtführungen werden angeboten – **Informationen** beim Fremdenverkehrsbüro.

▶ Schloss

Die Schlossanlage der Fürsten zu Solms Hohensolms Lich besteht aus dem eigentlichen Schlossbau, ursprünglich eine rechteckige, im 13. Jh. erbaute Wasserburg mit vier Ecktürmen. Im 17. Jh. wurde sie im Stil der Renaissance umgebaut, im Jahrhundert darauf in barockem Stil verändert. Aus der Verteidigungsanlage wurde ein repräsentatives Schloss, dessen Vollendung durch die Hoffassade (1836) abgeschlossen wurde. Im Hof steht heute das Denkmal des Fürsten Ludwig. Das Schloss kann nicht besichtigt werden, der schöne Schlosspark jedoch ist für Besucher jederzeit zugänglich.

▶ Marienstiftskirche

Die um 1316/1317 erbaute Marienstiftskirche überragt die umstehenden Fachwerkhäuser der Altstadt. Die hochbarocke, um 1775 geschnitzte Arnsburger Kanzel mit den Kirchenvätern Bernhard von Clairvaux, Thomas von Aquin, Leo dem Großen und Bonaventura schmückt seit mehr als 100 Jahren das Kirchenschiff. Das um 1500 entstandene Kruzifix ist in die Renaissance einzuordnen.
Öffnungszeiten: Apr–Okt So 14.00–16.00 Uhr

▶ Stadtturm

Der Stadtturm – heute Glockenturm der evangelischen Marienstiftskirche – sicherte als Festungsturm den Hang in Richtung Nordosten. Im 16. Jh. wurde er bereits als Glockenturm erwähnt, diente aber auch der Befestigung bis ins 19. Jh. und als Wächterturm bis ins 20. Jh. Im Erdgeschoss befand sich einst das Verlies der Stadt, im ersten

Im Wildpark Kloster Arnsburg können sowohl einheimische Wildtiere als auch Exoten in Augenschein genommen werden.

Obergeschoss erkennt man den alten Zugang und den Ausgang zur Wehrmauer. Eine steile Stiege führt zum Glockenstuhl und der Turmwächterwohnung.

▸ Kloster Arnsburg

Nachdem die letzten Zisterziensermönche ihr Kloster verlassen mussten, verfielen Kirche und Kreuzgang. Seit 1960 kümmert sich der Freundeskreis Kloster Arnsburg e.V. um den Erhalt der Ruine. Beim Betreten sieht man oberhalb des Torbogens der barocken Pforte (1774–1777) den eigentlichen Gründer des Zisterzienserordens, Bernhard von Clairvaux, mit Buch und Krummstab in der Hand. Der Bau der Arnsburger Kirche begann um 1197. Heute ist sie zwar eine Ruine, doch Mauern, Pfeiler und Details vermitteln einen Eindruck der einstigen Größe und Schönheit des Bauwerks. ⊕ www.kloster-arnsburg.de, **Öffnungszeiten:** tägl. 8.00–18.00 Uhr

▸ Römisches Kohortenkastell Alteburg

Der Obergermanisch-raetische Limes verläuft mit der Limesstrecke von ca. 7,5 km, elf Turmstellen, einem Kleinkastell (Langsdorf) und einem Kastell (Muschenheim) durch die Licher Stadtteile. Von besonderer Bedeutung ist das Kastell Alteburg bei Muschenheim. Eine Nachbildung der Grundmauern des östlichen Kastelleingangs sowie zahlreiche Informationstafeln dokumentieren sehr anschaulich die historische Anlage.

▸ Steinkistengrab Muschenheim

Eines der ältesten Zeugnisse früher Besiedlung im Gießener Land ist der Heilige Stein, eine 4000–5000 Jahre alte Begräbnisstätte. Das Großsteingrab am Nordwesthang des 200 m hohen Wetterbergkopfes dürfte als Kollektivgrab einer Siedlung errichtet worden sein. Die Deckplatten, die einst von einem ovalen Hügel überwölbt wurden, wiegen 6 bis 7 t.

Museen

▸ Heimatkundliche Sammlung

Im historischen Textorhaus ist die heimatkundliche Sammlung der Stadt Lich untergebracht. Schwerpunkt der Sammlung sind Gegenstände der Industrie und des Handwerks aus dem 20. Jh.
Adresse: Kirchenplatz 4–6, 35423 Lich, ☏ 06404/8060, **Öffnungszeiten:** März–Okt Sa 14.00–16.00 Uhr, So 10.30–12.00 Uhr

Freizeit und Natur

▸ Wandern und Radfahren

Der 15 km lange Klosterweg, der Gießen und Lich verbindet, der 38 km lange Wetterweg, der Jägerhaus und Lich verbindet oder der 26 km lange Rundweg Lich: Für jeden, der gern wandert, ist etwas dabei. Für kulturhistorisch Interessierte empfehlenswert ist der

2,4 km lange Kulturhistorische Wanderweg, der zahlreiche Kulturdenkmäler aus verschiedenen Epochen verbindet. Oder man wandelt auf dem Lutherweg 1521: Von Ober-Bessingen bis Kloster Arnsburg führt der Wanderweg durch die Gemeinde Lich. Radfahrer haben die Qual der Wahl: die 18 km lange Radtour an der Römergrenze, die 20 km lange Rundtour Lich, die 35 km Rundtour Lich–Hungen–Lich. Außerdem haben Radler hier Anschluss an den Radfernweg R 6 sowie an den Deutschen Limes-Radweg.

▸ **Waldschwimmbad**
Natur pur genießen: Die Albacher Teiche, ringsum von Wald umgeben, sind eigentlich ein Natur- und Vogelschutzgebiet. Immerhin bilden 7000 m² davon einen natürlichen Swimmingpool.
Adresse: An der alten Trasse der B 457, 35423 Lich, ☏ 06404/6989767, **Öffnungszeiten:** Mai–Sept tägl. von 9.00–21.00 Uhr

▸ 🙂 **Wildpark Kloster Arnsburg**
Neben einheimischen Wildtieren wie Dam-, Muffel- und Rotwild, Wildschweinen, Störchen, Fasanen und Luchsen können auch Exoten wie Sikahirsche, Nandus und Emus, Lamas, Alpakas und Guanakos in großen Gehegen beobachtet werden. In Volieren sind verschiedene Sitticharten untergebracht. Auch einige Haustierrassen wie Ziegen, Hängebauchschweine und Vierhornschafe haben im Tierpark eine Heimat gefunden.
Öffnungszeiten: Mo–So 10.00–18.00 Uhr

▸ **Golf**
Ein 18-Loch-Golfplatz gibt es auf dem Fürstlichen Hofgut Kolnhausen e. V. zwischen Lich und Lich-Arnsburg an der B 488. ☏ 06404/91072, 🌐 www.licher-golf-club.de

▸ **Weitere Angebote**
Hallenbad in der Kirchhofsgasse 22, Tennis- und Schießsportanlage in der Kolnhäuser

Straße 73–77, Planwagen- und Kutschfahrten: Familie Schneider, ☏ 06404/2672, Reiten: Pferdepension Müller, ☏ 06404/1715

Veranstaltungen und Feste

Jedes Jahr im März finden die **Licher Kulturtage** statt. In den zwei Wochen locken ca. 40 Konzerte, Aufführungen, Lesungen, Filme, Vorträge und Workshops viele tausend Menschen nach Lich.
Jährlich im Mai findet der **Markt** mit historischen Spielen und Rummelplatz in der Licher Altstadt statt.
Der **Bauernmarkt mit Apfelfest** findet jedes zweite Jahr am zweiten Wochenende in der Klosteranlage statt (wieder 2018).

Limburg

(Kreis Limburg-Weilburg)

Im malerischen Lahntal liegt die Kreisstadt Limburg (rund 35 000 Einwohner). Limburg wuchs im Mittelalter um die vermutlich im 7. Jh. gebaute Burg und das im Jahre 910 gegründete Stift St. Georg. Der blühende Handel auf verschiedenen Marktplätzen vor den Toren der Burg prägte das Leben in der Handels- und Kaufmannsstadt. Reste der Stadtbefestigungen aus den Jahren 1130, 1230 und 1340 zeigen noch heute die schnelle Entwicklung der Stadt, getragen von Leinewebern und Kaufleuten. Mit der Gründung des Bistums Limburg wurde die Stadt 1827 zum Bischofssitz erhoben.

Verkehrsverein Limburg e. V.
Barfüßerstr. 6
65549 Limburg a. d. Lahn
☏ **06431/6166**
🌐 **www.limburg.de**

Sehenswertes

▶ Stadtführungen

Bei den regelmäßig angebotenen Stadtführungen lernen Besucher die sehenswerte Limburger Altstadt kennen. Daneben sind weitere Themenführungen möglich: Nachtwächterführung, Stadtführung für Kinder, Stadtführung aus Frauensicht und Sagenhafte Stadtführung – Anmeldung beim Verkehrsverein.

▶ Fachwerkbauten

Das gesamte Ensemble mittelalterlicher Bebauung blieb nahezu unversehrt erhalten. Deshalb steht heute der ehemals ummauerte Stadtkern zwischen St. Georg-Dom, Grabenstraße und der alten Lahnbrücke von 1315 als Gesamtanlage unter Denkmalschutz. Die Fachwerkbauten mit ihren reichen, oft figürlichen Schnitzereien entstammen dem 13. bis 18. Jh. Es sind Burgmannenhöfe und Stiftsherrenhäuser, Wohnhäuser wohlhabender Patrizier und zahlreiche Hallenhäuser, typische Geschäfts- und Wohnhäuser. Unter ihnen ist auch eines der ältesten Fachwerkhäuser Deutschlands, der 1296 erbaute Römer 1. Das Highlight unter den Häusern ist zweifelsfrei der Römer 2-4-6 – ein gotisches Hallenhaus, dessen älteste Teile aus dem Jahr 1289 stammen. In der Fahrgasse 5 steht der Walderdorffer Hof (gotischer Turm von 1356, Neubau von 1665 durch Angelo Barella). Darüber hinaus sehenswert sind das Haus der sieben Laster (Brückengasse 9) sowie die Häuser am Fischmarkt. Der Name des Platzes lautete im 13. Jh. im Limburger Dialekt noch „Fismart" (= Faden-, Wollmarkt) und war das Handelszentrum der Limburger Wollweber.

Der Limburger Dom St. Georg überragt die Stadt auf dem Domfelsen.

▸ Alte Lahnbrücke

Mächtig spannt sich die Steinbrücke über die Lahn, gekrönt von einem wehrhaften Brückenturm. Die Brücke wurde im 14. Jh. erbaut. Die steinerne Bogenbrücke mit sechs Bögen ist 106 m lang.

▸ St. Georg-Dom

Der siebentürmige Georgsdom, das einstige Chorherrenstift, seit 1827 Bischofskirche, überragt die Stadt auf dem Domfelsen. Wahrscheinlich ließ Graf Heinrich von Nassau den heutigen Dom ab 1206 auf dem Platz der älteren Stiftskirche erbauen. Doppelturmfassade, Langhausemporen, Zwerggalerie, Rautendächer der Türme gehören zum alten rheinischen Formengut. Die jüngste Innenrestaurierung des Doms geriet zur kunsthistorischen Sensation. Sie förderte in mehrjähriger diffiziler Kleinarbeit in Teilbereichen farbenfrohe romanische Fresken der Original-Raumfassung aus dem 13. Jh. zutage.

Öffnungszeiten: Apr–Okt 8.00–19.00 Uhr, Nov–März 9.00–17.00 Uhr, **Führungen** nach Anmeldung im Dombüro unter ☏ 06431/929983

Museen

▸ Domschatz im Diözesanmuseum

Das Diözesanmuseum zeigt Glaubenszeugnisse und sakrale Kunstwerke aus zwölf Jahrhunderten. Ein eigener Raum ist der Entstehungsgeschichte des Doms zu Limburg gewidmet.

Adresse: Domstraße 12, 65549 Limburg, ☏ 06431/5847200, **Öffnungszeiten:** erster Apr bis vierter Adventssonntag Di–Sa 10.00–13.00 und 14.00–17.00 Uhr, So 10.00–17.00 Uhr

▸ Missionsmuseum der Pallottiner

Die Pallottiner kennen keine Gelübde gegenüber Gott (wie bei Ordensgemeinschaften allgemein üblich), sondern versprechen ihrer Gesellschaft Armut, Ehelosigkeit, Gehorsam, Beharrlichkeit in der Berufung, Gütergemeinschaft und selbstlosen Dienst.

Adresse: Wiesbadener Straße 1, 65549 Limburg, ☏ 06431/4011, **Öffnungszeiten:** 8.00–12.00 und 14.00–18.00 Uhr

Der Georgsbrunnen auf dem Neumarkt mit dem heiligen Georg, der gerade den Drachen erschlägt.

▸ Kunstsammlungen der Stadt

Wechselnde Ausstellungen aus den Bereichen Gegenwartskunst, Höhepunkte der Kunstgeschichte sowie Kunst der Region werden im Historischen Rathaus gezeigt.

Adresse: Am Fischmarkt 21–22, 65549 Limburg, ☏ 06431/293715, **Öffnungszeiten:** Mo und Di 8.30–12.00 Uhr, Mi 8.30–14.00 Uhr, Do 8.30–12.00 Uhr, 14.00–18.00 Uhr, Fr–So 11.00–17.00 Uhr

Freizeit und Natur

▸ Schifffahrt auf der Lahn

Ob mit Schiff, Tretboot, Kanu oder mit Ruderschlag: Die Lahn ist für nahezu jeden Spaß auf dem Wasser zu haben. Und einer der beliebtesten Flüsse für Kanuwanderer.

Tretboote und Ruderboote: BBQ Donuts, Eschhöfer Weg – Schiffsanleger/Bootsverleih, ☏ 0176/63301033

Kanu: LT-Aktivreisen GmbH, Kanu- und Fahrradverleih Runkel am Campingplatz, ☏ 06482/911021

Oder man genießt ganz entspannt das Lahntal vom Wasser aus. Es werden verschiedene Fahrten angeboten, bei der man neben dem Limburger Dom das Schloss Oranienstein in Diez oder die St. Lubentius Kirche in Dietkirchen erblicken kann.

Informationen: Lahntalschifffahrt Vomfell, ☏ 06431/3984, ⊕ www.lahntalschifffahrt.de

▸ Wandern und Radfahren

Wer lieber festen Boden unter den Füßen mag, kann mit dem Fahrrad die Uferwege erkunden oder von Limburg aus ungefähr 15 km in das Städtchen Balduinstein radeln. Er kann sich auch auf den Hessischen Fernradweg R 7 oder R 8 begeben. Zudem ist Limburg Start- bzw. Endpunkt des Radweges Lahn, der entlang der Lahn nach Biedenkopf führt. Oder man wandert auf dem Lahnhöhen-Wanderweg entlang der sanften Hügel von Taunus und Westerwald. Weitere Information erteilt der Verkehrsverein.

▸ ☺ Indoorspielplatz FoxBox

Auf rund 5000 m² kann gerutscht, getobt und geklettert werden. Im Bällebad mit 20 000 Bällen können selbst Erwachsene mal abtauchen.

Adresse: Joseph-Schneider-Str. 1, 65549 Limburg, ☏ 06431/95210, **Öffnungszeiten:** Mo–Do 14.00–18.30 Uhr, Fr 14.00–19.30 Uhr, Sa und So 10.00–19.30 Uhr.

▸ ☺ Kart-Center Limburg

Hier erwarten Groß und Klein 1000 m Rennvergnügen. Kinder im Alter von 8–13 Jahren müssen vor Ort einen Kinderkartführerschein machen, bevor es auf die Piste geht.

Adresse: Elzer Straße 2–4, 65556 Limburg-Staffel, ⊕ www.kartbahn-limburg.de

▸ ☺ Eissporthalle Diez

Eislaufen für die ganze Familie (Sommerpause Mai–Aug). Ob Eiskunstlaufschuh oder Hockeyschuh: Hier können Besucher alles ausleihen.

Adresse: Am Hallenbad 4, 65582 Diez, ☏ 06432/62231

▸ Schwimmbäder

Hallenbad Offheim, Am Hallenbad 2
Oranienbad, Am Hallenbad, Diez
Parkbad, Am Hausstein

▸ Sportpark Linter

Freizeitspaß für die ganze Familie: Eine 18-Loch Adventure-Golfanlage, zwei Kunstrasen-Tennisplätze, vier Shuffleboardbahnen, zwei Sommerstockschießbahnen, zwei Funballcourts, zwei Boulebahnen und vieles mehr stehen hier für die Besucher bereit.

Adresse: Am Weiher 3, 65550 Limburg-Linter, ☏ 06431/7799825, **Öffnungszeiten:** Di–Fr 13.00–22.30 Uhr, Sa und So 11.00–22.30 Uhr

Veranstaltungen und Feste

Das zweitägige Limburger Altstadtfest wird jedes Jahr am ersten Wochenende im Juni gefeiert. Das größte Weinfest mit Rheingauer Weinen außerhalb des Rheingaus findet Ende Juli statt. Der Sommertreff lockt im Juli und August die Besucher in den Serenadenhof – zu Theateraufführungen mit internationalen Gästen. Wer mag, kann am letzten Sonntag im August zwischen Lederwaren, Schmuck, Holzspielzeug und Holzskulpturen, Seidenmalerei, Glaskunst und Keramik stöbern.

Linden

(Landkreis Gießen)

Die Stadt Linden entstand 1977 durch den Zusammenschluss von Großen-Linden und Leihgestern. Die erste urkundliche Erwähnung von Großen-Linden erfolgte 790, die von Leihgestern im Jahre 805. Derzeit hat Linden rund 12 000 Einwohner.

Stadtverwaltung
Konrad-Adenauer-Straße 25
35440 Linden

📞 **06403/6050**
🌐 **www.linden.de**

Sehenswertes

▶ Großen-Linden

Das alte Pfarrhaus in der Bahnhofstraße wurde 1452 errichtet. Es gehört zu den ältesten Fachwerkhäusern im Gießener Land. Weitere Fachwerkhäuser sowie die sogenannten Hüttenberger Hoftore findet man im alten Ortskern. Der älteste Teil der evangelischen Kirche datiert in das 12. Jh. Kurze Zeit später erhielt sie ein eindrucksvolles Westportal. Das figürlich verzierte Portal weist bislang nicht gedeutete Figuren auf, die möglicherweise von einer lokalen Bauhütte angefertigt wurden.

▶ Leigestern

1237 wurde die evangelische Kirche als Kapelle erstmals erwähnt. Reste des Baus, die beim Abbruch des alten Kirchenschiffes entdeckt wurden, zeigen einen romanischen Baustil. Das Kirchenschiff, das durch ein Gewitter eingestürzt war, wurde 1907/08 wieder aufgebaut – die Glocken im Turm gehören zu den ältesten Deutschlands. Das historische „Wasserhaus" Leihgestern ist denkmalgeschützt und wurde 1907 aus Lungenbasalt der heimischen Region bzw. des Vogelsberges erbaut.

Museen

▶ Reineke-Fuchs-Museum

Füchse in Silber, aus edlem Porzellan, Elfenbein, Meerschaum, Bronze, edle und unedle Metalle, aus Holz oder auf Leinwand gebannt, sind hier zu sehen.
Adresse: Dresdener Straße 22, 35440 Linden, 📞 06403/46901, **Öffnungszeiten:** nach Voranmeldung

▶ Hüttenberger Heimatmuseum

Zu den Attraktionen des Museums gehören: ein instandgesetzter Webstuhl, Arbeitsgeräte „Von der Saat zur Ernte", alte Haushaltsgeräte, eine Gesteinssammlung, gusseiserne Ofenplatten mit biblischen Motiven, eine Hüttenberger Bauernstube, ein altes Himmelbett, eine sudetenländische Heimatstube mit Trachtenpuppen und Erinnerungsstücken.
Adresse: Rathausstraße 18, 35440 Linden, 📞 06403/63005, **Öffnungszeiten:** jeden ersten So im Monat 14.00–17.00 Uhr

Freizeit und Natur

▶ Wandern

Zwei schöne Rundwanderwege führen rund um das Naturschutzgebiet „Am Bergwerkswald". Am Stadtrand befindet sich die ehemalige Grube Fernie, die inzwischen als Anglersee und Erholungsgebiet genutzt wird. Um den zum Teil am Waldrand gelegenen Anglersee führt ein befestigter Weg, auf dem man auch etwas über die Bergwerksgeschichte erfahren kann. Die Streuobstwiese von Linden Leihgestern lässt sich mit dem Rad sehr gut über die Radroute 6 der Apfelwein- und Obstwiesenroute erkunden. Auskunft erteilt die Stadtverwaltung. Der Begriff „Streuobst" existiert übrigens dem Namen nach erst seit den 1940er-Jahren, obgleich es sich um eine jahrhundertealte Kulturform handelt.

▶ ☺ Funtastic Erlebnispark

Haupt-Attraktionen des 2000 m² großen Indoor-Spielplatzes sind Rutschturm, Lego-Baustelle, Trampolinanlage, Elektroautos, Safari-Dschungel und Riesenkrake. Im Outdoor-Bereich kann man Minigolf spielen, Halfpipe oder Hockeyfeld nutzen.

Adresse: Bahnhofstraße 125, 35440 Linden, ☏ 06403/777556

Veranstaltungen und Feste

Wenn die Tage länger werden und die wärmenden Strahlen der Sonne zunehmend an Kraft gewinnen, ist wieder Marienmarktzeit (März). Das Privileg aus dem Jahre 1712, am 25. März einen Krämermarkt mit Viehmarkt durchzuführen, gab der Stadt Großen-Linden gegenüber den anderen Gemeinden dieser Landschaft eine exponierte Position. Jeweils drei Tage im August feiern die Lindener und Gäste das Stadtfest, Nikolausmarkt ist Anfang Dezember.

Lollar

(Landkreis Gießen)

Die Stadt, 1242 erstmals urkundlich erwähnt, hat heute ca. 10 000 Einwohner. Durch den Bau der Eisenbahnlinie von Kassel nach Frankfurt und mit der Gründung der Hedwigshütte (1854) durch Justus Kilian setzte im 19. Jh. eine wirtschaftliche Entwicklung ein, die Lollar zum industriellen Schwerpunkt zwischen Gießen und Marburg werden ließ.

Stadtverwaltung Lollar
Holzmühlenweg 76
35475 Lollar
☏ 06406/9200
🌐 www.lollar.de

Sehenswertes

▶ Gichtturm und Industrieschlösschen

Ein interessantes Industriedenkmal ist der von Buderus erbaute Gichtturm, ein Überbleibsel des Hochofens, der im Volksmund Wasserturm genannt wird und noch einen Eindruck von dunklen rußigen Zeiten vermittelt. Nicht weit davon das neugotische Industrieschlösschen Villa Buderus.

▶ Kolonie mit Eisengießer

Das erste Hüttenwerk in Lollar (Marburger Straße) veränderte das Gesicht der ländlich geprägten Region nachhaltig. Um der wachsenden Bevölkerung Wohnraum bieten zu können, wurden ganze Ortsteile gegründet. In Lollar befindet sich Hessens älteste und größte Arbeitersiedlung „Kolonie", die bereits vor dem Ersten Weltkrieg erbaut wurde. Davor steht das Eisengießerdenkmal, ein Wahrzeichen der Stadt, das an die frühere Arbeit an den Hochöfen erinnert. Es handelt sich um einen Eisenkunstguss, der vom Bildhauer Walter Schubert angefertigt und von der Firma Buderus gegossen wurde.

▶ Schmaadlecker

Ein Lollarer Symbol ist der Schmaadlecker, ein Lausejunge, der heute als Bronzefigur ein Brunnenbecken im Stadtzentrum (vor der alten Apotheke) ziert.

▶ Kirche Odenhausen

Innerhalb der hohen Ringmauer des ehemaligen Friedhofs von Odenhausen (Kirchhofstraße) steht die in romanische Zeit zu datierende Kirche. Sehenswert im Inneren sind die aus dem Jahr 1711 stammenden Emporenbilder.

▶ Kirche Kirchberg

Die um 1500 errichtete spätgotische Kirche hatte einen romanischen Vorgängerbau, von dem der breite Turm mit den Glocken von

1310, 1380 und 1432 übernommen wurde. Im Inneren sehenswert sind das spätgotische Kruzifix auf dem Altar, das Rokokogehäuse der Orgel und die dreifarbig gefassten Doppelgrabsteine aus der Zeit um 1600 mit Wappen an den Seiten.

▸ Kirche Salzböden

Die Wehrkirche besticht durch das verschieferte Obergeschoss mit dem erkerumgebenden steilen Keildach, den hohen Theateremporen mit

Das ehemalige Rittergut Friedelshausen mit Hofladen liegt zwischen Lollar und Odenhausen am Ufer der Lahn.

naiven Brüstungsbildern und den bemalten Renaissancegräbern des Adelsgeschlechtes.

▸ Hofgut Friedelhausen

Zwischen Lollar und Odenhausen am Ufer der Lahn liegen die historischen Gebäude des ehemaligen Rittergutes Friedelhausen. Das älteste Gebäude, die Friedelhäuser Burg, stammt aus dem Jahr 1564, die anderen kamen im 17. bis 19. Jh. hinzu. Seit 1982 wird das unter Denkmalschutz stehende Hofgut von der Hofgemeinschaft für heilende Arbeit e. V. mit Leben erfüllt. Das Hofgut beherbergt eine Lebens- und Arbeitsgemeinschaft von Menschen mit und ohne Behinderung. Entstanden ist ein Gutsbetrieb, dessen Demeter-Produkte im weiteren Umkreis bekannt sind. Im **Hofladen** (geöffnet Di und Fr von 9.30–13.00 Uhr und 14.00–18.30 Uhr) können sich Interessierte davon überzeugen und die Bio-Produkte natürlich auch kaufen. Das historische Hofgut und die Arbeitsbereiche können im Rahmen einer Führung erkundet werden. Für Gruppen wird anschließend gern ein Imbiss mit hofei-

genen Produkten im Hofcafé angeboten. Regelmäßig finden im historischen Rittersaal der Burg kulturelle Veranstaltungen statt. Jeweils am zweiten Wochenende im Juni feiert die Hofgemeinschaft ihr **traditionelles Hoffest.** Hofgut Friedelhausen, von Lollar in Richtung Odenhausen vor der Lahnbrücke rechts.
Adresse: Friedelhausen 2, 35457 Lollar, ⊕ www.friedelhausen.de

Freizeit und Natur

▸ Wandern und Radfahren

Wer in unberührter Landschaft auftanken möchte, findet hier auf Wander- und Radwegen die Möglichkeit. Neben den beiden Rundwanderwegen Lollar–Badenburg–Waldfrieden (12 km) und Lollar–Schmelzmühle (17 km) ist die 24 km lange Nordschleife (Lollar–Buseck) ausgeschildert. Für Freunde des Drahtesels ist der 45 km lange Lumda-Wieseck-Radweg interessant. Hier kann die natürliche Schönheit des Lumdatals erkundet werden.

▶ Salzbödetal und Schmelzmühle

Die heutige Schmelz-Mühle im romantischen Salzbödetal wurde 1740 erstmals urkundlich erwähnt. Im Innenraum der „Schmelz" kann das große Wasserrad besichtigt werden, das die Mühle mit der wichtigsten Energiequelle des Mittelalters, der Wasserenergie, betrieben hat. Wanderfreunde sollten es nicht versäumen, einen Abstecher zur Schmelzmühle zu machen. Von dort aus führen einige ausgeschilderte Rundwanderwege durch das am Rande des Krofdorfer Forstes gelegene Tal.

▶ Waldschwimmbad Lollar

In ruhiger Lage direkt am Waldrand und am Lumda-Wieseck-Radwanderweg gelegen befindet sich das idyllische Freibad in Lollar. **Adresse:** Schwimmbadstraße 13, 35457 Lollar, **Öffnungszeiten:** Mai–Sept tägl. von 9.00–20.00 Uhr

▶ Tretbootverleih und Bootswandern

Der Tretbootverleih „Lustige Lahnluft" befindet sich am Festplatz im Lollarer Stadtteil Odenhausen. Von Mai–Okt können dort Boote gemietet werden. Die Lahn, die das Gießener Land durchfließt, eignet sich hervorragend für Boot- und Paddeltouren. In Lollar-Odenhausen (Uferseite rechts) befindet sich eine Ein- und Ausstiegsstelle, nur hier ist das Anlandgehen erlaubt.

Veranstaltungen und Feste

Jedes Jahr findet am letzten Sonntag im August der **Autofreie Sonntag** im Lumdatal für Radfahrer, Skater und Wanderer auf einer für Autos gesperrten, 20 km langen Landstraße zwischen den Kommunen Allendorf, Lollar, Rabenau und Staufenberg statt. Im September findet alljährlich an einem Sonntag der **Schmaadleckermarkt** in Lollar statt, an dem sich die örtlichen Vereine beteiligen.

Marburg

(Kreis Marburg-Biedenkopf)

Das Stadtgebiet erstreckt sich beidseits der Lahn westlich ins Gladenbacher Bergland und östlich über die Lahnberge bis an den Rand des Amöneburger Beckens. Die erste urkundliche Erwähnung der „Marcburg" (Grenzburg) datiert aus dem Jahr 1130. 100 Jahre später wirkte hier die verwitwete Landgräfin von Thüringen: Sie gründete 1228 das Hospital St. Franziskus und pflegte bis zu ihrem Tod Arme und Kranke. 1235 wurde Elisabeth heiliggesprochen und unmittelbar danach der Bau der Elisabethkirche begonnen. 1248 wurde Marburg Residenzstadt des neu gegründeten Landes Hessen. 1526 führte Landgraf Philipp den Protestantismus ein und gründete ein Jahr später die erste protestantische Universität. Viele bedeutende Persönlichkeiten studierten hier, und mit der Übernahme Kurhessens durch Preußen im Jahr 1866 blühte die Universitätsstadt richtig auf.

Marburg Tourismus und Marketing GmbH
Biegenstraße 15
35037 Marburg
📞 06421/99120
🌐 **www.marburg.de**

Sehenswertes

Der besondere Charme Marburgs liegt in dem harmonischen Wechselspiel aus Geschichte und Gegenwart. Da sind die mittelalterlich anmutenden, kleinen Gässchen und die Märkte, auf denen heute das moderne Geschäftsleben pulsiert, da trifft man auf eine traditionsreiche alte Universität, die sich heute als innovativer Forschungsstandort erweist. Da begegnet man einer Fülle von historischen Sehenswürdigkeiten und kulturellen Einrichtungen, die von einer jungen, bunten Kulturszene begleitet wird. Auf einem Streifzug durch die alten Gassen stößt der Besucher auf zahllose Spuren, die bekannte Größen wie die Brüder Grimm, Martin Luther und Nobelpreisträger Emil von Behring hinterlassen haben. Es lohnt sich, an einer der angebotenen **Stadtführungen** teilzunehmen: Elisabethkirche, Altstadt und rund um das Schloss, Auf den Spuren der Brüder Grimm, Marburg im Laternenschein oder Alltag im Mittelalter. **Auskunft** erteilt die Marburger Tourismus und Marketing GmbH.

Der zentrale Marktplatz mit dem spätgotischen Rathaus aus dem frühen 16. Jh. präsentiert sich als Ort des gesellschaftlichen Lebens.

▶ Rathaus

Das historische Rathaus (1512–1527) und der Marktplatz sind Mittelpunkt städtischen Lebens in der Oberstadt. Am Renaissancegiebel befindet sich eine Uhr, die zu jeder vollen Stunde schlägt, darüber ein Hahn, der mit den Flügeln schlägt und aus luftiger Höhe „hinun-

terkräht". Der Marktplatz soll übrigens Schauplatz der Gründung des Landes Hessen im Jahr 1248 gewesen sein. Sophie von Brabant, älteste Tochter der Heiligen Elisabeth, soll hier am Marktbrunnen nach dem Tod des letzten Ludowingers ihren damals vierjährigen Sohn Heinrich zum Landgrafen ernannt haben.

▶ Alte Universität

Die alte Universität wurde 1874 an der Stelle des abgebrochenen Dominikanerklosters im neugotischen Stil erbaut. In der Aula befinden sich sehenswerte monumentale Wandgemälde. Sie zeigen bedeutende Szenen der Marburger Stadt- und Universitätsgeschichte. **Adresse:** Lahntor 3, 35037 Marburg, **Öffnungszeiten:** Di–So 9.00–18.00 Uhr, die Besichtigung der Aula ist nur im Rahmen einer Führung möglich.

▶ Steinernes Haus

Das gotische Sandsteingebäude am Markt 18 wurde kurz nach dem verheerenden Stadtbrand von 1319 mit mittelalterlichem Toilettenerker und typisch gotischem Treppengiebel erbaut. Die Bezeichnung „Steinernes Haus" deutet schon darauf hin, dass die massive Steinbauweise in Marburg früher etwas ganz Besonderes war – üblich war der Fachwerkbau.

▶ Wasserscheide

An der Wasserscheide wacht „Christian", der letzte Marburger Dienstmann, über den Trubel in der viel besuchten Fußgängerzone. 1988 wurde dem beliebten Marburger Original hier ein Denkmal aus Bronze gesetzt.

▶ Kalbstor

Marburgs einziges heute zugängliches mittelalterliches Stadttor (Kugelgasse) wurde im Zuge einer Stadterweiterung um 1230/35 erbaut. Das von einer starken Mauer umgebene Marburg erstreckte sich danach zwischen vier Stadttoren etwa halbkreisförmig um das

Schloss herum. Im Bereich des Kalbstors sind auf beiden Seiten bis heute noch große Teile der alten Stadtmauer erhalten.

▸ Elisabethkirche

Die evangelische Elisabethkirche (Elisabethstraße 12) wurde vom Deutschen Ritterorden zu Ehren der Heiligen Elisabeth von Thüringen gebaut. Die Kirche wurde über ihrem Grabmal errichtet, wodurch das Gotteshaus im Spätmittelalter zu einem bedeutenden Wallfahrtsort wurde. Mit dem Bau begonnen wurde im Jahr der Heiligsprechung Elisabeths (1235), geweiht wurde sie 1283; die Arbeiten an den beiden Türmen zogen sich bis 1340 hin. Die Elisabethkirche ist die erste rein gotische Hallenkirche auf deutschem Kulturgebiet. Der gotische Elisabethschrein in der Sakristei ist der wichtigste Schatz der Kirche. Die farbigen Glasfenster zeigen das Leben der Heiligen Elisabeth und gehören zu den bedeutendsten Beispielen gotischer Glaskunst.

Vom 1. Apr bis 31. Okt bietet die Kirchengemeinde tägl. **Führungen** (außer Samstag) an. Der Beginn ist jeweils um 15.00 Uhr. **Dachstuhlführungen:** jeden zweiten und dritten Sa im Monat um 10.00 Uhr.

Öffnungszeiten außerhalb der Gottesdienste: Nov–März 10.00–16.00 Uhr; Apr–Sept 9.00–18.00 Uhr; Okt 10.00–17.00 Uhr

▸ Landgrafenschloss

Das Schloss wurde als Burg im 11. Jh. angelegt. Weithin sichtbar erhebt es sich westlich über der Stadt und dem Lahntal. Ganze 109 m müssen erklommen werden, um vom Tal zum Schloss zu gelangen. 400 Stufen beträgt eine Treppen-Route nach oben. (Bequemer geht es mit dem Oberstadt-Aufzug neben der Tourist-Information.) Den Kern des Schlosses bildet eine nach Osten offene, hufeisenförmige Anlage um einen schmalen Innenhof. Man unterscheidet den sogenannten Landgrafenbau mit der Schlosskapelle im Süden und den Frauenbau oder die Keme-

nate im Westen. Im Norden stehen der Saal- bzw. Fürstenbau und das jüngere Leutehaus oder Küchenhaus. Eine Besichtigung der Anlage ist möglich. Und auf keinen Fall sollte man es sich entgehen lassen, durch den schönen Schlosspark zu bummeln.

Besichtigung: Apr–Okt Di–So 10.00–18.00 Uhr; Nov–März Di–So 10.00–16.00 Uhr

Führungen: Apr–Okt jeden So 15.00 Uhr, Treffpunkt ist die Schlossmauer

▸ Kasematten

Die Kasematten – unterirdisch angelegte Geschützstände – sind das Kernstück der Befestigungsanlagen rund um das Landgrafenschloss. Besuchenswert sind die vier Kasematten (eine davon Ruine, aber dafür auch von außen gut zu betrachten), die als unterirdische und damit beschusssichere Geschützstände im 17. und 18. Jh. entstanden. 1807 wurden die Festungsanlagen durch die französische Schlossbesatzung geschleift und dabei große Teile durch Sprengung zerstört.

Führungen: 1. Apr bis 15. Okt Sa 15.15 Uhr, Treffpunkt ist der Schlossvorhof

▸ „Michelchen"

St. Michaelskapelle heißt sie offiziell, aber die Marburger nennen sie liebevoll nur „Michelchen". Die kleine gotische Kapelle wurde 1270 geweiht – also noch vor ihrer großen Schwester, der Elisabethkirche (1283). Bauherr war auch hier der Deutsche Orden. Die St. Michaelskapelle ist nicht für den Besucherverkehr geöffnet. Interessierte können aber jederzeit über den alten Friedhof schlendern.

▸ Kilian

Der Kilian am Schuhmarkt 4, Marburgs älteste Kirche (1180), hat eine wechselvolle Geschichte hinter sich. 1527 ließ Landgraf

Der Deutsche Ritterorden ließ die Kirche der heiligen Elisabeth von Thüringen über der Ruhestätte der Mystikerin erbauen. ▸

Die sich durch Marburg schlängelnde Lahn eignet sich hervorragend für eine entspannende Bootstour.

Philipp der Großmütige nach der Einführung der Reformation den Kilian schließen und umwidmen. Er wurde zur Zunftstube der Schuhmacher-Gilde, der Kirchhof zum Schuhmarkt. Kaum 30 Jahre später wurden Turm und ein Teil des Chores abgerissen, um die vom Hochwasser beschädigte Lahnbrücke (heute Weidenhäuser Brücke) wieder aufzubauen. Danach wurde der Kilian sogar als Schweinestall genutzt, bis dies 1567 ausdrücklich untersagt wurde. Später war er unter anderem auch Schule, Waisenhaus, Polizei- oder Gestapo-Quartier, heute ist er ein Wohnhaus.

▶ Lutherische Pfarrkirche

Mit ihrem schiefen Turm prägt die Marienkirche die Marburger Oberstadt. Der 1297 der Jungfrau Maria geweihte gotische Chor ist der älteste Bauabschnitt der heutigen Pfarrkirche. Er wurde vom Deutschen Orden als Bauherr errichtet. Die hervorragende Akustik macht die häufig stattfindenden Orgelkonzerte in diesem Gotteshaus zu einem besonderen Erlebnis. Das massive steinerne Taufbecken, das noch aus dem romanischen Vorgängerbau der Kirche stammt, hat vermutlich schon die Heilige Elisabeth gesehen.

▶ Kugelkirche St. Johannes

Ein schlichter schwarzer Kapuzenumhang war das typische Merkmal der „Brüder vom gemeinsamen Leben", diese auch in weiten Teilen der Bevölkerung verbreitete lange Kapuze wurde Gugel (auch Kogel oder Kugel) genannt. Danach bezeichnete man die Brüder bald überall als „Kugelherren". Sie gründeten in Marburg 1476 einen Konvent, begannen aber erst um 1515 mit dem Bau der Kugelkirche. 1517 wurde das Dach fertiggestellt und anschließend das beeindruckende Netzgewölbe (mit durchgesteckten Rippen) errichtet.
Öffnungszeiten: tägl. 9.00–18.00 Uhr

Museen

▶ Museum Anatonicum

Mehr als 2000 Präparate – Skelette, menschliche Körperteile und Organe – aus der Zeit von 1650–1920 umfasst die anatomische Sammlung der Universität.
Adresse: Robert-Koch-Straße 5, 35037 Marburg, 📞 06421/2867088, **Öffnungszeiten:** jeden ersten Sa im Monat von 10.00–12.00 Uhr

▶ Chemikum

Das Chemikum will durch erlebbare Wissenschaft für naturwissenschaftliche Themen Begeisterung wecken. Es öffnet die Türen zur Chemie, Biologie, Physik und Pharmazie, die sich in dem ersten Hands-on-Mitmachlabor im jährlichen Dauerbetrieb als Ganzes präsentieren.
Adresse: Bahnhofstraße 7, 35037 Marburg, 📞 06421/2825252, **Öffnungszeiten:** Di–Fr 8.30–10.30 Uhr, Mi und Fr 15.00–17.00 Uhr, Sa 11.00–13.00, 15.00–17.00 Uhr

▶ Mineralogisches Museum

Das Mineralogische Museum ist die größte mineralogische Sammlung Hessens und umfasst zurzeit etwa 50 000 Mineralien, ca. 50 000 Gesteine und 200 Meteoriten.

Adresse: Firmaneiplatz 1, 35037 Marburg, ☎ 06421/2822257, **Öffnungszeiten:** Mi 10.00–13.00 Uhr und 15.00–18.00 Uhr, Do und Fr 10.00–13.00 Uhr, Sa/So 10.00–15.00 Uhr

▸ Religionskundliche Sammlung
Anhand von Kult-, Kunst- und Gebrauchsgegenständen wird gezeigt, wie unterschiedlich Menschen ihr Leben und ihren Tod deuten und bewältigen.
Adresse: Landgraf-Philipp-Straße 4, 35037 Marburg, ☎ 06421/2822480, **Öffnungszeiten:** Mo 14.00–16.00 Uhr

▸ Haus der Romantik
Das Marburger Haus der Romantik dient vielfältigen Kommunikationsformen: Dauer- und Sonderausstellungen, Vortragsreihe zur Epoche der Romantik, Konzertreihe zur Musik der Romantik.
Adresse: Markt 16, 35037 Marburg, ☎ 06421/917160, **Öffnungszeiten:** Di–Fr 14.00–17.00 Uhr, Sa/So 11.00–13.00 und 14.00–17.00 Uhr

▸ Kunstmuseum Marburg
Das Museum zeigt als Schwerpunkt die bildende Kunst vom 19. Jh. bis zur Gegenwart. Hierzu zählen unter anderem zahlreiche Werke der Willingshäuser Malerschule, Gemälde von Bantzer und Ubbelohde sowie Kunstwerke von namhaften Vertretern der Moderne, beispielsweise von Kirchner, Klee und Kandinsky.
Adresse: Biegenstraße 11, 35037 Marburg, ☎ 06421/2822355, **Öffnungszeiten:** neue Öffnungszeiten nach der Sanierung ab 2018, Auskunft erteilt die Tourist-Information

▸ Polizeioldtimer-Museum
Das Museum zeigt historische Polizeifahrzeuge. Die Sammlung begann mit einem Opel Rekord P1 (Baujahr 1958) und heute sind neben echten Polizei-Oldtimern aus verschiedenen Bundesländern auch zahlreiche Exponate, Informationstafeln und Fotografien zu erleben.
Adresse: Herrmannstraße 200, 35037 Marburg, ☎ 06421/4060, 🌐 www.polizeioldtimer.de
Das Museum hat keine festen Öffnungszeiten, es ist in den Monaten Apr bis Okt jeweils einmal monatlich geöffnet und zwar an einem Sonntag.

Freizeit und Natur

▸ Wandern
Wanderer können in und rund um Marburg aus dem Vollen schöpfen. Der 86 km lange Lahn-Dill-Bergland-Pfad ist eine echte Traumroute für diejenigen, die für den stillen Charme der Landschaft zwischen Lahn und Dill schwärmen. Waldliebhaber können den 51 km langen Burgwaldpfad von Marburg nach Frankenberg erkunden. Daneben gibt es eine Reihe von Extratouren. Eine Traumroute ist der 51 km lange Burgwaldpfad, der an der Elisabethkirche startet und nach Frankenberg führt.

▸ Themenrouten
Empfehlenswert ist der Grimm-dich-Pfad (1,8 km), der mit Märchenfiguren in luftiger Höhe an Häusern, Treppen und Mauern zum Aufstieg durch die historische Altstadt bis hinauf zum Schloss lockt. Seit 2015 schwimmt der Butt aus dem Märchen „Der Fischer und syn Frau" im Teich des Alten Botanischen Gartens am Pilgrimstein und weitere Skulpturen von Sergej Fuchs ergänzen die ursprünglichen Figuren von Künstler Pasquale Ippolito. Daneben gibt es: Die Reformationsroute (2,1 km), Uni-Route (2,7 km), Behring-Route (7,2 km) und die Grimm-Route (1,3 km).

▸ Radfahren
Rund 240 km führt der Lahntal-Radweg von der Quelle bis zur Mündung. Die Route führt

durch malerische Fachwerkorte und weitläufige Naturschutzgebiete zu gemütlichen Wirtshäusern und interessanten Museen. Der 82 km lange Ubbelohde-Radweg führt vorbei an zahlreichen Märchenvorlagen für die Illustrationen des Malers Otto Ubbelohde. Der beiderseits des Wetschaftstals verlaufende Weg beginnt und endet in Marburg. Hier beginnt und endet auch der 36 km lange Weg „Burgwaldpanorama". Weitere Touren-Möglichkeiten sind u. a.: Salzböde-Radweg (29 km), Lahn-Eder-Radweg (30 km), Ohm-Eder-Radweg (40 km), Seenradweg (39 km), Treisbachtal-Radweg (21 km), Perfgrundtour (31 km) und der Lange-Hessen-Radweg (27 km). An zahlreichen Stationen können Fahrräder ausgeliehen werden.

▸ Alter Botanischer Garten

Direkt am Fuße der historischen Altstadt liegt er als eine grüne Oase der Ruhe. Mit seinem historischen Baumbestand, großen Wiesen und einem kleinen Teich wirkt er wie ein Park und dient auch tatsächlich vorrangig Erholungszwecken, seit er im Jahr 1980 öffentlich zugänglich gemacht wurde. Baumliebhaber wissen den Alten Botanischen Garten besonders zu schätzen, denn so ungewöhnliche Gewächse wie beispielsweise der „Hexenbesen" finden sich andernorts eher selten. **Eingang:** Pilgrimstein oder Johannes-Müller-Straße, **Öffnungszeiten:** ganzjährig geöffnet

▸ Neuer Botanischer Garten

Der Neue Botanische Garten verfügt über eine 20 ha große Anlage mit Schwerpunkt auf die Koniferen, die Farnschlucht und das Alpinum. In den großen Schaugewächshäusern werden vor allem tropische Pflanzen von der Banane bis zur Orchidee präsentiert. Aber auch die Schildkröten in der Teichanlage unterhalb der Gewächshäuser und die Murmeltiere in ihrem etwas abgelegenen Freigehege sind ein echter Publikumsmagnet.

Adresse: Karl-von-Frisch-Straße, 35032 Marburg, **Öffnungszeiten:** Apr–Okt tägl. 9.00–18.00 Uhr; Nov–März tägl. 10.00–16.00 Uhr, Gewächshäuser nur am So

▸ Garten des Gedenkens

Der Garten des Gedenkens in der Universitätsstraße wurde 2013 als Gedenkstätte der ehemaligen Synagoge Marburg eingerichtet. Die ehemalige Synagoge (1895/97 nach Plänen des Architekten Wilhelm Spahr erbaut) wurde in der Reichspogromnacht vom 9. November 1938 durch Brandstiftung zerstört. Ein Tast-Modell der ehemaligen Synagoge, Glasplatten für einen Blick auf die Gebäuderelikte und Zettelkästen in der Rasenfläche machen den Besuch zu einem nachhaltigen Erlebnis. **Öffnungszeiten:** ganzjährig geöffnet

▸ Spiegelslustturm

Der Marburger Wilhelmsturm alias Spiegelslustturm hat sich mittlerweile zu einem der beliebtesten Ausflugsziele entwickelt. Gäste, die den Turm als Ausflugsziel nutzen, finden hier bei Kaffee und Kuchen Erholung. Während der Öffnungszeiten haben Besucher die Möglichkeit, den Turm über die 167 Stufen im Inneren zu besteigen. **Öffnungszeiten:** März–Okt Mi–Mo 15.00–19.00 Uhr; Nov–Febr 14.00–18.00 Uhr

▸ Lahn

Die Lahn gehört zu den beliebtesten Kanu- und Paddelflüssen Deutschlands. Auf einer Strecke von 235 km ist die Lahn mit Booten durchgehend befahrbar – auch für Anfänger und Familien geeignet. **Tret- und Ruderboot:** Ufercafé Gischler und Bootsverleih am Trojedamm, Auf dem Wehr 1 a, 35037 Marburg, ☏ 06421/8048467 **Kanu:** LT-Aktivreisen GmbH, Lahntalstraße 45, 35096 Weimar Roth, ☏ 06426/92800, 🌐 www.lahntours.de

Stand-Up-Paddling: Stehend auf einem großen SUP-Brett mit einem langem Stechpaddel über das Wasser gleiten. Suppirates, Wasserlache 32, 35096 Weimar, 🌐 www.suppirates.de

Wasserski und Wakeboarden: Hot Sport Sportschulen GmbH, Seepark und Gleitschirmschule, Am Weimarer See 10, 35096 Weimar, 🌐 www.hotsport.de

▸ Skatepark

Im 1000 Quadratmeter großen Skatepark kommen Skater, Inliner und BMXer voll auf ihre Kosten. Die hessenweit einzigartige Anlage ist ausgestattet mit unterschiedlichen Quarterpipes, Funbox, Pool, Handrails, Bowl und anderen Skateelementen. Damit auch in der Dunkelheit geskatet werden kann, verfügt der Park über eine Flutlichtanlage. Für die musikalische Unterhaltung sorgt eine Musikanlage, deren USB-Anschluss die Installation eigener Musik möglich macht.

Adresse: Georg-Gaßmann-Stadion, Leopold-Lucas-Straße 46, 35037 Marburg, **Öffnungszeiten:** tägl. bis 22.00 Uhr, Fr bis 24.00 Uhr

▸ 😊 Kletterwald Marburg

In den Höhen alter Eichen sind Kletterparcours mit verschiedenen Schwierigkeitsstufen montiert. Die Parcours bestehen aus unterschiedlichen Stationen und Aufgaben, die es zu bewältigen gilt, bevor eine 100 m lange Seilbahn als Abfahrt aus den Baumwipfeln dient.

Adresse: Dammmühlenstraße 1, 35041 Marburg, 📞 06421/9291080, 🌐 www.kletterwald-marburg.de

▸ Golf

Ein El Dorado für Golfer – 18-Loch-Meisterschaftsplatz, 9-Loch-Platz, Driving-Range, Annäherungs- und Puttinggrüns, Restaurant und vieles mehr – bietet der Marburger Golfclub in Cölbe-Bernsdorf an.

Adresse: Oberhessischer Golfclub Marburg e.V., Maximilianenhof, Cölbe-Bernsorf, 📞 06427/92040, 🌐 www.golf-club-marburg.de

▸ Weitere Angebote

Freibad und Hallenbad Aquamar, Angeln (Fischereiverein Marburg und Umgebung e.V., 📞 06421/81867), Kletterhalle (Rudolf-Bultmann-Straße 4g), Abenteuer-Minigolf, Reiten

▸ Freilichtbühne Schlosspark

Die große Bühne im Schlosspark ist in den Sommermonaten Veranstaltungsort für Sommerkonzerte, Theateraufführungen und Open-Air-Kino.

Veranstaltungen und Feste

Während des Marburg-Northampton-Festivals im März verwandeln viele heimische Bands und Gruppen Marburgs Kneipen kurzfristig in Musikkneipen. Ab dem letzten Aprilwochenende findet für neun Tage die Frühjahrsmesse statt. Am letzten Freitag im Juni beginnt das Uni-Sommerfest mit fünf Bühnen. Am ersten Juli-Wochenende findet der Marburger Marktfrühschoppen statt. Bereits am darauffolgenden Freitag folgt das Stadtfest mit einem abschließenden Höhenfeuerwerk auf dem Schlossberg. Ebenfalls im Juli beginnt das Kurzfilmfestival OpenEyes. In den Monaten Juli und August bietet die Marburger Sommerakademie Kurse zu Kunst, Theater und Musik an. Im September veranstalten die Weidenhäuser ihr traditionelles Entenrennen sowie das Höfefest. Der Herbst wird im zweiten Wochenende im Oktober mit dem Elisabeth-Jahrmarkt eingeläutet. In der Marburger Stadthalle findet regelmäßig am ersten Wochenende im November der Kunsthandwerkermarkt statt. Die Weihnachtszeit beginnt Marburg ab dem Samstag vor dem ersten Advent. Dann öffnen der Weihnachtsmarkt rund um die Elisabethkirche und der Adventsmarkt am Rathaus.

Mengerskirchen

(Landkreis Limburg-Weilburg)

Am Ausläufer des östlichen Westerwalds liegt die Gemeinde, die aus Mengerskirchen und den Ortsteilen Dillhausen, Probbach, Waldernbach und Winkels besteht. Die Ersterwähnung von Mengerskirchen datiert in das Jahr 1279.

Gemeindeverwaltung Mengerskirchen
Schlossstraße 3
35794 Mengerskirchen
📞 **06476/91360**
🌐 **www.mengerskirchen.de**

Sehenswertes

▶ Schloss Mengerskirchen

Das zwischen 1321 und 1341 erbaute „Schloss" bildete den Mittelpunkt der ummauerten Ortsanlage. Die Grafen von Nassau-Beilstein erbauten die ersten Burganlagen, deren Kern in dem rechteckigen Wohnturm und seinem nördlichen spätgotischen Anbau steckt. Darauf weisen auch die beiden Dacherkertürmchen und der Wehrgang hin. Das Schloss besaß einen eigenen Mauerring, von dem ein Reststück mit der Pforte und dem Halbturm erhalten ist. Im Inneren des Torturms stieß man 1985 auf Reste spätgotischer Wandmalereien aus der Zeit um 1500. Heute ist das Schloss Sitz der Gemeindeverwaltung und jederzeit zu besichtigen.

▶ Maienburg

Die Ruine der Maienburg liegt nordwestlich von Mengerskirchen-Winkels auf einem Basaltkegel. Erbaut wurde sie um 1303 von den Grafen von Nassau-Dillenburg. 1331 erhielten die Ritter von Mudersbach den Eigenbach – so die mittelalterliche

Bezeichnung der Maienburg – als Mannlehen. Im 17. Jh. verfiel die Burg. Die Maienburg war durch zwei Wälle und Gräben gesichert. Der westliche Teil der Ringmauer, der Südturm und ein Bergfried mit Kuppelgewölbe sind erhalten. Die Ruine ist jederzeit zu besichtigen.

▶ St. Michaelis

Mit der St.-Michaelis-Kirche, welche 1873 im neuromanischen Stil erbaut wurde, besitzt Probbach eines der sehenswertesten Gotteshäuser im Westerwald, in der neben zahlreichen Darstellungen aus der Bibelgeschichte auch eine Madonna mit Kind aus dem 15. Jh. zu sehen ist.

▶ Schutzmantelkapelle „Maria auf dem Buchholz"

Auf dem „Buchholz" im Ortsteil Winkels nimmt die Schutzmantelkapelle ihren festen Platz ein. Sie ist mit sieben ineinandergreifenden Betonteilen in Form eines Mantels und den malerischen Fenstern ein einzigartiges Bauwerk. Mit der Planung und dem Bau der Schutzmantelkapelle im Jahr 2008 erfüllte sich Willi Schüßler einen persönlichen Lebenstraum und erschuf für Pilger einen neuen Ort der Stille, denn die Kapelle ist jederzeit zugänglich.

Museen

▶ Turmmuseum

Zu sehen sind keltische Vorratsgefäße, Architekturmalerei in Kalk-Secco-Technik, eine komplette Nagelschmiede, unterschiedliche Nageltypen und Werkzeuge, landwirtschaftliche Geräte, Werkzeuge einer Feldschmiede, Ton- und Holzrohre von historischen Be- und Entwässerungsanlagen, ein sakraler Raum mit Exponaten aus der Kirchengeschichte sowie Darstellungen von Töpferei und Flachsbearbeitung, beides ehemals wichtige Arbeitszweige der Region.

Adresse: Schlossstraße 3, 35794 Mengerskirchen, 📞 06476/8138, **Öffnungszeiten:** Juli/Aug jeden zweiten So im Monat 15.00–17.00 Uhr oder nach Absprache

Freizeit und Natur

▶ Wandern

Über 60 km markierte Wanderwege gibt es in der Gemeinde. Die Wanderbroschüre „Rund um das Knotengebiet" ist bei der Gemeinde erhältlich.

▶ Freizeitzentrum Seeweiher

Die Talsperre Seeweiher ist heute ein regionales Freizeit- und Erholungszentrum, das dem sportlich Aktiven wie auch den Ruhesuchenden vielfältige Möglichkeiten bietet. Schwimmen, Angeln, Bootfahren, Eislaufen im Winter und vieles mehr. Alle Einrichtungen des Strandbades sind behindertengerecht ausgestattet.

▶ Waldsee

Zwischen den Ortsteilen Mengerskirchen-Winkels und Probbach liegt der See direkt am Waldrand. Er liegt abseits und ist ideal zum Schwimmen und Angeln.

▶ Sauerbrunnen Waldborn

Etwas abseits am Waldrand befindet sich der Mineralbrunnen Waldborn mit einer Freizeitanlage. Im Volksmund „Sauerborn" genannt, wurde der Brunnen schon 1835 in Eichenbohlen gefasst. Seit 1865 wurde das klare und kühle Mineralwasser in den Ort geleitet, wo es beim alten Backes in einen gusseisernen Behälter floss und als Trinkwasser diente. Die Dillhäuser Quelle ist ein eisenhaltiger Kalzium-Magnesium-Hydrogenkarbonat-Säuerling und entspricht durch seinen hohen Kohlensäure- und Eisengehalt den Quellen in den weltbekannten Badeorten St. Moritz in der Schweiz und Marienbad in Böhmen.

▶ Wintersport

Der 605 m hohe „Knoten", die höchste Erhebung bei Mengerskirchen, bietet in den Wintermonaten Schneespaß für die ganze Familie. Zwei gespurte Langlaufloipen sowie ein Skilift stehen zur Verfügung.

Mücke

(Vogelsbergkreis)

Der Name Mücke stammt aus dem Keltischen und bedeutet so viel wie feucht und sumpfig. Urkundlich erwähnt wird der Name erstmals in einer Steuerliste der Pfarrei Merlau aus dem Jahr 1482. Die Gemeinde im nordwestlichen Unteren Vogelsberg besteht aus folgenden Ortsteilen: Atzenhain, Bersfeld, Flesungen, Groß-Eichen, Ilsdorf, Höckersdorf, Merlau, Nieder-Ohmen, Ober-Ohmen, Ruppertenrod, Sellnrod, Wettsaasen.

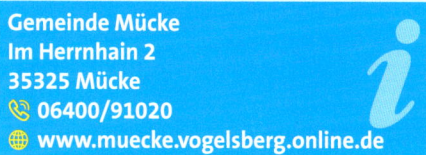

Gemeinde Mücke
Im Herrnhain 2
35325 Mücke
📞 06400/91020
🌐 www.muecke.vogelsberg.online.de

Sehenswertes

▶ „Koallese Haus"

Das „Koallese Haus" (an der Ohm) wurde 1545 erbaut und gilt als eines der ältesten datierten Fachwerkhäuser in der Region.

▶ Nieder-Ohmener „Burgschoan"

Im August 1986 wurde bei Baggerarbeiten das Fundament eines Rundturms freigelegt. Es handelt sich hierbei um die Reste einer Burg, die auf der „Burgschoan" in Nieder-Ohmen gestanden haben soll. Die Burgschoan ist eine künstliche Insel. Das Turmfundament ist 13 m breit, hat eine Wandstärke von 3,10 m, und der Durchmesser des Innenrunds beträgt ca. 7 m. Nach Abschluss der Arbeiten wurde das Fundament mit Natursteinen aufgemauert und die Insel als Naherholungsgebiet angelegt. Dieser Platz ist heute umgeben von einer idyllischen Parkanlage und frei zugänglich.

Immer wieder gern besucht wird die kleine Fachwerkkirche in Ruppertenrod.

▸ Fachwerkkirche Ruppertenrod

1710 wurde die Kirche aus Eichenholz errichtet. Typisch ist das rechteckige, hoch aufragende Langhaus. Der Innenraum besitzt ein Holzgewölbe und der Altarraum ist mit einem hölzernen Chorbogen vom Langhaus getrennt. Außen ist die Kirche teilweise verschindelt und mit hohem, achtseitigem Haubendachreiter versehen.

▸ Fachwerkkirche Sellnrod

In den Jahren 1697/98 wurde die Fachwerkkirche gebaut, die sich optisch an die umliegenden Häuser und Scheunen anpasste. Die Fachwerkbauweise wurde auch aus finanziellen Gründen gewählt, denn der damals regierende Landgraf Ernst Ludwig (1678–1739) unterstützte das Unternehmen mit der Schenkung von 80 Eichenstämmen aus den Staatsforsten. Zum Dank dafür wurde sein Wappen am Portal der Kirche angebracht.

▸ Fachwerkkirche Ilsdorf

Der stolze Anblick des Fachwerks lässt erkennen, welche harte Arbeit es war, vor rund 400 Jahren eine derartige Kirche mit primitivem Werkzeug zu erbauen. Im Frühjahr 1983 war man seitens der Landeskirche der Meinung, diese Kirche nach Ilsdorf umzusetzen, nachdem in Bernsfeld schon seit 1972 ein neu erbautes Gotteshaus stand. Am 27.4.1983 erfolgte der erste Spatenstich; nach gut zweieinhalb Jahren Bauzeit konnte an Heiligabend 1985 der erste Gottesdienst in Ilsdorf in der alten, für die Ilsdorfer neuen Kirche abgehalten werden.

Museen

▸ Heimatmuseum

Im Ortsteil Nieder-Ohmen befindet sich im alten Rathaus ein Heimatmuseum mit gesammelten Ausstellungsgegenständen aus der Gemeinde. Das Heimatmuseum kann nach vorheriger Terminabsprache unter ☏ 06400/1772 besichtigt werden.

▸ Dorfmuseum Merlau Hobstallstowwe

Die gerade mal 30 m² große Ausstellung, die nicht nur über land- und hauswirtschaftliche Geräte früherer Zeiten verfügt, sondern auch wechselnde Ausstellungen zeigt, wurde in mühsamer Arbeit zusammengetragen. Der Name Hobstall bezeichnet im Merlauer Dialekt den Hofstall, die Bezeichnung des Gebäudes, in welchem sich das Museum befindet. „Stowwe" ist der früher gebräuchliche Ausdruck für Stube.
Adresse: Mücke-Merlau, direkt neben dem Dorfgemeinschaftshaus, ☏ 0152/24775415, **Öffnungszeiten:** nach Terminabsprache

▸ Ernst-Eimer-Stube

Seit September 2014 steht der Öffentlichkeit im Pfarrhaus in Groß-Eichen ein Ausstellungsraum mit Werken des Heimatmalers

und -dichters Ernst Eimer (1881–1960) zur Verfügung. In gemütlicher Atmosphäre erwartet die interessierten Besucher ein breites Spektrum des Schaffens dieses heimischen Künstlers.
Adresse: Pfarrhaus, Lohgasse 11, 35325 Mücke-Groß-Eichen, **Öffnungszeiten:** jeden ersten So im Monat 14.00–17.00 Uhr

Natur und Freizeit

Von Mücke aus sind es nur wenige Kilometer bis zum Naherholungsgebiet Naher Vogelsberg, das zum Wandern und Radfahren einlädt. In der Umgebung von Mücke stehen eine Vielzahl von Freizeiteinrichtungen zur Verfügung. Es gibt ein Freibad und einen Campingplatz, ein reichhaltiges Angebot an Sportarten, etwa Tennis, Schießsport, Reiten, Fußball, Tischtennis, Modellflug, Rhönrad, Lauftreffs und Trimmpfade, schöne Wanderwege, Naherholungseinrichtungen wie Grillhütten und Radwanderwege. Der Windhainer See lädt zum Baden ein. Auskunft erteilt die Gemeinde.

Münchhausen

(Kreis Marburg-Biedenkopf)

Die Gemeinde (ca. 3500 Einwohner) setzt sich aus den Ortsteilen Münchhausen, Niederasphe, Oberasphe, Simtshausen und Wollmar zusammen. Im Westen der Gemeinde befindet sich das Rothaargebirge, im Osten der Burgwald.

Gemeinde Münchhausen
Marburger Straße 82
35117 Münchhausen
📞 **06457/91220**
🌐 **www.gemeinde-muenchhausen.de**

Sehenswertes

Alle Ortsteile haben sehenswerte Plätze und Gebäude, so z. B. Kirchen, alte Fachwerkhäuser, Mühlen, Backhäuser und vieles mehr. Im Ortskern Münchhausens fällt die evangelische Kirche auf. Der Turm stammt aus dem 15. Jh., das Kirchenschiff und die Veranstaltungsräume wurden 1974 neu gebaut. In Oberasphe gibt es eine kleine, sehenswerte Kirche und viele intakte Höfe in Fachwerkbauweise. Niederasphe schließlich wird dominiert von der herausragenden Kirche, deren Architektur besondere Erwähnung findet: Der Turm geht auf das 14. Jh. zurück, das Kirchenschiff ist als zweischiffiges Langhaus ausgeführt. Die alte Mühle in Mittelsimtshausen ist sogar noch in Betrieb und kann am jährlich stattfindenden Mühlentag besichtigt werden.

Museen

▸ **Altes Küsterhaus auf dem Christenberg**
Ausstellung über die Besiedlungsgeschichte des Christenbergs, Fundstücke aus der Kelten- und Frankenzeit.
Führungen nach Vereinbarung: Förderkreis Christenberg e. V., 📞 06457/443

Freizeit und Natur

▸ **Wandern**
Die Lage Münchhausens im Wetschafttal am Fuß des Christenbergs (387 m) und der angrenzende Burgwald lassen den Ort zum Ausgangspunkt für Wanderungen, Radtouren und andere Ausflüge werden. Ein beliebter Wanderweg führt über die Talhäuser Straße in den Burgwald hinein zum Spiegelteich. In ihm spiegelt sich bei gutem Wetter der Christenberg, zu dem man gelangt, wenn man dem Weg weiter bergauf folgt. Wanderungen in und um den Burgwald auf ausgeschilderten Wanderwegen

Der Christenberg, Kult- und Begräbnisstätte und ehemals keltischer Fürstensitz, ist eine beliebte Ausflugsstätte im Burgwald.

und zahlreichen Wald- und Feldwegen versprechen einzigartige Naturerlebnisse und Erholung. Zum Radfahren laden der 29 km Lahn-Eder-Radweg, aber auch gut ausgebaute Wirtschaftswege ein. Empfehlenswert ist zudem die 20 km lange Radroute „Erinnerungen an Johanniter und Bonifatius" sowie die 16 km lange Tour „Wo die Franzosen ihr Heu holten". Münchhausen ist zudem einer von 24 Nordic-Walking-Parks im Waldecker Land und der Region Burgwald.

▶ Christenberg
Als einsame Kult- und Begräbnisstätte und ehemals keltischer Fürstensitz ist der Christenberg die bedeutendste Stätte im Burgwald. Im 7. Jh. wurden aufgrund kriegerischer Auseinandersetzungen von den Franken neue Wallanlagen gebaut; die damals entstandene Kesterburg diente zunächst als fränkische Grenzfestung im Kampf gegen die Sachsen.

Sehenswert ist die romanisch-gotische Martinskirche aus dem 11. Jh., die Mauerreste der mittelalterlichen Kesterburg, das historische Küsterhaus mit einer Dauerausstellung „Kelten und Franken" sowie der Informationspunkt Christenberg im ehemaligen Backhaus. Der Christenberg ist ein beliebtes Ausflugsziel für Einheimische und Touristen.

▶ Reiten
Münchhausen und Pferde gehören einfach zusammen. Der Reiterverein in Wollmar hat sich einen eigenen Reitplatz und eine Reithalle geschaffen – alljährlich finden Reitturniere statt.
Adresse: Dorfstraße 59, 35117 Münchhausen-Wollmar, ☏ 06457/632.
Reiten und Reitkurse buchen kann man beim Islandpferdehof Burgwald-Trekking.
Adresse: Am Rödchen 10, 35117 Münchhausen-Simtshausen, ☏ 06423/7883

Pohlheim

(Landkreis Gießen)

Mit seinen rund 18 000 Einwohnern ist Pohlheim mit sechs Stadtteilen nach Gießen die größte Kommune im Landkreis Gießen. Der Name der Großgemeinde geht auf die alte Siedlung am Pfahlgraben (Pohl = Pfahl = Pfahlgraben), die im 15. Jh. aufgegeben wurde, zurück.

Stadtverwaltung Pohlheim
Ludwigstraße 31
35415 Pohlheim
📞 **06403/6060**
🌐 **www.pohlheim.de**

Sehenswertes

▶ **Kirche Watzenborn-Steinberg**
Watzenborn-Steinberg ist um das Jahr 1129 entstanden. In der Ortsmitte am Friedhof steht noch die alte Kirche, deren ältester Teil, die Taufkapelle, bereits für 1125 bezeugt ist.

▶ **Römischer Wachturm und Barbarenstein**
Oberhalb der Straße von Watzenborn-Steinberg nach Grüningen ist noch das alte Steinfundament des ehemaligen römischen Wachturms auf einem Hügel sichtbar. In den 1960er-Jahren wurde ein römischer Steinturm mit davor liegendem Wall, Graben und Palisadenzaun neben den historischen Turmfundamenten nachgebaut.

▶ **Kleinkastell Holzheimer Unterwald**
An der Landstraße zwischen Watzenborn-Steinberg und Grüningen befindet sich der nördlichste Punkt des Obergermanisch-Raetischen Limes und damit auch der nördlichste Punkt rechts des Rheins, den das römische Imperium dauerhaft besetzt hatte. Von Grüningen aus in Richtung Langgöns stößt man kurz vor der Kreuzung nach Langgöns rechts nach einigen Minuten auf dem Limes-Wanderweg auf den römischen Limes, der hier noch als Wall erhalten ist. Der Grenzwall wurde von den Römern durch größere Kastelle, Wachtürme und Kleinkastelle verstärkt. Eines dieser Kleinkastelle stand im Holzheimer Unterwald.

▶ **Grüninger Warte**
Von der Landstraße zwischen Watzenborn-Steinberg und Grüningen geht es rechts ab zu Grüninger Warte. Die Ruine einer alten Windmühle – zu sehen ist der Unterbau der

Von der ehemaligen Windmühle „Grüninger Warte" hat man aus über 270 m Höhe einen guten Rundblick über den Limesverlauf auf Pohlheimer Gebiet.

Mühle – ist schon von weitem erkennbar. An gleicher Stelle stand im Mittelalter vermutlich eine Warte. Über eine Treppe gelangt man ins obere Stockwerk und genießt von dort eine gute Fernsicht. Seit 2009 trägt die Grüninger Warte den Titel „Schutzwürdiges Kulturgut" der Haager Konvention.

▸ **Burgruine Grüningen**
Einst umgaben Landwehren und Gräben die Gemeinde. Einen wesentlichen Teil der Befestigung bildete die innerhalb der Stadtmauer gelegene Burg, die heute noch als Burgruine zu sehen ist. Die mittlerweile restaurierte Burg kann besichtigt werden.

Freizeit und Natur

▸ **Wandern und Radfahren**
Für Wanderer mit kulturhistorischem Interesse: Der 22 km lange Limeswanderweg führt über befestigte und unbefestigte Feld- und Waldwege von Pohlheim nach Hungen und weiter zum Inheidener See. Er ist Bestandteil des 91 km langen Limeswegs, der von Butzbach nach Großkrotzenburg verläuft. Die Gemeinde bietet zudem einen Waldlehrpfad an. Wer den Limes auf dem Sattel seines Rads erkunden möchte, kann sich in Pohlheim auf den Deutschen Limes-Radweg begeben.

▸ **Weitere Angebote**
Frei- und Hallenbad, Reiten, Tennis

Veranstaltungen und Feste

Alljährlich am 3. Oktober findet die **Limestour** statt. Entlang der Wanderstrecke beteiligen sich verschiedene Vereine und Organisationen bzw. Einrichtungen, die eng mit dem Limes verbunden sind, mit Informationen und kleinen Events, die die Wanderung auflockern. Die Wanderung endet mit einem **Fest für Jung und Alt.**

Poppenhausen

(Landkreis Fulda)

Im Luftkurort an der Wasserkuppe leben rund 2600 Menschen. Die Gemeinde besteht aus den Ortsteilen Poppenhausen, Abtsroda, Gackenhof, Rodholz und Steinwand. Erstmals erwähnt wurde Poppenhausen in einem Zinsregister des Klosters Fulda aus der ersten Hälfte des 12. Jh.

Tourist-Information
Von-Steinrück-Platz 1
36163 Poppenhausen (Wasserkuppe)
☏ **06658/960013**
🌐 **www.poppenhausen-wasserkuppe.de**

Sehenswertes

▸ **Wasserkuppe**
Bekannt auch als „Berg der Flieger" ist sie mit 950 m Hessens höchster Berg. Unverkennbar ist ihr „kugeliges" Markenzeichen – das Radom. Neben Drachen- und Gleitschirmflug kann man auf dem Gipfel auch mit dem Motor- und Segelflieger in die Lüfte steigen. In den kalten Monaten wird die Wasserkuppe zum Wintersportparadies. 4 Skilifte, der Zauberteppich für Kinder sowie der Rodellift bieten vielfältige Möglichkeiten für Ski- und Schlittenfahrer. Ein großes Loipennetz wird für die Langläufer regelmäßig präpariert.

▸ **Fliegerdenkmal auf der Wasserkuppe**
Das Fliegerdenkmal hat mittlerweile den Status eines Wahrzeichens für Wasserkuppe und Rhön. Es besteht aus Basaltsteinen als Fundament und einer Adler-Skulptur aus Bronze und wurde im Jahr 1923 zum Andenken an die gefallenen Piloten des Ersten Weltkrieges errichtet. Die Adler-Skulptur mit Ausrichtung nach Süd-Westen wurde vom Bildhauer Professor August Gaul

erstellt. Erbaut wurde das Fliegerdenkmal von einer Vereinigung ehemaliger Frontfliegerverbände, von denen einige auch zu den Segelflugpionieren auf der Wasserkuppe gehörten. Daher auch die Tafel an der Vorderseite des Fliegerdenkmales, die das Feldfliegerabzeichen der Deutschen im Ersten Weltkrieg darstellt.

Das Fliegerdenkmal ist eines der bekanntesten Wahrzeichen der Wasserkuppe und auch der gesamten Rhön.

▶ Pferdskopf

Südwestlich der Wasserkuppe erhebt sich der Pferdskopf (875 m). Er trägt seinen Namen durch die markante Form, die an den Kopf eines Pferdes erinnert. Vom Gipfel aus hat man eine tolle Aussicht.

▶ Guckaisee

Die idyllische Lage am Fuß des Pferdskopfs macht den Naturbadesee zu einem beliebten Ausflugsziel bei Rhönbesuchern und bietet vielfältige Freizeitmöglichkeiten.

▶ Ruine Ebersburg

Auf dem Ebersberg (700 m) thront die Burgruine Ebersburg. Man geht davon aus, dass die Ebersburg rund um das Jahr 1200 von dem Adelsgeschlecht Ebersberg errichtet wurde. Interessierte haben die Möglichkeit, die Burgruine von innen zu besichtigen und zu besteigen. Den hierfür benötigten Schlüssel erhält man gegen Kaution im Berggasthof zur Ebersburg.

▶ Kalvarienberg

Merkmal des Kalvarienbergs ist die beeindruckende Kreuzigungsgruppe. Auf dem Weg zum Gipfel kann man die einzelnen Stationen des Kreuzweges besichtigen. Am Ende des Weges befindet sich die Steinkapelle, die zur Erinnerung an die Pest in 1736 errichtet wurde. Besonders sehenswert am Kalvarienberg ist die liebevoll gestaltete Mariengrotte.

Museen

▶ Sieblos-Museum im Rathaus

Der Eingang des Museums ist einem Bergwerkstollen nachempfunden. Im Museum erwarten den Besucher zahlreiche und vielfältige Fossilfunde aus der Rhön und einen Einblick in die Arbeit des heimischen Fossiliengräbers Hugo Schubert. Das Museum ist kostenlos zu den Öffnungszeiten des Rathauses geöffnet.

Natur und Freizeit

▶ Wandern

Von Poppenhausen aus kann man viele Ausflugsziele und Berge wie Wasserkuppe, Milseburg, Wachtküppel, Pferdskopf und Guckaisee erwandern, etwa auf der Extratour Guckaisee (20,2 km), der Extratour

Milseburg-Wanderung (17,5 km) oder Extra-tour „Der Hilderser" (12 km). Empfehlens-wert sind zudem die Themenwanderungen: Kunstmeile, Liebesweg, Früchtepfad und Hugo-Schubert-Weg. Auskunft erteilt die Tourist-Information.

▸ Radfahren

Die Region Fulda-Rhön verfügt über ein gut ausgeschildertes Radwegenetz. Hier kann sich der Radfahrer so einiges vornehmen, um die reizvollen natürlichen Gegebenhei-ten zu erleben, z. B. auf dem Ulstertal- oder Milseburg-Radweg. Mountainbiker finden ebenfalls ein Wegenetz mit anspruchsvollen Touren (z. B. die Wasserkuppen-Rundfahrt).

▸ Reiten

In Poppenhausen werden verschiedene Reit-möglichkeiten angeboten. Beispielsweise ist das Reiten für Kinder auf dem Haflinger-Hof Mehler (www.haflinger-ferienhof.de) oder bei Birgit Link (www.zugastbeibirgit.de) sehr beliebt.

▸ Klettern

Im Kletterzentrum in der Georgstraße 23 werden regelmäßige Kletter- und Schnup-perkurse angeboten, außerdem Klettern an den Naturfelsen „Steinwand" möglich. **Kontakt:** Bergsportschule Rhön, 06658/275, www.bergsportschule-rhoen.de

▸ Freizeitgelände Lüttergrund

Ein schönes Plätzchen zum Erholen und Verweilen ist das Freizeitgelände mit Kneipppark, schön angelegtem Teich und verschiedenen Kräutergärten. Das Freibad, Sportplätze und eine Skateranlage sorgen für sportliche Abwechslung. Im Freizeitgelände befinden sich ebenfalls die Einstiege in den Nordic-Walking-Panorama- Park als auch zu zahlreichen Wanderwegen.

▸ Wintersport

Mit der 950 m hohen Wasserkuppe ist Poppenhausen auch ein beliebtes Win-tersportziel. Egal ob Rodeln, Langlauf,

Die idyllische Lage am Fuß des Pferdskopfs macht den Guckaisee zu einem beliebten Ausflugsziel.

Skilauf, Snowkiting, Schneeschuhwandern oder einfach nur auf präparierten Wegen spazieren gehen – hier ist für jeden etwas dabei. Auf dem Gipfel der Wasserkuppe gibt es auf der Märchenwiese das Ski- und Rodelzentrum mit 3 Schleppliften und mehreren Abfahrten für Ski und Snowboard, ein weiterer Lift mit einer sehr anspruchsvollen Abfahrt führt hinunter nach Abtsroda. Das Zuckerfeld mit seiner Abfahrt Richtung Obernhausen ist ebenfalls sehr beliebt. Auf der Wasserkuppe und am Zuckerfeld kommt als besonderes Highlight noch Flutlicht zum Einsatz, sodass Skifahren bis 22 Uhr möglich ist.

▶ Segel- und Motorflug
Auf der Wasserkuppe wird das Fliegen in all seinen Varianten durch die Fliegerschule Wasserkuppe organisiert. Alles rings um den Segel- und Motorflug ist auf dem „Berg der Flieger" möglich: Schnupperkurse und Ausbildung zum Segelflugpiloten (ab 14 Jahre), Erwerb der Privatpilotenlizenz (ab 17 Jahre), Ausbildung auf Ultraleichtflugzeugen, Streckenflugkurse, Schleppberechtigung, Kunst- oder Wolkenflug. Oder einfach nur mal mitfliegen.
Kontakt: 📞 06654/364, 🌐 www.fliegerschule-wasserkuppe.de

▶ 🔄 Erlebnisbacken und Tipi-Dorf
Der Bio-Hof Gensler bietet für kleine (und auch große) Bäcker Erlebnisbacken an. Das Erlebnisbacken ist konzipiert für Gruppen, die wissen wollen, wie in der Holzofenbäckerei aus Teig Brot, Brötchen, Brezeln, Zöpfe, Lebkuchen, Kuchen und vieles mehr gebacken werden. Im Tipi-Dorf können Geburtstage gefeiert werden und ganze Freizeiten verbracht werden.
Adresse: Hohensteg 5, 36163 Poppenhausen/Wasserkuppe, 📞 06658/1595, 🌐 www.🌐 www.biohof-gensler.de

Rabenau

(Landkreis Gießen)

Rabenau mit seinen rund 5500 Einwohnern liegt im oberen Lumdatal. Entstanden ist die Gemeinde durch einen Zusammenschluss der Ortschaften Geilshausen, Odenhausen, Londorf, Allertshausen, Rüddingshausen und Kesselbach.

Gemeindeverwaltung
Eichweg 14
35466 Rabenau
📞 **06407/91090**
🌐 **www.rabenau.de**

Sehenswertes

▶ Dom der Rabenau in Londorf
Weil die Kirche aus dem 13. Jh. (eine Wehrkirche in Form eines Kreuzes) baufällig war, wurde sie 1861–1864 im neugotischen Stil wieder aufgebaut, nur der alte Turm blieb erhalten. Sie besteht aus dem in der Rabenau gewonnenen Basaltgestein, auch Lungstein genannt. Durch ihre einprägsame Gestalt ist das Gotteshaus zum Wahrzeichen geworden und wird auch als „Dom der Rabenau" bezeichnet. Die romanische Orgel mit ihren 1400 Pfeifen ist bereits 137 Jahre alt.
Besichtigung nach Absprache unter 📞 06407/4058931

▶ Evangelische Kirche Geilshausen
Die gotische Kirche des 14. Jh. hat einen zinnengekrönten Wehrturm mit vier „Pechnasen" und besitzt einen befestigten Friedhof. Der Chorturm erinnert an die Wohntürme des Adels und war als Verteidigungsbau zum Schutz der Dorfbevölkerung eingerichtet. Im Inneren haben sich Reste einfacher Wandmalereien und steinerne

Rabenau liegt eingebettet in die malerische Landschaft des oberen Lumdatals.

Ornamente als Relikte vergangener Handwerkskunst erhalten.
Besichtigung nach Absprache unter
📞 06407/90103

▸ Kirchenstumpf Geilshausen

Etwas außerhalb von Geilshausen befindet sich ein als Relikt erkennbarer Kirchenstumpf, der von einer Kapelle der Siedlung „Atreff" aus dem 15. Jh. stammt. Vom Kirchenstumpf aus hat man einen schönen Panoramablick bis auf den Hoherodskopf.

▸ Evangelische Kirche Allertshausen

Der Rechteckbau mit kleinem Eingang und einem halbrundem Choranbau, der an höchstgelegener Stelle steht, wurde mit dem in der Rabenau gewonnenen Basaltgestein errichtet. Die eigenwillige Bauform des unbekannten Baumeisters von 1905 zeigt nur beim Dachreiter Anklänge an ältere Formen. Bei den Fenstern verwendet er ältere Ornamente und nähert sich bei dem Kanzeldekor dem Jugendstil.

Besichtigung nach Absprache unter
📞 06407/4058931

Museen

▸ Heimatmuseum der Rabenau

Das Museum dokumentiert die Geschichte der Region sowie regionales Kulturgut der Vergangenheit und Gegenwart. Weitere Themen sind u. a. die Rabenauer Steinbrüche und das Steinmetzhandwerk, der Maler Carl Engel von der Rabenau, die Geschichte des Gebäudes (ehemalige Grundschule).
Adresse: Brodbachstraße 2, 35466 Rabenau-Londorf, 📞 06407/9149980, **Öffnungszeiten:** erster So im Monat von 15.00–17.00 Uhr

▸ Alte Schmiede

In der Gießener Straße kann man eine alte Schmiede aus dem 19. Jh. besichtigen, in der noch fast alle Arbeitsgeräte des Schmiedehandwerks vorhanden sind.
Führungen nach telefonischer Vereinbarung unter 📞 06407/6334

▸**Kunstausstellungen**

Galerie Blaufelder: In lichtdurchfluteten, im mediterranen Stil gestalteten Räumen kann der Besucher eintauchen in die Welt der Kunst.

Adresse: Freigasse 3, 35466 Rabenau Londorf, 📞 06407/1069, 🌐 www.blaufelder.net.,

Öffnungszeiten: jeden Fr 15.00–19.00 Uhr

Galerie im Freigässer Winkel: Erich Klein ist Inhaber der Galerie im Freigässer Winkel und seit 1988 Mitglied der „Bunten Palette" sowie seit 1992 Mitglied und Mitorganisator des „Rabenauer Kunstforums". Für seine überaus farbbetonten Bilder waren zuerst ungewollte Einflüsse von Vincent van Gogh, Franz Marc, August Macke und Wassily Kandinsky bestimmend.

Adresse: Freigasse 27, 35466 Rabenau-Londorf, 📞 06407/5533, 🌐 www.freigaesserwinkel.de

Freizeit und Natur

▸**Wandern und Radfahren**

Empfehlenswert ist der 32 km lange Rabenauer Höhenwanderweg. Den Wanderweg markieren 87 nummerierte Basaltsteine, die mit dem Rabenauer Wappen versehen sind. Von hier aus besteht Anschluss an den europäischen Fernwanderweg 4. Radfahrer sollten es nicht versäumen, sich auf den 45 km langen Lumda-Wieseck-Radweg zu begeben. Der Radwanderweg zieht sich durch eine besonders schöne und abwechslungsreiche Landschaft mit herrlichen Ausblicken für Naturgenießer.

▸**Burggarten Londorf**

Im Ortskern von Londorf gegenüber vom „Dom" kann der Besucher noch schöne, gut erhaltene Fachwerkhäuser (Kirch- und Freigasse) entdecken. Hier befindet sich aber auch ein seit 1820 angelegter Park, der sogenannte Burggarten. Bei einem Spaziergang durch den nach englischem Vorbild gestalteten Landschaftsgarten stößt man auf einen malerischen Springbrunnen und auf das im klassizistischen Stil errichtete Gartenhaus, den „Londorfer Pavillon". Im Garten befinden sich Minigolf- und Bouleanlage.

▸**Teichanlage Allertshausen**

Der Allertshäuser Teich ist ein besonderer Anziehungspunkt. Alte Weiden säumen das Ufer und ein Spazierweg führt fast um den ganzen Teich. Die Idylle ist perfekt und man kann sie in Ruhe auf einer der aufgestellten Bänke auf sich einwirken lassen.

▸ 🙂 **Reiten und Planwagenfahrten**

Im Ortsteil Odenhausen befindet sich die „Ranch Isel". Hier können Pferdenarren jeden Sonntag und nach Vereinbarung den Tag mit Pony- und Eselreiten verbringen. Zur Ranch Isel gehört ein Streichelzoo mit Ziegen und Schafen. Die Tiere können gestreichelt, gefüttert und geputzt werden. Ebenso sind Planwagenfahrten möglich.

Adresse: Gerhard Wagner, Hauptstraße 42, 35466 Rabenau-Odenhausen, 📞 06407/1717, 🌐 www.ranch-isel.de

Veranstaltungen und Feste

Jedes Jahr findet am letzten Sonntag im August der Autofreie Sonntag im Lumdatal für Radfahrer, Skater und Wanderer auf einer für Autos gesperrten, 20 km langen Landstraße zwischen den Kommunen Allendorf, Lollar, Rabenau und Staufenberg statt. Auf dem Hofgut Appenborn in Rabenau findet alljährlich am Pfingstsonntag ein Keramikmarkt der Extraklasse statt. 30 ausgewählte Töpfereien aus Hessen und angrenzenden Bundesländern zeigen Kreativität und Qualität in einer erstaunlichen Vielfalt und auf sehr hohem Niveau. Anfang September findet alljährlich an einem Wochenende der Michaelismarkt statt.

Rauschenberg

(Kreis Marburg-Biedenkopf)

Rund 4600 Menschen leben am Süd-ostrand des Burgwaldes. Schon um das Jahr 1000 wurde im heutigen Gebiet eine Burg gebaut, 1250 zerstörte ein Brand fast die gesamte Siedlung. Kurz nach dem Wiederaufbau durch die Grafen von Ziegenhain wurden dem Ort 1266 die Stadtrechte verliehen. 1450 fiel die Graf-schaft und damit auch Burg und Stadt an die Landgrafschaft Hessen. Rauschenberg gehört zur Tourismus-Region Burgwald.

> **Verkehrsbüro Rauschenberg**
> **Am Markt 2**
> **35282 Rauschenberg**
> 📞 **06425/2750**
> 🌐 **www.rauschenberg.de**

Sehenswertes

▸ Schlossruine
Die ursprüngliche Höhenburg wurde im 11./12. Jh. im Auftrag der Abtei Fulda erbaut. Heute stehen nur noch Teile der Mauerum-wehrung aus dem Mittelalter. Eine Besonder-heit stellt die Freilichtbühne in der Burgruine dar. Jedes Jahr am ersten Wochenende im August findet vor der malerischen Kulisse der Ruine der Heidelbeertanz statt.
Führungen (z. B. Gewölbekeller und entlang des Schlossberges) sowie Kräuterwanderun-gen: Interessengemeinschaft Schlossberg Rauschenberg, 📞 06425/1055

▸ Stadtkirche
Die ursprünglich im 11. Jh. erbaute roma-nische Kapelle wurde im 13. Jh. zu einer gotischen Kirche umgebaut. Über den älteren, als Seitenschiff dienenden Kirchen-raum wurde ein dreijochiges Hauptschiff

gesetzt. Dieses wurde um je einen Turm nach Osten und Westen erweitert. Zu den wohl schönsten Flügelaltären gehört der Altar aus den 20er-Jahren des 15. Jh. Besichtigung So vor und nach dem Gottesdienst oder auf Anfrage beim Pfarramt gegenüber der Kirche (📞 06425/1234). In der Kirche mit hervorra-gender Akustik finden gelegentlich Kirchen-konzerte statt.

▸ Rathaus
Zweifellos ist das Rathaus der schönste Fachwerkbau der Stadt. Erbaut wurde es 1557/58. Ein Vieleckturm aus Sandstein mit Umgang und Zugang zu jedem Stock-werk wurde 1566 angebaut, damit die Rats-herren einen feuersicheren Ausgang hatten. An der Eingangstür befinden sich Steinrelief-arbeiten des Steinmetzes Philipp Soltan.

▸ Schmaleicher Mühle
Die etwa 800 Jahre alte Mühle in Rauschen-berg hat ihren Namen von der ehemaligen Siedlung Schmaleichen, die sich ab dem 13. Jh. vor Rauschenberg befand und bereits im 14. Jh. verfallen ist. Die Mühle jedoch blieb bestehen. Seit 1995 ist der Mühlen-betrieb stillgelegt und die Mühle nur von außen zu besichtigen.

Museen

▸ Heimatmuseum Rauschenberg
Das Museum im Dachgeschoss des histori-schen Rathauses informiert über die Ge-schichte der Stadt, zeigt altes Handwerk und Wohnkultur des 19. und 20. Jh. sowie Funde aus dem Schloss.
Besichtigung nach Vereinbarung unter 📞 06425/92390

▸ Daniel-Martin-Haus
Das Museum im Ortsteil Schwabendorf widmet sich vor allem der dörflichen Ge-schichte sowie der Bewahrung des Erbes

der hugenottisch-waldensischen Vorfahren.
Öffnungszeiten: März–Nov jeden dritten So
im Monat 14.00–17.00 Uhr

Freizeit und Natur

▸ Wandern
Der 16 km lange Panoramaweg macht
seinem Namen alle Ehre. Er verläuft an
idyllischen Waldrändern auf Höhenrücken
entlang und bietet weite Ausblicke auf das
Wohratal, den Kellerwald und den Burghol-
zer Wald. In unmittelbarer Nähe befinden
sich Schachanlage, Boule-Bahn und Kneippanlage. Empfehlenswert ist auch die Tour
„Rotes Wasser" in Rauschenberg-Bracht.
Der 17 km lange Weg führt an den Naturschutzgebieten Franzosenwiesen und Rotes
Wasser entlang. Ein landschaftliches Highlight ist der Badenstein, eine markante Erhebung aus Basalt. Zudem bestehen mehrere
Nordic-Walking-Routen. Im Verkehrsbüro
erhalten Interessierte einen Flyer mit allen
Streckenverläufen.

▸ Heilige Eiche und Rabenstein
Bei der Heiligen Eiche handelt es sich eigentlich um zwei Eichen, die 1863 und 1913 auf
dem Sosenberg gepflanzt wurden. Von hier
aus hat man einen wunderbaren Rundblick.
Beim Rabenstein hat der Wanderer einen
großen, sechseckigen Buntsandsteinfelsen
mit rund 40 Näpfchenvertiefungen vor sich.
Solche Steine spielten von der Jungsteinzeit
an eine Rolle bei Kulthandlungen.

▸ 🙂 Märchenwald
Der idyllische Waldspielplatz unterhalb der
Ruine mit Zwergen und Holztiguren hat von
Ostern bis Anfang Okt geöffnet.

▸ Weitere Angebote
Minigolf, Beheiztes Schwimmbad, Reithalle,
Tennisplätze, Bocciabahn, Bewegungs-Par-
cours an der Kratz'schen Scheune

Veranstaltungen und Freizeit

Kartoffelfest: alle zwei Jahre am Tag der
deutschen Einheit (wieder 2018), **Tanz um
den Maibaum:** 30. April, **Fasspartie:** Himmelfahrt, **Heidelbeertanz:** erstes August-Wo-
chenende, **Kirmes:** erstes Juli-Wochenende),
Blumenbasar: erster Sa im Mai

Romrod

(Vogelsbergkreis)

Das kleine Städtchen Romrod (3000 Einwohner) liegt inmitten einer waldreichen
Mittelgebirgslandschaft am Fuße des
nördlichen Vogelsberges. Der Ort „Rume-
rode" entstand an der Kreuzung der zwei
Altstraßen Diotweg (später Diebsweg) und
der Heerstraße durch die Kurzen Hessen.
Die erste urkundliche Erwähnung datiert
aus dem Jahr 1197, wobei einzelne Stadtteile wesentlich älter sind.

Stadt Romrod
Jahnstraße 2
36329 Romrod
📞 **06636/562**
🌐 **www.romrod.de**

Sehenswertes

▸ Schloss Romrod mit Schlosspark
Grabungen belegen die Existenz einer romanischen Vorgängeranlage, im 13. Jh. wurde
die Anlage der damaligen Zeit gemäß modernisiert, wie die verbauten Buckelquader
und der Palais eindrücklich zeigen. 300 Jahre
später wurde sie im Stil der Renaissance zu
einem schmucken Jagdschloss ausgebaut, in
dem häufig große Gesellschaften logierten.
Heute residieren im Schloss die Denkmalaka-
demie, Hotel und Restaurant. Für Familien-

feierlichkeiten, insbesondere für Hochzeiten, bietet das Schloss mit dem Park die ideale Kulisse. Näheres unter ⊕ www.schloss-romrod.de. Besichtigung nur von außen. **Führungen** an besonderen Terminen erfragen unter 📞 06636/917981

▸ Schlosskirche Romrod

In unmittelbarer Nähe zum Schloss wurde zwischen 1676–1680 die Schlosskirche errichtet. Der Saalbau in unverputztem Bruchstein besitzt einen dreiseitigen Chorschluss sowie einen querhausartigen Sakristeianbau an der Nordseite. Der mächtige Westturm entstand 1694. An der West- und Südseite befinden sich frühbarocke Portale, die spitzbogigen Fenster stammen aus derselben Zeit. Den Saal überspannt im Inneren eine Holztonne mit ornamentierten Querrippen

und Wappen, der Chorraum ist durch pfeilerartige, seitliche Wangenmauern abgeteilt. Dreiseitige, zweigeschossige Emporen, eine Kanzel mit Schnitzereien und der Taufstein stammen aus der Bauzeit. **Besichtigung** nach telefonischer Vereinbarung unter 📞 06636/226

Museen

▸ Schlossmuseum und ehemalige Synagoge

Im Romröder Museum an der Alsfelder Straße unweit des historischen Schlosses werden nicht nur die Funde der archäologischen Grabungen im Schloss, sondern auch die Geschichte des Ortes Romrod und seiner historischen Persönlichkeiten umfassend präsentiert. **Öffnungszeiten:** Di 10.00–12.00 Uhr, Sa 15.00–17.00, So 14.00–16.00 Uhr

Ein Hingucker und einzigartiges Schmuckstück ist das Schloss in Romrod.

Freizeit und Natur

In und um Romrod lässt sich herrlich spazieren gehen, wandern und mit dem Rad fahren. Eine örtliche Wanderkarte ist bei der Gemeinde erhältlich. Es gibt eine ausgewiesene, 60,9 km Mountainbike-Route. In Romrod selbst gibt es ein Hallenbad, Ausritte mit Leihpferden sind im Ortsteil Strebendorf möglich.

Runkel

(Landkreis Limburg-Weilburg)

Rund 9700 Menschen leben in Runkel. Mit ihrer eindrucksvollen Burg, dem Wahrzeichen Runkels, ruht die Stadt zwischen Westerwald und Taunus. Die Gründung der Burg erfolgte wahrscheinlich durch Kaiser Friedrich Barbarossa. Der im 14. Jh. zur Stadt erhobene Ort war oft Schauplatz von Familien- und Grenzstreitigkeiten.

**Tourist-Information
Burgstraße 23
65594 Runkel
📞 06482/916160
🌐 www.runkel-lahn.de**

Sehenswertes

▶ Burg Runkel
Auf starrem, senkrecht abfallendem Felsen inmitten des lieblichen Lahntals erheben sich unvermittelt die mächtigen Türme der Burg, die erstmals 1159 erwähnt wurde. Sie gilt als eine der schönsten Burgruinen Deutschlands. Ahnensaal, alte Gemälde, alte Möbel, Waffen und Geräte, Gewölbe mit großer Kelterpresse, Folterkammer, alte gemauerte Sprechrohre usw. bringen dem Besucher die Welt des Mittelalters nahe.

Besichtigungen: Apr–Okt tägl. 10.00–17.00 Uhr

▶ Lahnbrücke Runkel
Zur typischen Stadtansicht gehört die historische Lahnbrücke aus dem Jahr 1448. Sie ist eine der ältesten Brücken an der Lahn, die im Original-Zustand erhalten ist.

▶ Hofener Mühle
Die malerische Hofener Mühle mit ihren efeuberankten Fachwerkfassaden gilt als Kulturdenkmal und beherbergt heute ein Café sowie Gästezimmer. Die vollständig erhaltene Getreidemühle und das Wasserkraftwerk können besichtigt werden. **Besichtigung** nach Voranmeldung unter 📞 06482/339

Freizeit und Natur

▶ Kanu- und Bootfahren
Die Strecke zwischen Limburg und Weilburg bietet für Wasserwanderer ideale Voraussetzungen für ein- oder mehrtägige Touren auf der Lahn. **Auskunft** erteilt die Tourist-Information.

▶ Wandern und Radfahren
Runkel bietet mit seinem schönen Lahntal und seinen idyllischen Wanderwegen ausreichend Möglichkeiten für den aktiven Wanderfreund. Selten vorkommende Pflanzen, Farnarten, Moosflora, botanische, geologische und ornithologische Besonderheiten in den verschiedenen Naturschutzgebieten und in den ausgedehnten Wäldern des Runkeler Forstes werden diejenigen begeistern, die Ruhe mit Erholung gleichsetzen. Der Rad- und Wanderweg Kerkerbachtal führt durch ein idyllisches waldiges Seitental der Lahn, das die Taunus und Westerwald trennende Lahn mit dem Westerwald verbindet. Runkel ist beliebte Station für die vielen Radfahrer auf dem Lahn-Radwanderweg, der durch die historische Altstadt führt.

Schlitz

(Vogelsbergkreis)

Die traditionsreiche Burgenstadt Schlitz (rund 11 000 Einwohner), ein anerkannter Erholungsort, liegt zwischen Rhön, Vogelsberg und Knüll. Ihren Ursprung führt die Stadt auf eine vom Kloster Fulda gegründete und geweihte Kirche (812) zurück. Die Stadt wurde früh von einer Befestigungsanlage mit mehreren Burgen umfasst und so gegen Angriffe gesichert.

Tourist-Information im Rathaus
An der Kirche 4
36110 Schlitz
📞 06642/9700
🌐 www.schlitz.de

Sehenswertes

Wer das Angenehme eines Stadtbummels damit verbinden will, mehr über die Stadt und ihre Geschichte zu erfahren, sollte sich einer Stadtführung anschließen. Von Apr bis Okt finden offene **Führungen** statt (jeden Sa 16.00 Uhr Eingang Burgmuseum). Gruppen können zudem eine „Kulinarische Stadtführung" buchen und dabei Schlitzer Spezialitäten kennenlernen oder eine „Gesungene Stadtführung": Schlitzers Geschichte auf „liederliche Art". Mittels eigens komponierter Lieder erläutert der Barde und Minnesänger die Begebenheiten der Stadtgeschichte. Wer gern spät am Abend noch unterwegs ist, hat vielleicht Lust, sich einer Nachtwächterführung anzuschließen. Auskuft erteilt die Tourist-Information.

▸ Altstadt

Markant erheben sich die vier Burgen. Der vollständig erhaltene mittelalterliche Stadtkern rund um den Marktplatz mit dem spätgotischen Rathaus und dem St. Georgs-Brunnen sowie der Kirche St. Margarethe auf dem Stadtberg werden von der Vorder-, Hinter-, Schachten- und Ottoburg umrahmt. Die Burgen waren Teil der mittelalterlichen Befestigungsanlage, die den Stammsitz der Grafen von Schlitz schützte. Der Schlitzer Burgenring war mit einer starken und festen Mauer umgeben, die noch an verschiedenen Stellen zu sehen ist. Die Stadtmauer war mit Wehrgängen und Bastionen versehen. Außerdem

Blick vom Hinterturm auf Stadt und Umgebung.

umschloss ein mit Wasser gefüllter Wallgraben die äußere Mauer des Burgenrings, der teilweise noch mit einem Zwinger (schmaler, unbebauter Streifen zwischen innerer und äußerer Stadtmauer) umgeben war.

▶ **Schloss Hallenburg**

Die Hallenburg liegt außerhalb des Zentrums in der Gräfin-Anna-Straße 4. Sie ging aus einem mittelalterlichen befestigten Gutshof hervor, der von einem Wassergraben umgeben war. 1706–1712 entstand nach den Plänen des französischen Architekten Louis Remy de la Fosse ein spätbarockes Schloss. Nach einem Feuer 1755 und erneut 1800 erfolgten intensive Um- und Ausbaumaßnahmen. Zu Schloss Hallenburg gehört der Schlosspark. Ursprünglich ein Park nach französischem Vorbild, wurde die heutige Anlage zu Beginn des 19. Jh. nach dem Muster englischer Landschaftsgärten grundlegend umgestaltet. Zahlreiche, auch exotische Gehölze wurden damals angepflanzt. Das Schloss ist heute Sitz der hessischen Landesmusikakademie.

Schlossführungen auf Anfrage unter ☎ 06642/91130, 🌐 www.schloss-hallen-burg.de

▶ **Romanische Stadtkirche**

Die Kirche in Schlitz (An der Kirche 6) ist einer der ältesten steinernen Sakralbauten, die außerhalb des unmittelbaren Fuldaer Klosterbezirks errichtet wurden. Die evangelische Stadtkirche wurde als dreischiffige romanische Säulenbasilika von dem Fuldaer Abt Ratgar erbaut und am 20. September 812 vom Mainzer Erzbischof Richolf geweiht.

▶ **Kirche Frauenrombach**

In der Pfarrkirche von Fraurombach befindet sich ein Wandmalereizyklus aus dem Jahr 1330; im Zusammenhang mit der Heilig-Kreuz-Legende war Heraklius im Mittelalter als der erste Kreuzritter bekannt geworden, weil er während seiner Amtszeit das heilige Kreuz von den Arabern zurückeroberte und nach Jerusalem gebracht hat. Der Bildzyklus in Fraurombach veranschaulicht den Kampf gegen die Araber und die Rückführung des Kreuzes.

Führungen auf Anfrage unter ☎ 06642/9185043

▶ **Hinterturm Schlitz**

Der Hinterturm, Bergfried aus dem 14. Jh., hat eine Höhe von 36 m. 1906 erhielt er nach altem Vorbild eine Steinhaube. Der Turm ist heute ein beliebter Aussichtsturm, den man bequem mit dem Fahrstuhl erreichen kann. Ursprünglich war das Turminnere nur durch einen wahrscheinlich hochklappbaren Steg zu betreten. Unterhalb des früheren Eingangs befanden sich mehrere Verliese, die von der gräflichen Landesherrschaft als Turmgefängnis benutzt wurden.

Öffnungszeiten: Apr–Okt tägl. 10.00–12.00 Uhr und 13.00–18.00 Uhr

▶ **Schlitzer Obst- und Edelobstbrennerei**

Im Dörfchen Sandlofs, einem heutigen Stadtteil von Schlitz, wurde im Jahr 1585 erstmals herrschaftliches Bier gebraut. Von Meisterhand werden dort noch heute 31 verschiedene Spirituosen hergestellt: Edelobstbrände, Fruchtsaftliköre, Kräuterliköre, der berühmte Burgenkümmel und der eichenfassgelagerte Schlitzer Korn … Wer tiefer in die Welt der Destillerie einsteigen möchte, kann an einer Führung teilnehmen. Sie führt durch Kornbrennerei, Grundstoffdestillation, Lagerkeller, Edelobstbrennerei und Abfüllung. Im Anschluss findet eine Verkostung statt.

Buchung: Schlitzer Korn- und Edelobstbrennerei, Im Grund 16, 36110 Schlitz, ☎ 06642/5267, 🌐 www.schlitzer-kornbrennerei.de, **Öffnungszeiten** des Hofladens: Mo–Do 7.00–16.30 Uhr, Fr 7.00–15.30 Uhr

Museen

▶ **Burgmuseum**

In der umfangreichen Sammlung werden alte Handwerkstraditionen – in erster Linie die jahrhundertealte Leinenweberei vorge-

stellt. Aber auch eine komplett eingerichtete Schuhmacherwerkstatt und die vielen verschiedenen Werkzeuge gewähren einen Einblick in das handwerkliche Leben früherer Schlitzer Bürger. Das Museum in der Vorderburg, einem Renaissance-Bau, beherbergt eine beachtliche Waffen- und Fahnensammlung, komplette Bauernstuben mit Schränken und ein Ehebett von 1867, Kücheneinrichtungen aus dem 18. und 19. Jh. und eine der Schlitzerländer Trachten.
Adresse: Burgmuseum, An der Vorderburg 1, 36110 Schlitz, 📞 06642/97060, **Öffnungszeiten:** März Sa und So 15.00–17.00 Uhr; Apr–Juni Di–So 15.00–17.00 Uhr; Juli und Aug Di–So 10.00–12.00 und 15.00–17.00 Uhr, Sept Di–So 15.00–17.00 Uhr; Okt–Dez Sa/So 15.00–17.00 Uhr

▶ Dorfmuseum „Buisch ahl Huss"
Den Besucher erwartet im Dorfmuseum Frauenrombach ein komplett ausgestattetes Bauernhaus wie zu Urgroßmutters Zeiten. Man könnte meinen, die Bauernfamilie sei eben mal aufs Feld gegangen und habe alles stehen und liegen lassen.
Adresse: Sandlofser Straße 2, 36110 Schlitz-Frauenrombach, **Öffnungszeiten:** Apr–Okt Sa 14.00–16.00 Uhr

Freizeit und Natur

▶ Wandern und Radfahren
Der Vogelsberger Höhenclub e. V. bietet Wanderungen an. Treffpunkte und Termine: 📞 06642-1265. Eine örtliche Wanderkarte ist im Rathaus erhältlich. Einen Waldlehrpfad erreicht man von der Landesstraße L 3143 Schlitz Richtung Fulda etwa nach 1 km links abbiegend am idyllisch gelegenen Grillplatz „In der Kahl". Der Rundweg ist knapp 1,5 km lang. Am Waldlehrpfad beschreiben rund 40 farbige Schautafeln und Hinweisschilder die hier meist heimischen Holzarten, Vögel, Insekten u. a. Massive Holzbänke laden zum

Ausruhen ein. Auch Radler finden in und um Schlitz ein reiches Angebot vor, u. a. den Hessischen Radfernweg R 1 und den Vulkanradweg.

▶ Pfordter See
Im idyllisch gelegenen Badesee kann man ein erfrischendes Bad nehmen. Auch Surfen und Angeln ist hier möglich. Gegen Vorlage eines gültigen Angel- oder Fischereischeins erhält man bei der Tourist-Info eine Angelkarte.

▶ Hochseilgarten Schlitz
Der Hochseilgarten ist ein Parcour aus künstlichen Hindernissen, die sich in 8–15 m Höhe befinden. In freier Natur können Kletterwillige unter Anweisung und Kontrolle geprüfter Trainer unterschiedliche Aufgaben bewältigen, die Mut, Selbstvertrauen, Flexibilität und Teamgeist fördern. Der Hochseilgarten kann das ganze Jahr über genutzt werden. Einschränkungen aufgrund von schlechtem Wetter gibt es nur bei starkem Regen, Gewitter, Sturm und Hagel. Im Winter geht's mit der richtigen Kleidung an die Seile.
Adresse: Schwarzer Stock 14, 36110 Schlitz 📞 06642/405379, 🌐 www.hochseilgarten-schlitz.de (**Anmeldung** erforderlich)

▶ Weitere Angebote
Reiten, Frei- und Hallenbad, Angeln

Veranstaltungen und Feste

In ungeraden Jahren (wieder 2019) findet am zweiten Juli-Wochenende das **Schlitzer Heimat- und Trachtenfest** statt. Für vier Tage gehört die Stadt ganz den farbenprächtigen Tanz- und Folkloregruppen aus aller Welt. In den geraden Jahren findet am zweiten Juliwochenende das **Altbierfest** (wieder 2018) statt. Das **Runkelrübenfest** findet alljährlich am Samstag vor Halloween statt. Zur Adventszeit erstrahlt die größte Kerze der Welt hoch über dem **Weihnachtsmarkt.**

Schotten

(Vogelsbergkreis)

Der staatlich anerkannte Luftkurort (ca. 11 000 Einwohner) liegt am Westhang des Vogelsberges. In der Nähe befinden sich mit Hoherodskopf (764 m) und Taufstein (773 m) die zwei höchsten Erhebungen des Naturparks Hoher Vogelsberg. Schotten ist durch hohe Schneesicherheit im Winter und Wandermöglichkeiten im Sommer in ausgedehnten Wäldern ein wichtiger Fremdenverkehrsort. Archäologische Funde reichen zurück bis in die Jungsteinzeit. Aus vorgeschichtlicher Zeit künden mehrere Hügelgräber sowie die Ringwälle Alteburg und Wildhauskopf. Schotten wurde erstmals 778 urkundlich erwähnt. Die Gründung der Siedlung steht in Zusammenhang mit der beginnenden hochmittelalterlichen Rodungsperiode des 8. Jh.

Tourist-Information
Vogelsbergstraße 137 a
63679 Schotten
📞 **06044/6651**
🌐 **www.tourist-schotten.de**

Sehenswertes

▶ Alteburg
Der prächtige Fachwerkbau datiert aus dem Jahr 1605. Während die Alteburg nur von außen zu besichtigen ist, ist der Park frei zugänglich. Hier finden sich zahlreiche Ruhebänke mit Blick auf den Wassergraben sowie ein Brunnen aus Basalt und ein schöner Kinderspielplatz. Nur wenige Schritte entfernt bietet die Nidda ein malerisches Naturschauspiel: einen kleinen Wasserfall, der zur Schneeschmelze schon mal stark anschwellen kann.

▶ Bismarckturm
Der aus Basalt zwischen 1906 und 1910 errichtete Bismarckturm (22 m hoch) ist ganzjährig frei zugänglich. Vom Turm aus hat man eine herrliche Aussicht über den Oberwald bis zum Taunus, zum Dünsberg, zum Knüll und in die Rhön.

▶ Eppsteiner Schloss
Am Rande der historischen Altstadt in der Schlossgasse thront der imposante Bau aus dem Jahr 1385. Die gotischen Staffelgiebel wurden mehrfach um- und ausgebaut. Das Gebäude befindet sich in Privatbesitz und ist nur von außen zu besichtigen.

▶ Liebfrauenkirche
Gestiftet wurde die gotische Kirche (1385) von Konrad von Trimberg und Lukarde von Eppstein. Die beiden Stifter ließen sich auf einem Tympanon über dem Portal verewigen. Die Liebfrauenkirche liegt im Zentrum der historischen Altstadt, direkt am Marktplatz und in Nachbarschaft zum alten Rathaus. Die markante Kirche wird auch als Vogelsberger Dom bezeichnet. Für einige Jahrzehnte im 14. Jh. diente sie auch als Pilgerkirche. Im Inneren birgt sie einen um 1385 geschaffenen Flügelaltar, der in 16 Bildern das Marienleben zeigt. Sehenswert sind zudem eine Pieta und eine Madonna aus dem 14. Jh., ein Taufbecken mit romanischen Löwenfüßen und eine Kreuzigungsgruppe vom Ende des 15. Jh. Die Orgel stammt aus dem Jahr 1782. **Besichtigung** nach Voranmeldung im Pfarramt Schotten unter 📞 06044/96140

▶ Fachwerkkirche Breungeshain
Zeugnis von der mittelalterlichen Geschichte des Gotteshauses legt noch heute das Antoniter-Kreuz ab, das sich auf der Kirche befindet, denn im 14. Jh. gehörte diese Kirche den Antonitern aus Grünberg. Die Fachwerkkirche in Schotten-Breungeshain ist tägl. bis 18 Uhr zur Besichtigung geöffnet.

Museen

▸ **Vogelsberger Heimatmuseum**
Das Museum umfasst 17 Ausstellungsräume mit volkskundlichen Exponaten, Funden der Vor- und Frühgeschichte und des Mittelalters. Sehenswert ist die kleine geologische Abteilung und die wertvollen Schränke und Truhen. Einen ganz anderen Geschmack trifft die riesige Sammlung von Schneekugeln oder das alte Motorrad aus den 1930er-Jahren, das an den Schottenring erinnert.
Adresse: Vogelsbergstraße 95, 63679 Schotten, ☏ 06044/951215, ⊕ www.heimatmuseum-schotten.de
Führungen auf Anfrage

▸ ☺ **Spielzeugmuseum Nickelsmühle**
Etwa 400 Exponate, teilweise über 50 bis 100 Jahre alt, füllen dieses kleine Museum mit Puppen, Teddys, Holz- und Blechspielzeug, Eisenbahnen etc. Anfassen und spielen ist selbstverständlich erlaubt. Das einzige Museum dieser Art weltweit!
Adresse: Nidderweg 7, 63679 Schotten-Sichenhausen, **geöffnet** auf Anfrage unter ☏ 06045/5150

▸ **Naturschutz-Infozentrum Hoherodskopf**
Auf der Kuppe des Hoherodskopfs, unmittelbar am großen Parkplatz, befindet sich seit 1986 das Naturschutz-Informationszentrum Vogelsberg. Es bietet dem naturinteressierten Besucher vielfältige Einblicke in die Pflanzen- und Tierwelt des Vogelsberges, erläutert in einer kleinen geologischen Ausstellung die Entstehung des Vulkan-Vogelsberg und hat Platz für wechselnde Sonderausstellungen.

▸ **Vulkaneum**
Das im Juli 2017 eröffnete Vulkaneum bietet eine interaktive Erlebnisausstellung mit zwölf Stationen, die das Thema Vulkanismus anschaulich erklären. Auf mehreren Etagen erlebt der Besucher eine Reise durch die Vergangenheit bis in die Gegenwart mit Multi-Media-Installationen, inszenierten Räumen, interaktiven Exponaten und Experimentierstationen.
Adresse: Vogelsbergstraße 160 a, 63679 Schotten, **Öffnungszeiten:** Mo–Fr 9.00–18.00 Uhr, Sa und So 10.00–18.00 Uhr

Freizeit und Natur

▸ **Wandern/Nordic Walking**
Rund um Schotten findet der Naturfreund Premiumwanderwege und Extratouren; zudem gibt es geführte Wanderungen mit dem Naturparkführer. Ein Muss für jeden Schottenbesucher ist die Gipfeltour. Die 14 km lange Strecke führt über bunte Wiesen und durch Waldgebiete mit urwüchsigen Basaltformationen. Es geht insgesamt über fünf Gipfel. Der Lohn für die „Mühe" sind herrliche Aussichten. Auf dem Geopfad lernt der Wanderer einiges über die Erdgeschichte. Ganz anders der Sinnespfad, auf dem es vor allem darum geht, in der Natur neue Kraft zu tanken. Der Weg „Der Natur auf der Spur" macht neugierig auf den Wald und seine Bewohner. Der Naturerlebnispfad findet zu wechselnden Themen statt. Auskunft erteilt die Tourist-Information.

▸ **Radfahren**
160 km ausgeschilderte Mountainbike-Routen durchziehen den Vogelsberg. Ausgangspunkt in alle Richtungen ist der Hoherodskopf. Auf einer Länge von 93 km verläuft der Niddaradweg von der Niddaquelle auf dem Hoherodskopf bis nach Frankfurt in das Rhein-Main-Gebiet. Rennradfahrer können sich ein GPS-Gerät ausleihen und aus acht verschiedenen Strecken (50 km bis 200 km) wählen. Genussradeln ist auf dem Vulkanradweg von Altenstadt bis Schlitz und auf dem Nidda-Radweg von Frankfurt nach Schotten angesagt. Der Hoherodskopfsteig

schafft die Verbindung der Wege über den Gipfel des Hoherodskopf. Entlang des Vulkanradwegs verkehrt im Sommer an den Wochenenden und Feiertagen der Vulkan-Express-Bus, der Fahrradtransport ist kostenlos.

▶ 🔄 **Baumkronenpfad Hoherodskopf**

Der 500 m lange Pfad ist Europas erster Weg, der sich – nur gehalten von kräftigen Seilen – auf schmalen Planken von Baumkrone

Winteridylle an der Taufsteinhütte Hoherodskopf.

zu Baumkrone bewegt. Aus 10–12 m Höhe sieht die Welt ganz anders aus. Deshalb sind auch die Kräfte und Elemente der Natur das Leitthema des Pfades: Warum wachsen Bäume in den Himmel und trotzen dennoch dem Orkan? Warum sind die Pflanzen grün und wie entsteht aus Sonnenlicht ein Regenbogen?

Adresse: Am Hoherodskopf 9, 63679 Schotten (direkt am Parkplatz Hoherodskopf), 🌐 www.baumkronenpfad.de, **Öffnungszeiten:** tägl. Apr–Okt

▶ **Wintersport**

Am Hoherodskopf werden unterschiedliche Ski-, Langlauf- und Snowboardkurse sowie Ski-, Langlaufski- und Snowboardverleih angeboten.

Vogelsberger Schneetelefon für alle Wintersportgebiete des Vogelsberges: 📞 06044/6666 oder 6667.

Ganze neun Meter höher und damit höchster Punkt des Vogelsberges ist der unmittelbar benachbarte Taufstein mit 773 m. Ein paar Kilometer südlich auf der Herchenhainer Höhe finden die alpinen Skifahrer einen weiteren leichten Abfahrtshang. Der Langläufer findet bei ausreichender Schneehöhe ein insgesamt 55 km gespurtes Loipennetz vor.

Im Naturpark Hoher Vogelsberg stehen mehrere Loipen zur Verfügung: Taufstein-Loipe, Köhlerwald-Loipe, Hainerwald-Loipe, Loipe am Gebenhainer Berg, Bermuthshain-Loipe, Ulrichsteiner Loipe. Für alle Nachtschwärmer gibt es die „Rennwiese" bzw. Flutlicht-Loipe, eine Skipiste, die Mo, Mi und Fr von 17.00–21.00 Uhr beleuchtet ist.

▶ 🔄 **Freizeitzentrum Nidda-Stausee**

Segler und Surfer haben hier genauso viel Spaß wie Angler und Camper. Um den See herum führt ein 5 km langer Rundwanderweg. Für Kinder gibt es hier besonders viel zu unternehmen: Bootsverleih, Abenteuerspielplatz und vieles mehr sorgen für Abwechslung.

Adresse: Boots- und Surfstation Nidda-Stausee, ☏ 06405/501982, ⊕ www.windsurf-schule-niddastausee.de

▶ Kletterwald Hoherodskopf

Mit einer Größe von ca. 20 000 m² verspricht er Spaß, Fitness und Abenteuer zugleich.
Adresse: Am Hoherodskopf 9, 63679 Schotten, ☏ 06044/608945, ⊕ www.kletterwald-hoherodskopf.de

▶ ☼ Sommerrodelbahn Hoherodskopf

Rasant geht es ins Tal. Bergauf geht's mit dem Lifter, der die Sommerrodler ganz bequem zur Bergstation zurückbringt.
Adresse: Am Hoherodskopf 16, 63679 Schotten, ☏ 06044/2893, ⊕ www.sommerrodel-bahn-hoherodskopf.de

▶ ☼ Vogelpark

Im Tier- und Erlebnispark trifft der Besucher auf heimische und exotische Vogelarten. Für die ganz Kleinen ein Höhepunkt ist das Streichelgehege mit Ziegen, Schafen und Eseln. Auch Bennett-Kängurus und Lamas fühlen sich auf den saftigen Wiesen im Vogelsberg heimisch. Eine besondere Attraktion bei den Besuchern sind die Eisfüchse und Erdmännchen. Im Sinnesgarten können große und kleine Besucher auf dem Barfußweg mit nackten Füßen verschiedene Naturmaterialien ertasten, im Duftgarten verschiedene Kräuter und Pflanzen riechen, die Füße in einem Flusslauf kühlen und vieles mehr.
Adresse: Vogelsbergstraße 212, 63679 Schotten, ☏ 06044/6009144, ⊕ www.vogelspark-schotten.de, **Öffnungszeiten:** Apr–Okt tägl. 10.00–18.00 Uhr

▶ ☼ Geocaching

Die ganz besondere Schnitzeljagd: In Kleingruppen sollen Kinder mit Hilfe von GPS-Geräten verschiedene Orte finden, wo sie kleinere Aufgaben und Fragestellungen lösen sollen.

Informationen: Informations-Zentrum Hoherodskopf, ☏ 06044/96 9330, ⊕ www.hoherodskopf-info.de

▶ ☼ Kleinste Schokoladenfabrik Deutschlands

Die kleinste Schokoladenfabrik Deutschlands steht in Wingershausen. Auf rund 30 m² stellt Wolfgang Keil hier in familiärer Handarbeit Schokoküsse her. Besonders für Kinder lohnt sich ein Besuch, denn sie können hautnah erfahren, wie ein Schokokuss hergestellt wird. Vom Aufspritzen der Schaummasse über das Tunken in verschiedene Überzüge, das Bestreuen mit Streuseln, Nüssen und anderen Leckereien bis hin zum Verpacken kann man den Werdegang dieser Süßigkeit beobachten. Und kosten kann man sie natürlich auch an Ort und Stelle.
Adresse: Keil Süßwaren, Untere Weinbergstraße 5, 63679 Schotten-Wingershausen, ☏ 06044/3128, ⊕ www.keil-suesswaren.de
Öffnungszeiten Fabrikverkauf: Mo–Fr 8.00–12.30 Uhr, 14.00–18.00 Uhr, Sa 8.00–13.00 Uhr, **Vorführungen** nach telefonischer Absprache

▶ Weitere Angebote

Freibad Schotten, Planwagenfahrten, Segelflug, 18-Loch-Golfplatz, Cruisen auf dem Vulkan

Veranstaltungen und Feste

Jedes erste Wochenende im Juni laden Gaukler, Schwertkämpfer, Live-Bands und Künstler zum **schottischen Mittsommer** in den Alteburgpark ein. Immer am dritten Wochenende im August kann man dem Rennsport mit Veteranen-Maschinen beim **Schottenring Classic Grand Prix** zuschauen. Das **Altstadtfest** wird traditionell am ersten Wochenende im August gefeiert.

Schwalmtal

(Vogelsbergkreis)

In der Gemeinde leben rund 3000 Menschen. Zahlreiche Grabungsfunde, die zum Teil bis in die Altsteinzeit zurückreichen, weisen auf eine sehr frühe Besiedlung hin. Das Gemeindegebiet war von sogenannten Altwegen durchzogen, die schon im 4. und 5. Jh. v. Chr. benutzt wurden. Im Mittelalter wechselte die territoriale Zugehörigkeit mehrfach zwischen weltlichen und geistlichen Herren. Zu Beginn des 18. Jh. gehörten sämtliche Ortschaften zur Landgrafschaft Hessen-Darmstadt.

Gemeinde Schwalmtal
Alsfelder Straße 72
36318 Schwalmtal
📞 **06638/91850**
🌐 **www.schwalmtal-hessen.de**

Sehenswertes

▸ **Kirche Hopfgarten mit Taufstein**
Der Ortsteil Hopfgarten wurde erstmals 812 urkundlich erwähnt. In der Karolingerzeit gab es hier eine Straßenfeste zum Schutz der bedeutenen Altstraße. Auch ein Kloster existierte in dem Dorf. Von diesem ist nur eine Kapelle übrig geblieben, die 1734 zur heutigen Kirche ausgebaut wurde. Hier wird ein Taufstein, der zu den ältesten seiner Art in Deutschland gehört, aufbewahrt. Er wird mit dem Heiligen Bonifatius in Verbindung gebracht, der in dieser Gegend aktiv missioniert haben soll.

▸ **Zigeunereiche**
Im Ortsteil Hopfgarten steht die 900 Jahre alte, sogenannte Zigeunereiche – ein Naturdenkmal.

▸ **Steinbrüche Brauerschwend**
Die zwei aufgelassenen Steinbrüche in der Gemeinde Brauerschwend zeichnen sich vor allem durch ihre großen, z. T. sehr gleichmäßig ausgeformten Basaltsäulen aus. Die Steinbrüche sind nicht öffentlich zugänglich, aber größtenteils einsehbar.

Natur und Freizeit

Die idyllische Natur am Bachlauf der Schwalm lädt zu Spaziergängen und Wanderungen ein. Die Hessischen Radfernwege R 4 und R 2 verlaufen entlang der Schwalm durch das Gemeindegebiet. Ausritte auf Leihpferden sind im Ortsteil Storndorf möglich.

Veranstaltungen und Feste

Besonders traditionsreiche Feste sind die **Kirmesveranstaltungen,** die im Spätsommer,

Die idyllische Natur rund um Schwalmtal lädt zum Genusswandern ein.

bzw. Anfang des Herbstes in fast allen Ortsteilen durchgeführt werden.

Selters (Taunus)

(Landkreis Limburg-Weilburg)

Die im Taunus liegende Gemeinde Selters
(rund 8000 Einwohner) setzt sich zusammen aus den Ortschaften Eisenbach,
Haintchen, Münster und Niederselters.
Die Namensgebung orientiert sich an der
ersten Nennung von „Saltrissa", damals
auf Niederselters bezogen von 722. Die
Geschichte Niederselters ist vor allem
geprägt durch den berühmten Selters-
brunnen und den Mineralwasserversand
in alle Welt.

Gemeinde Selters
Brunnenstraße 46
65618 Selters/Taunus
Teelfon: 06483/91220
🌐 **www.selters-taunus.de**

Sehenswertes

▶ **Niederselters**
Sehenswert ist der historische Ortskern des
alten Runddorfes mit zum Kulturzentrum
umgestalteter Barockkirche von 1717, restaurierten Fachwerkhäusern und Dorfplatz
mit Brunnen. In der klassizistischen Kaserne
von 1789 ist die Gemeindeverwaltung zu
Hause. Der Quellentempel im Jugendstil
von 1907 überdeckt die älteste und originale
Seltersquelle, auf die der Gattungsname
Selterswasser zurückgeht.

▶ **Eisenbach**
Die Pfarrkirche St. Petrus, eine neuroma-
nische Basilika von 1898 mit einem Chorgestühl aus der zweiten Hälfte des 18. Jh.

ist einen Abstecher wert. Auffallend viele
Bürgerhäuser mit hübschen Stuckfassaden
als Zeugnisse heimischer Handwerkskunst
finden sich in Eisenbach.

▶ **Haintchen**
Der Höhenort im Hintertaunus wird von der
Barockkirche St. Nikolaus von 1751 überragt.
Wertvoll ist die Innenausstattung mit acht
Deckenmedaillons. Haintchen ist zudem Aus-
gangspunkt für viele Taunuswanderungen.

▶ **Münster**
Sehenswert ist die evangelische Pfarrkir-
che mit dem um das Jahr 1000 errichteten
romanischen Westturm. Im ehemaligen
Rathaus findet sich eine kleine Museums-
Heimatstube.

Museen

▶ **Selterswassermuseum**
Millionen Krüge fanden jährlich ihre Ab-
nehmer und die Kurfürsten und Herzöge
schätzten das Wasser auch als Finanzquelle.
Das Museum zeigt mit einer Vielzahl von
Dokumenten die spannende Geschichte
der Quelle: Landkarten, Bücher, Verträge,
Zeichnungen, Stiche, Bilder, Urkunden, Krüge
und Flaschen.
Adresse: Am Urseltersbrunnen 1–3,
65618 Selters, **Öffnungszeiten:** Apr–Okt So
14.00–17.00 Uhr

Freizeit und Natur

▶ **Radwandern**
Die Kommunen Bad Camberg, Brechen,
Hünfelden, Hünstetten, Idstein und Selters
(Taunus) haben sich zusammengetan, um
gemeinsam eine Radrundtour „Ems-Wörs-
bachtal" zu entwickeln (40 km) und zum
Leben zu erwecken. Jedes Jahr am ersten
Maisonntag findet an der Rundstrecke der
sogenannte „Fahrrad-Sonntag" statt.

▶ 😊 Freizeit- und Erlebnisbad Selters

Vier 25-m-Bahnen sowie eine 1-m-Sprung-plattform laden die Sportschwimmer ein; daneben gibt es ein Erlebnisbecken, das mit einer geschwungenen Kinderrutsche, mit Schwallbrausen, Massagedüsen und Nackenduschen ausgestattet ist. Vollständig neu aufgebaut wurde das Kinderbecken. Ein Sonnensegel schützt die Kleinkinder vor der intensiven Mittagssonne.

Adresse: Am Schwimmbad, 65618 Selters, ⊕ www.freibad-selters.de, **Öffnungszeiten:** in der Saison tägl. von 10.00–19.00 Uhr

▶ Reiten

Die Reiterfreunde Selters bieten Gästen die Möglichkeit zum Mitreiten.
Kontakt: Reiterfreunde Selters e.V., Hof Pat-zelt, Selters-Münster

▶ Weitere Angebote

Tennis, Golfplatz, Parkanlagen, markierte Wanderwege, Waldlehrpfad

Veranstaltungen und Feste

Kirmesfeste, Sportlerball, Nikolausmarkt

Siegbach

(Lahn-Dill-Kreis)

Die Gemeinde Siegbach liegt im Gladenbacher Bergland im Tal des namengebenden Siegbachs. Rund 3000 Menschen leben hier. Auf dem Gemeindegebiet standen einst drei Burgen, und zwar in Eisemroth (Standort heutige Kirche), in Wallenfels und in Tringenstein. Sie wurden während bzw. kurz nach dem Ende der 100-jährigen Dernbacher Fehde (1230–1333) errichtet, die Burgen Eisemroth und Wallenfels

von den Landgrafen von Hessen, die Burg Tringenstein von den Grafen von Nassau. Es ging dabei um die Vorherrschaft in diesem Gebiet zwischen der aufstrebenden Grafschaft Nassau und der Landgrafschaft Hessen.

Gemeinde Siegbach
Austraße 23
35768 Siegbach
📞 **02778/91330**
⊕ **www.siegbach.de**

Sehenswertes

▶ Fachwerkrathaus Übernthal

Das ehemalige Rathaus in Übernthal wurde 1781 erbaut. Das mächtige Eichenfachwerk weist alle besonderen Baumerkmale jener Zeit auf: kunstvolle Schnitzereien, „Andreaskreuze" und den „Hessischen Mann".

▶ Burg Tringenstein

Sie wurde auf Veranlassung der Gräfin Adelheid, Witwe des Grafen Otto II. von Nassau-Dillenburg, 1350/51 als Gegenmaßnahme zur neuen hessischen Burg Neu-Dernbach auf dem Berg Murstein errichtet. Nachdem 1739 die Nassau-Dillenburger Linie ausgestorben war, hatte niemand mehr Interesse an der Burg. Das Bauwerk verfiel. Heute sind auf dem Burghügel nur noch wenige Mauerreste und eine Modellnachbildung der Burg zu sehen.

▶ Burg Wallenfels

Die Burg stand einst auf dem 498 m hohen Bergkegel oberhalb des gleichnamigen Ortes. Sie wurde erstmals 1334 als „Waltinfels" genannt. Etwa seit 1480 ist sie unbewohnt, verfiel und wurde abgetragen. Von der ehemaligen Burganlage sind heute nur noch kaum sichtbare Fundamentreste und der breite Halsgraben, durch den heute ein Feldweg führt, vorhanden.

▶ Dorfkirche Oberndorf

Der massive Wehrturm der schlichten Dorfkirche stammt noch aus dem Jahre 1417, das
etwas eng geratene Kirchenschiff wurde im
Jahre 1670 erstellt.

Museen

▶ Heimatmuseum Siegbach

Ausstellungen zu den Themen Landwirt-
schaft, Wohnkultur, Bergbau, Handwerk,
Eisenbahn, Sammlung von Gesetzen und
Zeitungen aus nassauischer und preußischer
Zeit sind hier zu sehen.
Adresse: Hohe Straße 6, 35768 Siegbach,
📞 02778/2961, **Öffnungszeiten:** nach Ver-
einbarung

▶ Bergbaustube Tringenstein

Eine Ausstellung zur Bergbaugeschichte,
Werkzeuge und Ausrüstungen aus dem
Bergbau, Mineralien und Dokumente sind
hier zu sehen.
Adresse: Oranienstraße 28, 35768 Siegbach,
📞 02778/2584, **Öffnungszeiten:** nach Vereinbarung

Freizeit und Natur

▶ Wilhelmsteine

Die Wilhelmsteine sind eine Felsengruppe
aus Eisenkiesel (Härtlinge), die sich im Schel-
derwald 500 m südöstlich des Fernsehturms
Angelburg und ca. 100 m südöstlich der
geschichtlich bedeutsamen „Hohen Straße"
auf einer 585 m hohen ebenen Fläche im
lichten Buchenwald befindet. Sie besteht
aus mehreren Einzelfelsen, deren höchstes
Exemplar bis ca. 15 m hoch aufragt.

▶ Wandern

Eine Traumroute ist der Lahn-Dill-Bergland-
Pfad (86 km). Idyllische Ausblicke in stille
Täler und beeindruckende Fernsichten von
luftigen Bergkuppen und hohen Aussichts-

türmen laden ein, die besondere Schönheit
des Lahn-Dill-Berglandes mit allen Sinnen
zu entdecken. Die Extratour „Hohe Straße"
(13,7 km) führt über eine bereits von den
Kelten erschlossene und in napoleonischer
Zeit neu befestigte Handelsstraße. Vom
frühen bis zum hohen Mittelalter war sie ein
wichtiger Fernhandelsweg.

▶ Weitere Angebote

Naturbad mit großer Liegewiese, Sprung-
felsen, Beachvolleyballfeld und Kinder-
matschecke sowie Tennisplätze im Ortsteil
Eisenroth.

Sinn

(Lahn-Dill-Kreis)

Sinn liegt in 185–356 m Höhe am Fuß
des Westerwaldes (6500 Einwohner). Bei
Grabungen wurden Anfang der 1950er-
Jahre Scherben, Reste von Nutzwerkzeu-
gen, Hausgrundrisse, Feuerstellen und
auch ein Schmuckstein aus römischer Zeit
gefunden. Bodenfunde in Edingen ziehen
sich durch alle Epochen und lassen auf
eine dauernde Besiedelung seit dem 4. Jh.
v. Chr. schließen. Urkunden belegen die
Existenz aller drei Teilorte seit dem 13. Jh.

Gemeinde Sinn
Jordanstraße 2
35764 Sinn
📞 **02772/50070**
🌐 **www.gemeindesinn.de**

Sehenswertes

▶ Villa Haas

Sie befindet sich am Ortsausgang von Sinn
in Richtung Herborn am Südwesthang des
Mittelgebirgszuges „Hörre". Herrenhaus,

Die kleine Kapelle in Sinn ist ein Schmuckstück.

Nebengebäude (Remise) und Parkanlage gehen auf einen Entwurf des Herborner Architekten Ludwig Hofmann (1862–1933) zurück, den der Geheime Kommerzienrat Rudolf Haas, Besitzer der Neuhoffnungshütte, 1892 mit dem Bau beauftragte. Die denkmalgeschützte Gartenanlage enthält neben seltenen Pflanzen, Sträuchern und Bäumen viele Stilelemente und Staffagen des historistischen Parks wie Ruine mit Eiskeller, Grotte, Laubengänge, Spiegelteich, Rondell, Springbrunnen, Exedren, Schneckengang der auf einen Kunsthügel führt, Putten etc. Kulturdenkmal und Park sind öffentlich nur im Rahmen bestimmter Veranstaltungen möglich.

▶ **Glockengießerei Rincker**

Qualitativ hochwertige Glocken werden in Hessen – bereits in der 13. Generation – in der Glockengießerei Rincker in Sinn gefertigt. Und immer wieder ist es spannend mitzuerleben, wie eine Glocke entsteht. Gruppen können die Glockengießerei nach Voranmeldung und Terminabsprache besuchen. Einzelpersonen können auf Anfrage auch bei einem Glockenguss dabei sein.

Adresse: Wetzlaer Straße 13, 35764 Sinn, 📞 02772/94060, 🌐 www.rincker.de

Freizeit und Natur

▶ **Waldschwimmbad**

Das beheizte Freibad in Sinn lockt mit seiner herrlichen Lage und gut 10 000 m² Liegefläche.

Adresse: Ballersbacher Weg, 35764 Sinn, 📞 02772/51170, **Öffnungszeiten:** Juni, Juli und Aug Mo und Di 10.00–20.00 Uhr, Mi 10.00–22.00 Uhr, Do und Fr 10.00–20.00 Uhr, Sa/So 10.00–19.00 Uhr

▶ 🏎 **Kartland**

Das Kartland in Sinn bietet neben dem normalen Fahrbetrieb für Groß und Klein auch einen Bambini-Kurs an. In diesem können Kinder ab sechs Jahren (wenn sie größer als 1,30 Meter sind) ihren Kart-Führerschein machen.

Adresse: Herborner Straße 7–9, 35764 Sinn, 📞 02772/957695, **Öffnungszeiten:** Mo–Do 17.00–23.00 Uhr, Fr 16.00–24.00 Uhr, Sa 16.00–24.00 Uhr, So 14.00–21.00 Uhr

Veranstaltungen und Feste

Frühlingsmarkt: jeden ersten Sonntag im Mai, **Barbaramarkt:** jeden ersten Samstag im Dezember, **Heimatfest:** alle zwei Jahre im Ortsteil Fleisbach

Solms

(Lahn-Dill-Kreis)

Solms im Lahntal ist eingebettet zwischen Taunus und Westerwald. In den Stadtteilen Albshausen, Burgsolms, Niederbiel, Oberbiel und Oberndorf leben etwa 13 500 Menschen. Erste urkundliche Erwähnung erfolgte im Jahr 788 in einer Schenkungsurkunde des Klosters Lorsch.

Stadt Solms
Oberndorfer Straße 20
35606 Solms
📞 **06442/9100**
🌐 **www.solms.de**

Sehenswertes

▸Kloster Altenberg

Das ehemalige Prämonstratenserinnen-Kloster auf dem Michelsberg oberhalb der Lahn zwischen Wetzlar und Solms-Oberbiel stammt aus dem 12. Jh. Die bedeutendste Ordensfrau war die selige Gertrud, Tochter der Heiligen Elisabeth von Thüringen/Marburg. Ganz dem Vorbild ihrer Mutter folgend, stellte sie ihr Leben in den Dienst Gottes und ließ im 13. Jh. die frühgotische Klosterkirche errichten. Altenberg beherbergt bedeutende Wandmalereien aus dem 13., 14. und 15. Jh. Die weitläufige Klosteranlage ist ganzjährig zu besichtigen. Von hier hat man einen herrlichen Blick über das Lahntal, bis zum Schloss Braunfels. **Kontakt** über 📞 06441/2060

▸Sternwarte

Wer Lust hat, die Planeten am Abendhimmel zu beobachten, kommt nicht um einen Besuch der Solmser Sternwarte Burgsolms herum. Die 1965 erbaute Sternwarte verfügt über modernste astro-

nomische Instrumente und Geräte. Es finden regelmäßig öffentliche Beobachtungsabende statt.
Adresse: Lindenstraße 11, 35606 Solms, 📞 06442/1039, 🌐 www.sternwarte-burg-solms.de

Museen

▸Industrie- und Heimatmuseum

Während im Industriemuseum die industrielle heimische Arbeitswelt seit Ende des 19. Jh. dargestellt wird, zeigt das Heimatmuseum das „Wohnen und Arbeiten" um 1900 in Solms. Eine Zusammenstellung über die Flachsverarbeitung mit altem Webstuhl, eine Nähstube und eine kleine Spielzeugausstellung runden das Museumsangebot ab.
Adresse: Bahnhofsallee 26 a, 35606 Solms, 📞 06442/1357, **Öffnungszeiten:** So 14.00–17.00 Uhr

▸Besucherbergwerk Grube Fortuna mit Grubenbahnmuseum

Bergbau zum Anfassen: Hessens letzte Eisenerzgrube musste 1983 ihre Förderung einstellen, konnte aber mit allen wesentlichen Einrichtungen im Originalzustand als Besucherbergwerk erhalten werden und gilt

Das Besucherbergwerk in Solms ist ein Denkmal hessischer Industriegeschichte.

landesweit als einmaliges Denkmal hessischer Industriegeschichte. Besucher können 150 m unter Tage erfahren und erleben, wie die Erzlager im Erdmittelalter entstanden sind, welche Anlagen ein Bergwerk hat und wie sie funktionieren, unter welchen Bedingungen die Bergleute früher gearbeitet haben und vieles mehr. Es werden kleine, mittlere und große Führungen angeboten.
Adresse: Grundstraße, 35606 Solms, 📞 06443/82460, 🌐 www.grube-fortuna.de, **Öffnungszeiten:** Apr–Nov Mi–So 10.00–17.00 Uhr

Freizeit und Natur

▸ Wandern und Radfahren
In Solms treffen sich der Lahnwanderweg, der internationale Hugenotten- und Waldenserpfad, die Bergmannsroute sowie der an die Heilige Elisabeth erinnernde Elisabethpfad. Der Solmstal Fahrradweg verbindet das malerische Solmsbachtal mit dem Lahntalradweg/R7. Der Streckenverlauf des Radweges führt von Braunfels-Bonbaden kommend durch Solms-Oberndorf entlang der Oberndorfer Hütte in den Ortskern von Solms-Burgsolms. Von hieraus gelangt man zum Schluss der Strecke auf den Lahntalradweg/R7.

▸ Wasserwandern
Solms bietet die ideale Anlegestelle für Wasserfahrten aller Art. Ausgangspunkte fürs Wasserwandern sind an der „Schleuse Oberbiel", an den „Kling-Werken" und am „Schohleck". An der Ein- und Ausstiegsstelle „Schohleck" besteht die Möglichkeit des Übernachtens in einem Tipi oder Zelt. Boot- und Kanuverleih am Zeltplatz.

▸ Frei- und Hallenbad Solmser Land
Gleich drei verschiedene Attraktionsbecken mit mindestens 22 °C Wassertemperatur gibt es für alle Wasserratten. Egal ob Kleinkind, Nichtschwimmer oder Sportler – im Solmser Land kommen alle auf ihre Kosten. Ein Highlight ist die 65 m lange Riesenrutsche, die von Eltern und Kindern gleichermaßen gerne benutzt wird.
Adresse: Am Schwimmbad, 35606 Solms
Öffnungszeiten Freibad: tägl. 10.00–19.00 Uhr.
Bei schlechter Witterung ist das Hallenbad geöffnet: Di–Fr 14.30–19.00 Uhr, Sa und So 10.00–19.00 Uhr

Stadtallendorf

(Kreis Marburg-Biedenkopf)

Rund 25 km nördlich von Marburg liegt Stadtallendorf. Rund 22 000 Menschen leben in der relativ jungen Gemeinde, die erst 1960 Stadtrechte erhielt. Geschichtlich reichen die Spuren bis ins 8. Jh. zurück. Bis zum Zweiten Weltkrieg war Allendorf eine kleinbäuerliche Gemeinde, erst mit dem Ausbau zu einem wichtigen Rüstungsstandort „explodierten" die Einwohnerzahlen.

Tourist-Information
Bahnhofstraße 2
35260 Stadtallendorf
📞 **06428/7070**
🌐 **www.stadtallendorf.de**

Sehenswertes

▸ Barockkirche St. Katharina
Kunsthistorisch von besonderer Bedeutung ist die Barockkirche St. Katharina aus dem 18. Jh. Baubeginn war 1732 und schon drei Jahre später konnte der erste Gottesdienst gefeiert werden. Geweiht wurde die Barockkirche 1743.

▶ Burganlage Schweinsberg

Die Burg wurde 1231–1234 als kleine Fluchtburg erbaut. Vom 14. bis zum 16. Jh. wurde die Anlage ständig erweitert, 1635 im Dreißigjährigen Krieg teilweise niedergebrannt. 1646 zerstorte eine Explosion Oberburg und Bergfried. Im 17. Jh. bekam die Burg einen Fachwerkaufbau mit einem Turm, eine Vorburg und einen Rundturm. Die Burganlage ist nur von außen zu besichtigen.

▶ Die 5 Tugenden

Kommt man aus Richtung Wolferode, begrüßen einen die 5 Tugenden aus Lahnsandstein in einer Gartenanlage stehend. Hatzbachs unbekannte Kunstschätze aus dem 18. Jh. wurden vom Kirchenmann Damian Hugo von Schönborn ursprünglich für den Marburger Barockgarten angefertigt. Drei der Figuren sind die Darstellung theologischer Tugenden (Glaube, Hoffnung, Liebe); die anderen beiden verkörpern die Kardinaltugenden „Gerechtigkeit" und „Mäßigkeit".

▶ Forstkapelle „Mariabild"

Seit Jahrhunderten zieht es Menschen an diese alte Pilgerstätte inmitten des Herrenwaldes. Im Mittelpunkt der Kapelle aus rotem Sandstein befindet sich die Pieta mit der Muttergottes, die ihren vom Kreuz genommenen Sohn auf dem Schoß hält.

▶ Mariengrotte Niederklein

Die Mariengrotte in Niederklein wurde nach dem Vorbild der Grotte in Lourdes erbaut und im August 1975 von Pfarrer Georg Exner geweiht. Anlass des Baus war das Versprechen nach einem schweren Verkehrsunfall, der Gottesmutter eine Statue zu stiften. Anlässlich des 40-jährigen Jubiläums 2015 wurde die Anlage rund um die Grotte erneuert. Es wurden eine neue Altarplatte und neue Trittstufen eingesetzt, außerdem wurden die Sitzbänke ausgetauscht.

▶ Mariengrotte Stadtallendorf

Am oberen Ende eines langen Hohlweges liegt in idyllischer Lage die Stadtallendorfer Mariengrotte. Dieser Hohlweg beginnt an der Bundesstraße B 454, oberhalb des Wohngebietes „Kronäcker", und ist Teilstück des „Forster Weges", der von der Altstadt zur Forstkapelle in den Herrenwald führt. Wie in vielen katholischen Gebieten, so wurden auch in Stadtallendorf Kruzifixe und Marienbildstöcke von gläubigen Christen der Pfarrei St. Katharina errichtet – meist aus Dankbarkeit und Einlösung eines Gelübdes. Auf dem Weg zum Herrenwald reihen sich wie an einer Perlenschnur drei Bildstöcke und die Mariengrotte aneinander.

Museen

▶ Dokumentations- und Informationszentrum (DIZ)

Das DIZ ist Lernort, Begegnungsstätte, Museum, Archiv, Forschungs- und Informationszentrum. In einer Dauerausstellung wird die Geschichte des Ortes Allendorf von der Weimarer Republik bis in die 1950er-Jahre thematisiert. Der Schwerpunkt liegt auf der Zeit zwischen 1933 und 1945, als Allendorf zu einem bedeutenden Ort der Rüstungsproduktion wurde. Besonderes Anliegen des DIZ ist die Darstellung der Lebens- und Arbeitsbedingungen der Zwangsarbeiter/innen. **Adresse:** Aufbauplatz 4, 35260 Stadtallendorf, ☏ 06428/4498932, **Öffnungszeiten:** Di–Do 9.00–12.00 und 14.00–16.00 Uhr sowie jeden ersten So im Monat 15.00–18.00 Uhr

▶ Gedenkstätte Münchmühle

In den Allendorfer Werken wurden KZ-Häftlinge eingesetzt. Am 19. August 1944 trafen 1000 jüdische Ungarinnen aus Auschwitz im Lager Münchmühle bei Allendorf ein. Dieses Lager wurde von der SS verwaltet und überwacht und war als Außenlager dem Konzen-

In Hatzbach begrüßen den Wanderer in einer Gartenanlage wahre Kunstschätze: die 5 Tugenden von Damian Hugo von Schönborn.

der Eder, Radtour nach Homberg (Ohm), Um den Schwarzenberg, zum Schweinsberger Moor.

▸ **Naturschutzgebiet Schweinsberger Moor**
Mit seinen 43,2 ha wurde das Moor im Jahre 1973 unter Naturschutz gestellt. Das Moor ist ein sogenanntes Flachmoor, das fast komplett mit Schilf, Busch- und Baumbestand bewachsen ist. Ein kleiner Teil davon wurde 1980 in eine offene Wasserfläche umgewandelt, um Lebensraum für Wasservögel zu schaffen. Den Betrachtern bietet sich zu allen Jahreszeiten eine interessante Landschaft. Führungen sind möglich. **Info** bei der Tourist-Info.

trationslager Buchenwald angegliedert. Im Jahre 1988 wurde an der Stelle des ehemaligen Lagers Münchmühle eine Gedenkstätte eingerichtet.

Natur und Freizeit

▸ **Wandern und Radfahren**
Empfehlenswert ist die Wanderung rund um den Wetzstein. Der Weg beginnt direkt hinter der Kahlsmühle und führt 7 bzw. 12 km um den Wetzstein herum. Der „Rundweg Forster Weg" (6 km) zeigt Wege in den Herrenwald und er führt durch die außergewöhnliche Historie der „Jungen Stadt im Grünen". Der Rundwanderweg führt zu Orten der Ruhe, so auch zur alten Pilgerstätte Forstkapelle „Mariabild", vorbei auch am „Aufbaugebäude" mit dem Dokumentations- u. Informationszentrum zur Stadtgeschichte. Mehrere Touren stehen für passionierte Radfahrer zur Wahl: Auf den Christenberg, Entlang

▸ 🙂 **Heinz-Lang-Park**
Der Heinz-Lang-Park (Volkspark) ist das Zentrum Stadtallendorfs. Er ist Naherholungszentrum und Begegnungsstätte, bietet Platz für Veranstaltungen, Holzdecks am See und eine Skateplaza. Für Kinder spannend ist der Abenteuerspielplatz Piratennest. Neben einem Schiffswrack aus Holz, hölzerne Palmen mit grün angemalten Palmwedeln und einer Nestschaukel gibt es hier viele weitere Spielgeräte.

▸ **Bäder**
Das Freibad in der Stadionstraße mit großer Liegewiese verfügt über eine Riesenrutsche,

eine Sprunganlage, ein 50-m-Becken, ein Kinderplanschbecken und vieles mehr. Das Hallenbad ist behindertengerecht ausgestattet, hat u. a. Massagedüsen, Sonnenbank, Sprunganlagen, Schwimmerbecken, Kleinkinderbereich.

▸ **Ferienhof Kahlsmühle**

Hier wartet das echte Landleben! Mitten im waldreichen Hessen, zwischen Schwalm und Marburger Märchenland, liegt der Ferien-Bauernhof Kahlsmühle. Ein romantischer Fachwerkhof in einem Wiesental am Wald, gelegen direkt an der Straße. Hier spürt jeder sofort die familiäre Gastfreundschaft, die Ruhe der grünen Hügellandschaft und die Geborgenheit eines alten Gemäuers mit vielen schönen Ecken. Hier kann man nicht nur Ferien machen, sondern ab Mai jeden Sonntag selbstgebackenen im Bauernhof-Café genießen.

Adresse: Kahlsmühle 1, 35260 Stadtallendorf-Erksdorf, 📞 06428/8316

Veranstaltungen und Feste

Festlicher Höhepunkt im Jahreslauf und eines der größten Volksfeste im Marburger Land ist die seit dem 16. Jh. alljährlich am Sonntag nach Pfingsten in Neustadt gefeierte Trinitatis-Kirmes.
Anfang Sept findet das Heimat- und Soldatenfest statt.

Umgebung

▸ **Junker-Hansen-Turm in Neustadt**

Wahrzeichen Neustadts ist der 48 m hohe und 12,6 m im Durchmesser breite Fachwerkrundbau, den Hans von Dörnberg um 1480 als Südwest-Bastion der Burg- und Stadtbefestigung erbauen ließ. Nach den Plänen des hessischen Festungsbaumeisters von Ettlingen war der mächtige, aus 4 m dicken Mauern bestehende Unterbau ur-

sprünglich als Bergfried begonnen, jedoch als Wohnturm vollendet worden. Über 128 Stufen gelangt man in das Obergeschoss des Turms, auf dem der schlanke, achteckige, von vier Erkertürmchen umgebene Spitzhelm ruht.

Besichtigung: März–Nov jeweils am ersten So im Monat 15.00–17.00 Uhr

Staufenberg

(Landkreis Gießen)

Staufenberg (8400 Einwohner) wurde erstmals 1233 urkundlich erwähnt und besitzt mindestens seit dem Jahre 1336 die Stadtrechte. Mit ihrer Burg ist die Kleinstadt im Lumda- und Lahntal weithin zu sehen.

**Stadtverwaltung
Tarjanplatz 1
35460 Staufenberg**
📞 **06406/8090**
🌐 **www.staufenberg.de**

Sehenswertes

▸ **Burg Staufenberg**

Das Wahrzeichen der Stadt, die Burg, ist bereits von Weitem auszumachen. Eigentlich besteht sie aus zwei Bauten. Die Oberburg ist die älteste und nur noch als Ruine vorhanden. Erhalten sind Mauerreste eines gotischen Palas aus dem 13. Jh. sowie des angrenzenden Eckturms mit begehbarer Wendeltreppe. Auch Teile der Ringmauer, einige Keller und ein Tor aus dem 15. Jh. sind noch vorhanden. Zerstört wurde die Burg, die erstmals 1233 erwähnt wurde, im Verlauf des Hessenkrieges (1644–1648). Die Ruine wird heute noch als Kulisse für Feste und Theateraufführungen genutzt. Die später erbaute und gut erhaltene Unterburg beherbergt heute Hotel und Restaurant. Allein wegen der guten Aussicht über das Lahntal lohnt sich der Aufstieg.

▶ Torturm

Um die Stadt Staufenberg und die Burg zu schützen, wurde um 1400 eine Stadtmauer errichtet. Drei Tore führten einst in die Stadt, von denen nur das Haupttor, die Südpforte, erhalten blieb. Der Torturm verfügt nicht nur über ein Uhrwerk, sondern auch über vier unter Denkmalschutz stehende Glocken aus dem 15. und 16. Jh.

▶ Mainzlar-Kirche

Die Mainzlarer Kirche wird als das älteste Bauwerk des Ortes erstmals 1566 im Salbuch von Kirchberg erwähnt. Im Jahre 1654 wurde sie grundlegend renoviert.

▶ Treis

Für die Zeit vor der Jahrtausendwende fehlen schriftliche Belege über Treis. Aufgrund seiner besonderen Lage war dieser Ort jedoch schon weitaus früher bewohnt. Dies beweisen die überhängenden grottenartigen Quartzfelsen, die primitiven Jägerkulturen in der älteren Steinzeit als Dauerwohnplätze dienten. Heute zählt Treis aufgrund seiner zahlreich vorhandenen Fachwerkhäuser mit zu den schönsten Ortschaften des Lumdatals.

Museen

▶ Heimatmuseum Staufenberg

In der Roten Schule findet der kulturhistorisch Interessierte jede Menge Anregungen und Informationen. Die Ausstellungen zeigen historische Fotoapparate, Trachten, land- und hauswirtschaftliche Geräte sowie Interessantes rund um die Leinengewinnung. **Adresse:** Vorstadt 15, 35460 Staufenberg, ☎ 06406/3775, **Öffnungszeiten:** jeden letzten Fr im Monat 16.00–18.00 Uhr

Freizeit und Natur

▶ Wandern und Radfahren

Die natürliche Schönheit des Lumdatals erschließt ein gut ausgebautes und beschildertes Rad- und Wanderwegenetz. In und um Staufenberg sind allein sieben Rundwanderrouten ausgeschildert, auf denen man Wald und Wiesen und die einzelnen Stadtteile erkunden kann. Radfahrer können sich in Staufenberg auf die 29,5 km lange Route Gießen–Marburg begeben.

▶ Bootsverleih

Wer das Wasser liebt, kann Boote mieten bei Loganatours, Kanuverleih Deckert. **Adresse:** Ober der Lumda 8, 35460 Mainzlar, ☎ 06406/8349361, ⊕ www.loganatours.de

▶ Weitere Angebote

Reitplatz Staufenberg (Johann-Strauß-Straße), Angelteichanlage Treis, Daubringen und Mainzlar, Sommer-Eisstockbahn in Mainzlar, Tennisplätze

Veranstaltungen und Feste

▶ Krämermarkt

1680 verlieh die Landgräfin Elisabeth Dorothea von Hessen der Stadt das Recht, jährlich drei offene Märkte abzuhalten. Dieses Marktrecht wurde anlässlich des 750-jährigen Bestehens im Jahr 1983 wiederbelebt. Alljährlich wird seitdem am Fronleichnamstag der „Staufenberger Krämermarkt" in der historischen Altstadt abgehalten. Neben dem reichlichen Angebot an Waren locken ein musikalisches Rahmenprogramm und traditionelles Essen aus den Partnerstädten Tarjan/Ungarn und Mährisch-Trübau/Tschechien eine Rekordzahl an Besuchern aus dem ganzen Landkreis Gießen und darüber hinaus nach Staufenberg.

Tann

(Landkreis Fulda)

Der Luftkurort liegt im landschaftlich reizvollen mittleren Tal der Ulster. 4600 Menschen haben hier ihr Zuhause. Der Name „Thann" geht wohl auf irische Mönche zurück, die im 6./7. Jh. hier das Christentum verbreiteten. Bis zur Wiedervereinigung lag die Gemeinde mit ihren Ortsteilen im sogenannten Zonenrandgebiet. Zu Tann gehören neben der Kernstadt auch die Stadt- bzw. Ortsteile Habel, Günthers, Hundsbach, Lahrbach, Neuschwambach, Neuswarts, Schlitzenhausen, Theobaldshof und Wendershausen.

Tourist-Information
Marktplatz 6
36142 Tann (Rhön)
📞 **06682/961112**
🌐 **www.tann-rhoen.de**

Sehenswertes

▸ Schlossanlage
Die Anlage in der Schlossstraße 6 besteht aus dem „Roten" (1558), dem „Blauen" (1574) und dem „Gelben" (1699) Schloss. Die drei Farben symbolisieren nicht nur unterschiedliche Bauabschnitte, sondern auch die drei Linien des Tannschen Adelsgeschlechts, das hier seit dem Mittelalter geherrscht hat. Das Schloss befindet sich in Privatbesitz und kann deshalb nur von außen besichtigt werden.

Eine Ausnahme bildet der Ahnensaal mit barocker Decke, Porträts, Möbeln, Waffen und Fahnen, der während der Saison einmal wöchentlich im Rahmen einer Führung besichtigt werden kann. Auskunft erteilt die Tourist-Information.

▸ Marktplatz
Mittelpunkt des großzügig angelegten Platzes ist das 1900 geweihte Denkmal des Generals Ludwig von und zu der Tann-Rathsamhausen sowie der Marktbrunnen. Den Platz umrahmen teils historische Gebäude, wie das Rentamt der Herren von der Tann mit der Tannschen Forstverwaltung, ein Barockbau aus dem 18. Jh. mit Freitreppe und einer reich verzierten Tür.

▸ Elf-Apostel-Haus
Das älteste Bürgerhaus in der Marktstraße entstand um 1500. Das Fachwerk des ersten und zweiten Stockwerks ist durch reichliche Schnitzereien verziert. Das Haus erhielt seinen Namen nach dem Fries der elf Apostel.

▸ Ochsenbäckerhaus
Um die Herkunft des eigentümlichen Namens des Hauses aus dem Jahr 1594 in der Marktstraße 9 ranken sich einige Mythen. Überliefert ist, dass das Gebäude in der Vergangenheit tatsächlich als Bäckerei und später als Fleischerladen genutzt wurde.

Die Gedenkstätte Point Alpha erinnert an die Teilung und den Kalten Krieg.

▶ **Evangelische Stadtkirche**

Die Stadtkirche am Kirchplatz wurde 1886–1889 im neugotischen Stil erbaut, nachdem der barocke Vorgängerbau durch den großen Stadtbrand 1879 zerstört worden war. Der Turm (72 m) ist eines der Wahrzeichen der Rhönstadt. Besonderheiten im Inneren sind die imposanten Kreuzgewölbe, die große umlaufende Empore und die farbigen Glasfenster. Mit 1200 Sitzplätzen und einer vorzüglichen Akustik wird die Kirche auch als Konzertraum, z. B. im Rahmen des Tanner Musiksommers, häufig genutzt.

▶ **Kirche St. Nikolaus**

Die Kirche aus dem 18. Jh. (Steinweg/Rhönstraße) war lange Zeit eine Hospitalkirche. Das dazugehörige Hospital und spätere Armenhaus ist das noch heute erhaltene, auf der gegenüberliegenden Straßenseite gelegene „Claß" oder „Klashaus". Seit 2015 befindet sich auf der Wand der Altarnische das in traditioneller Technik aufgebrachte Kunstwerk „Wortwerk" des Künstlers und Biennale-Preisträgers Franz Erhard Walther aus Fulda.

Museen

▶ **Tanner Stadttor**

In der Wachstube informieren bebilderte Tafeln nicht nur über die Baugeschichte des Tores und der Stadtmauern, sondern auch über berühmte Persönlichkeiten aus Tann, bedeutende Bauwerke innerhalb der Stadt, die Geschichte der jüdischen Einwohner Tanns oder andere wichtige historische Ereignisse aus der Stadtgeschichte. **Weitere Informationen** erteilt die Tourist-Information.

▶ **Grenzmuseum**

Das Zollgrenzkommissariat eröffnete 1987 mit Unterstützung des Ministeriums für innerdeutsche Beziehungen in Tann eine „Informationsstelle Grenze zur DDR". Auf Initiative der Stadt wurde diese mit dem Zusatz „ehemalige Grenze" auch nach der Grenzöffnung weitergeführt. Die Ausstellung vermittelt die Geschichte der deutschen Teilung und der innerdeutschen Grenze durch zeitgenössische Presseberichte, Fotos, Exponate und einen Videofilm.
Adresse: Am Kalkofen 6, 36142 Tann (Rhön), ☎ 06682/961111, **Öffnungszeiten:** Apr–Okt Fr um 10.30 Uhr einstündige Führung, Eintritt frei

▶ **Naturmuseum**

Das Naturmuseum zeigt dem Besucher in 26 sogenannten Dioramen die typische Landschaft des Biosphärenreservats Rhön mit ihrer charakteristischen Tier- und Pflanzenwelt. Im Sommer ist auch ein lebender Bienenstock zu beobachten.
Adresse: Schlossstraße 3, 36142 Tann (Rhön), ☎ 06682/8977, **Öffnungszeiten:** Apr–Nov Di–So 10.00–17.00 Uhr, im Winter Di–So 11.00–16.00 Uhr

▶ 🔄 **Rhöner Freilichtmuseum**

Das Museumsdorf Tann, nur 100 m vom Marktplatz entfernt, bewahrt heimische Tradition und Baukunst und bietet Geschichte zum Anfassen für Groß und Klein.
Adresse: Schlossstraße 3, 36142 Tann (Rhön), **Öffnungszeiten:** Apr–Nov Di–So 10.00–17.00 Uhr

▶ **Sagenkeller**

In den Kellerräumen der früheren „Schlossbrauerei" ist eine einzigartige Bilderausstellung zu bestaunen – die Bilder, hergestellt aus eingefärbten Holzspänen, spiegeln in eindrucksvoller Weise alte Sagen Tanns wider. Ein unvergessliches Erlebnis in mystischer Umgebung.
Adresse: Schlossstraße 3, 36142 Tann (Rhön), **Öffnungszeiten:** Apr–Nov Di–So 10.00–17.00 Uhr, im Winter Di–So 11.00–16.00 Uhr

▸ Alte Schmiede

Zum Schlosskomplex gehörten mehrere Bauernhöfe, so auch der Hof direkt gegenüber des Roten Schlosses. In dem gut erhaltenen Scheunen- und Wirtschaftstrakt ist heute noch die alte Schmiede mit Esse und vielerlei Gerätschaften zu besichtigen. Bemerkenswert ist neben der massiven und imposanten Bruchsandsteinscheune auch der Seitentrakt mit Fachwerküberbau, der heute wie die alte Schmiede in die Tanner Museen integriert ist und die Fossilienausstellung „SteinReich" beherbergt.
Öffnungszeiten: Apr–Okt Di–So 10.00–17.00 Uhr

Freizeit und Natur

▸ Erlebnisführungen

Mit den Erlebnisführungen erlebt man das idyllische Rhönstädtchen auf eine ganz andere Weise, ob mit einer Schlenderweinprobe durch den historischen Stadtkern, einer Geisterführung, einer Sagenwanderung oder mit einer bequemen Stadtführung auf modernen Zweiradrollern. Infos erteilt die Tourist-Information.

▸ Wandern

Der Premiumwanderweg „Hochrhöner" (180 km) führt geradewegs durch Tann bis zum Katzenstein über die Kuppenrhön und Lange Rhön. Darüber hinaus gibt es viele andere Wandermöglichkeiten – Sternenguckerwanderungen, Kräuterwanderungen, Gesundheitswanderungen, Winterwanderwege und ausgewiesene Nordic-Walking-Strecken – zu entdecken.

▸ Radfahren

Radfahrer können von Tann aus bequem die Rhön erkunden und die herrliche Natur genießen. Die abwechslungsreichen Routen über die Radwege „R3 Bahnradweg Hessen", „Ulstertalradweg" oder den „Milseburgrad-weg" lassen kaum Wünsche offen und sind ideal für Sportbegeisterte, Familien und Gruppen. Auch Mountainbiker finden in der Umgebung eine Vielfalt von „abenteuerlichen" Strecken. Infos und Kartenmaterial bei der Tourist-Information.

▸ Rhöner Winterzauber

Im Winter ist die Rhön ein beliebtes Skilanglaufgebiet, wenn Schnee die Hochlagen und das Ulstertal bedekt. Loipen befinden sich in der näheren Umgebung. Es gibt Möglichkeiten, auch außerhalb der Ski-Pisten, den Winter in der Tanner Umgebung aktiv zu gestalten: geführte Schneeschuhwanderungen, Fackelwanderungen oder eine winterliche Stadtbesichtigung.

▸ 😊 Rhönerland-Zentrum

Vom Indoorspielpark „RhönRäuberPark" für Kinder und Jugendliche über einen Hochseilgarten, in dem auch Erwachsene an ihre Grenzen kommen, bis hin zum „Abenteuer Golf Rhön": Im Rhönerland Zentrum in Ortsteil Wenderhausen ist für Abwechslung gesorgt.
Adresse: Hauptstraße 6, 36142 Tann, ☏ 06682/9708922, ⊕ www.rhoenerland-zentrum.de, **Öffnungszeiten:** Mo–Fr 14.00–19.00, Sa und So 11.00–19.00 Uhr

▸ Weitere Angebote

Freibad am Geriethpark, Campingplatz Ulstertal, Tennis

Veranstaltungen und Feste

Maimarkt (erstes Mai-Wochenende), Johannismarkt (Wochenende vor dem 24. Juni), Geriethfest (erster So im Juli), Wirtefest (zweiter So im Sept), Allerheiligenmarkt (1. Nov), Weihnachtsmarkt/Klasmarkt (dritter Do im Dez), Tanner Musiksommer (im Zeitraum Mai–Sept), Straßenmal-Festival Via Pictura (August)

Umgebung

▶ Gedenkstätte Point Alpha

Mit ihren authentischen Gebäuden und Anlagen, u. a. rekonstruierte Grenzanlagen der ehemaligen DDR, erinnert diese Gedenkstätte (14 km von Tann entfernt) an die Teilung Deutschlands und den Kalten Krieg. **Adresse:** Platz der Deutschen Einheit 1, 36419 Geisa, **Öffnungszeiten:** Apr–Okt tägl. 9.00–18.00 Uhr; Nov–März tägl. 10.00–17.00 Uhr; Dez Di–So 10.00–16.30 Uhr

Ulrichstein

(Vogelsbergkreis)

Mitten im Naturpark Hoher Vogelsberg liegt in 614 m Höhe das Bergstädtchen Ulrichstein. Auf dem Schlossberg, um den sich die Häuser der ca. 3200 Einwohner gruppieren, erhob sich einst eine wehrhafte Burg. Die Entstehung der Siedlung fällt in die letzte große Rodungszeit zwischen dem 11. und 14. Jh. 1347 erhielt Ulrichstein das Stadtrecht durch Ludwig den Bayern.

Fremdenverkehrsamt
Marktstraße 28–32
35327 Ulrichstein
📞 **06645/961020**
🌐 **www.ulrichstein.de**

Sehenswertes

▶ Burgruine Schlossberg

Die erste Burganlage wurde vermutlich Anfang des 13. Jh. von Ulrich II. von Münzenberg errichtet, der hier die Grenze seines Territoriums und zugleich die wichtigen Fernstraßen sichern wollte. Von 1903 an fanden auf dem Burgberg Ausgrabungen statt, verschiedene Mauern und der heutige Aussichtsturm konnten rekonstruiert werden. Vom Schlossberg bietet sich dem Besucher ein herrlicher Rund- und Fernblick in die hessische Mittelgebirgslandschaft.

▶ Zollhaus und Vorwerk

Das Zollhaus wurde 1464 aus Basaltgestein errichtet und ist zusammen mit dem Vorwerk das älteste Bauwerk der Stadt. Hier nahm der Zöllner die Abgaben und den Wegzoll für den Burgherrn ein. Bis 1825 wurden im Vorwerk die Abgaben der Bevölkerung gesammelt. Deshalb trägt das Gebäude auch den Namen Zehntscheuer.

▶ Haus Pebler

An der Ecke zur Ulrich-Mull-Straße steht das Haus Pebler. Es handelt sich um das älteste Wohnhaus Ulrichsteins, das den großen Brand von 1763 überstanden hat.

▶ Fachwerkkirche Kölzenhain

Die kleine Kirche in Kölzenhain zeigt einen typischen, als Haubendachreiter aufgesetzten Kirchturm. Typisch auch der beengende und schlichte Innenraum. Die Kirche kann nach **Anmeldung** unter 📞 06645/661 besichtigt werden.

▶ Schleunigsteine und Mullstaa

Nach dem ehemaligen Bürgermeister von Feldkrücken, Wilhelm Schleunig, wurde eine Felsengruppe benannt, die sich etwa 700 m nordöstlich von Ulrichstein-Kölzenhain befindet. Die als Naturdenkmal ausgewiesenen und mit einer Gedenktafel versehenen Steine bestehen aus bis zu 5 m aus dem Boden ragenden, senkrechten Basaltsäulen. Gut 100 m weiter östlich befinden sich die Mullstaa (Mullsteine), die aus dem gleichen Material bestehen. Die 6 m hohe Felsengruppe ist von einer Blockschutt-Fläche umgeben, auf der sich abgebrochene Teile der Basaltsäulen gesammelt haben.

Museen

▶ Museum im Vorwerk
Die Sammlungsschwerpunkte des Museums umfassen die ländliche Kultur, die Land- und Forstwirtschaft sowie die Jagd im Hohen Vogelsberg.
Adresse: Hauptstraße 33, 35327 Ulrichstein, ☏ 06645/7267, **Öffnungszeiten:** Mitte Febr–Mitte Dez Do–Sa 13.00–16.00 Uhr, So 10.00–17.00 Uhr

Freizeit und Natur

▶ Wandern
Ulrichstein ist Teil des Wanderweges Vulkanring, der nach Laubach (23,5 km) führt. Von Ulrichstein aus geht es in das Tal des Streitbaches bei Kölzenhain, weiter in das lang gezogene Tal des Seenbaches. Mühlen säumen den Weg. Zu den beliebtesten Touren gehört die Weitblicktour Ulrichstein, ein 12 km langer Rundweg mit herrlichen Aussichten und interessanten Highlights. Laubwälder und Flurlandschaften, das romantische „Gründchen" im Tal und die Blumenwiesen des Vogelsberggartens machen diesen Weg zum unvergesslichen Wandererlebnis. Außerdem rund um Ulrichstein 24 km ausgewiesene Nordic-Walking-Strecken.

▶ Lehrpfade
Der 3 km lange Windenergielehrpfad verläuft im Windpark „Auf der Platte" zwischen Ulrichstein und Stumpertenrod – vorbei an 13 Anlagen. Entlang des Weges sind Informations- und Schautafeln aufgestellt, die detaillierte Einblicke in die Funktionsweise einer Windkraftanlage vermitteln. Auf dem Schlossberg befindet sich der Vogelsberggarten. Mehr als 6 ha umfasst diese Gartenanlage rund um die alte Burgruine. Zwischen botanischen Raritäten des Vogelsberges, einem typischen Bauerngarten mit edlen Rosen alter Art, einem Heilkräutergarten, einem Ehrenfriedhof mit Opfern des Zweiten Weltkriegs, dessen Gräber mit traditionellem Grabschmuck der Landbevölkerung

Wintertraum Ulrichstein: Direkt am Ortsrand liegt der Einstieg in zwei gespurte Loipen.

geschmückt sind, öffnen sich immer wieder Ausblicke in die Vogelsberger Landschaft. Der Garten ist jederzeit frei zugänglich.

▸ Radfahren

Rund um Ulrichstein gibt es 33 km ausgewiesene Mountainbikerouten. Auskunft erteilt das Fremdenverkehrsamt. Darüber hinaus können Aktiv-Urlauber entlang des Ohmtal-Radweges und auf den Radfernwegen R 4 und R 7 starten.

▸ Naturbadebiotop Ulrichstein

Naturnah angelegte Wasserflächen teilen sich in Bade- und bepflanzte Regenerationsbereiche auf. Das Badewasser reinigt sich hier auf natürliche Weise (Wasserpflanzen, Umwälzanlage), ohne die sonst üblichen chemischen Zusätze und Reinigungsmittel. Damit ist es ein besonders haut- und umweltfreundliches Badevergnügen auf 1200 m²! **Öffnungszeiten:** Anfang Juni bis Ende Aug tägl. 10.00–20.00 Uhr

▸ Planwagenfahrten

Eine ganz besondere Art, die grüne Landschaft rund um Ulrichstein in Ruhe zu erleben und zu genießen, bietet sich bei einer Planwagenfahrt.
Kontakt: Fuhrhalterei Fritz, Schottener Straße 27, 34327 Ulrichstein, ☏ 06645/919119
Kontakt: Familie Kraft, Schlossgasse 3, 35327 Ulrichstein, ☏ 06645/540 oder 8859

▸ Wintersport

Langläufer finden bei entsprechendem winterlichem Klima gute Bedingungen vor. Direkt am Ortsrand liegt der Einstieg in zwei gespurte Loipen von 4 und 8 km Länge, die in einer Höhe von 600–620 m durch offenes Gelände und am Waldrand entlangführen.

▸ Weitere Angebote

Reitsportanlage „Schlossberg" (☏ 06645/7111), Tennisplätze

Veranstaltungen und Feste

Jedes dritte Wochenende im Juli ist für den Jakobimarkt reserviert, der mit jeder Menge Veranstaltungen aufwartet: Live-Musik, Disko, Zeltgottesdienst, Familien- und Kinderfest mit über 100 Händlern und Schaustellern. Mittelalterliches Treiben (Burgfest) findet im August mit zahlreichen Spektakeln und Verkaufsständen statt. Kinder können sich beim Ponyreiten, Bogenschießen, Schildmalen, Sackhüpfen, Eierlaufen, Hufeisenwerfen und der Edelsteinsuche versuchen. Der Weihnachtsmarkt auf dem Stadtplatz findet jeweils am dritten Adventssonntag statt.

Villmar

(Landkreis Limburg-Weilburg)

Im Marmorort an der Lahn leben rund 7200 Menschen. Villmar, 1053 von Heinrich III. als Königshof Villmar an die spätere Abtei St. Matthias in Trier geschenkt, besitzt seit 1346 Stadtrechte. Die Stadt und ihre Umgebung sind das Zentrum des Lahnmarmors, eines wegen seiner reichen Farbigkeit hoch geschätzten, polierfähigen Kalksteins.

Marktflecken Villmar
Peter-Paul-Straße 30
65606 Villmar
☏ **06482/91210**
⊕ **www.villmar.de**

Sehenswertes

▸ Pfarrkirche St. Peter und Paul

Die Kirche ersetzte Mitte des 18. Jh. ein spätromanisches Gotteshaus. Es handelt sich um einen großen, fünfjochigen Saalbau

mit Strebepfeilern und flachem Kreuzgrat-
gewölbe. Im Inneren finden sich eine reiche
spätbarocke Ausstattung (1760–64) aus der
Hadamarer Bilderschule (Johann Thüringer,
Jakob Wies) sowie Arbeiten aus heimischen
Lahnmarmor aus dem 18. und 19. Jh. Der
barocke Jakobusaltar wird schon 1491 als
Jakobus- und Matthias-Altar erwähnt.
Sehenswert ist auch die Matthias-Pforte vor
der Kirche.

▶ Lahnbrücke

Die Lahnbrücke aus poliertem Kalkstein
(Marmor) wurde 1894/95 erbaut, um einen
direkten Zugang zur 1862 errichteten Lahntalbahn sowie zu den Marmorbrüchen und
Grundstücken „Überlahn" zu ermöglichen.
Sie ist als technisches Denkmal geschützt.
Eine Statue des Nepomuk, des Brückenhei-
ligen, wurde ebenfalls aus Lahn-Marmor
erschaffen.

▶ König-Konrad-Denkmal

1894 wurde auf der „Bodensteiner Lay",
einem flussabwärts Richtung Runkel links
der Lahn gelegenen Felsen aus devonischem
Massenkalk ein Standbild König Konrads I.
(911–918) errichtet.

▶ Naturdenkmal Unica-Bruch

Der Unica-Bruch stellt aus naturwissen-
schaftlicher und industriegeschichtlicher
Sicht eine große Besonderheit dar. Die
senkrechten und waagerechten Wände
bieten einen einzigartigen Einblick in ein
Riff, das vor etwa 380 Millionen Jahren
entstand.

Museen

▶ Lahn-Marmor-Museum

Das neue Museum ist eines von zehn Infor-
mationszentren des Geoparks Westerwald-
Lahn-Taunus. Hier lernen Besucher den
Naturstein und seine Geschichte kennen.

Adresse: Oberau 4, 65606 Villmar,
☏ 06482/6075558, ⊕ www.lahn-marmor-
museum.de, **Öffnungszeiten:** März–Okt Di–
So 10.00–17.00 Uhr

*Auf dem Lahn-Marmor-Weg informieren
Schautafeln über den Unica Steinbruch.*

Freizeit und Natur

▶ Wandern und Radfahren

Durch die Lahntalhänge zwischen Villmar
und Runkel führt der 11 km lange Rundwanderweg V1 in eine herrliche Flusslandschaft
mit Einblicken in vielfältige Lebensräume.
Empfehlenswert ist ebenfalls der Lahn-Marmor-Weg. Mehr als 20 Stationen gehören
dazu, u. a. das Lahn-Marmormuseum, die
Pfarrkirche und Lahnbrücke von Villmar,
die letzten Steinmetze von Villmar und
das Königsdenkmal. Auf dem neuen Weg
„Natura Trail" (8 km) können die Wanderer
Industriegeschichte hautnah erleben. Das
5,5 km lange Teilstück des Radweges R 7 zwischen Villmar und Aumenau lädt mit seinen
zahlreichen Rastplätzen zu einer erholsamen
Radtour ein. Und auf dem Lahntalradweg
säumen idyllische Flusslandschaften und
reizvolle Städtchen den gut ausgebauten
Radweg.

▶Kanu-/Bootfahren

Die unmittelbare Lage an der Lahn macht Villmar zu einem idealen Ausgangs-, Rast- oder auch Endpunkt einer Kanu- oder Bootstour. Ein- und Ausstiegstellen befinden sich in Villmar-Aumenau sowie in Villmar.

Wartenberg

(Vogelsbergkreis)

Die Gemeinde liegt etwa acht Kilometer südöstlich von Lauterbach in waldreicher Mittelgebirgslandschaft. Durch die Gemeinde fließt die Lauter, die sich in Bad Salzschlirf mit der Altefeld zur Schlitz verbindet. Etwa 4100 Menschen haben hier ihr Zuhause. Das Jahr 812 gilt als der offizielle Beginn der Gemeindegeschichte, auch wenn die Besiedlung wahrscheinlich bis in vorchristliche Zeit zurückreicht.

Gemeinde Wartenberg
Landenhäuser Straße 11
36367 Wartenberg-Angersbach
📞 **06641/96980**
🌐 **www.gemeinde-wartenberg.de**

Sehenswertes

▶Burgruine Wartenberg

Das Wahrzeichen der Gemeinde befindet sich auf einem 300 m ins Tal vorgeschobenen Bergsporn. Errichtet wurde die Burg um 1220 – zunächst als Bergfried – von Friedrich von Angersbach, 1265 wurde sie in einer Fehde mit Abt Bertho II. zerstört. Erst 1828 begann man mit Ausgrabungen auf dem Burggelände, das lange Zeit als Steinbruch gedient hatte. 1938–1940 wurde die Ruine freigelegt. Das Baudenkmal aus der Stauferzeit wurde in Ansätzen restauriert: Torbogen, Turmstumpf, Burgbrunnen und Außenmauer. Die Burgruine ist frei zugänglich.

▶Evangelische Kirche Angersbach

Die ältesten Teile der Kirche sind über 500 Jahre alt und im gotischen Stil erbaut. Seither wurde die Kirche mehrfach um- und ausgebaut, zuletzt 1763. Das bedeutsamste Kunstwerk ist ein Fresko im Inneren des Turmes aus dem 12. Jh. Es zeigt den Heiligen Georg.

Natur und Freizeit

▶Wandern und Radfahren

In den umliegenden ausgedehnten Waldgebieten sind seltene Vogelarten heimisch. Empfehlenswert ist eine Vogelstimmenwanderung (Info über die Gemeinde). Neben dem Vulkanradweg wird in der Gemeinde auch der R 7 gekreuzt. Rund 40 km markierte Wanderwege führen durch die Gemarkung, u.a. der Wartenberger Panoramaweg, der sich auch für Nordic Walker, Reiter und Mountainbiker eignet. Seit 2014 im Pro-

Vom Wartenberger Oval hat man einen freien Blick in eine herrliche Mittelgebirgslandschaft, auf eine restaurierte mittelalterliche Burganlage und einen historischen Ortskern.

gramm ist zudem der „Sonnenweg der Poesie" (5 km).

▶ Freibad Landenhausen

Für die Freunde des kühlen Nass' stehen ein Schwimmerbecken mit Sprungblöcken, ein Nichtschwimmerbecken sowie ein Kinderplanschbecken zur Verfügung. Auf der Liegewiese kann man Beachvolleyball, Basketball oder Fußball spielen.

Öffnungszeiten: in der Saison Mo–Fr 13.00–20.00 Uhr, Sa/So 10.00–20.00 Uhr

▶ Weitere Angebote

Tennisanlage, Angelmöglichkeiten, Reitanlage mit Halle und Reitplatz

Veranstaltungen und Feste

Am Sonntag nach Aschermittwoch wird nach altem Brauch das „Hutzelfeuer" in Landenhausen entzündet. Alljährlich am 1. Mai findet auf dem Burggelände in Angersbach das Burgfest statt. Über Pfingsten steht in Landenhausen ein großes Reitturnier auf dem Programm. Alle zwei Jahre im August findet auf der Burg Wartenberg das „Ritterfest mit Markt und Turnier" statt (wieder 2018).

Umgebung

▶ Aquasalis-Therme

Das Solebad mit Cafeteria verfügt über 28–32 °C warme Sole in vier Becken, einen Klangdom mit Unterwassermusik, einen Saunabereich mit Dachterrasse, Dampf- und Solegrotte, Bewegungstherapie, Wassergymnastik, Massagen, Aqua-Fitness, Kosmetik, Solarien.

Adresse: Am Solebad 1, 36364 Bad Salzschlirf, 📞 06648/914888, **Öffnungszeiten:** Mo 14.00–22.00 Uhr, Di–Sa 9.00–22.00 Uhr, So 9.00–19.00 Uhr

Weilburg

(Landkreis Limburg-Weilburg)

Zur Residenzstadt an der Lahn (14 000 Einwohner) gehören außer der Kernstadt noch zehn Stadtteile. Die ältesten Stadtteile sind Odersbach und Waldhausen, sie wurden erstmals 881 erwähnt. In Weilburg wurde 912 das St. Walpurgis-Chorherrenstift gegründet. Der Glanz des einstigen konradinischen Herrschers, Konrad I., strahlte für kurze Zeit auf die spätere Stadt an der Lahn, die unter dem naussauischen Hause an Ansehen gewann. König Adolf von Nassau verlieh 1295 Weilburg Frankfurter Stadtrechte. Zahlreiche Bauwerke in Weilburg zeugen von der Zeit als Residenzstadt.

Tourist-Information
Schlossplatz 1
35781 Weilburg
📞 **06471/31467**
🌐 **www.weilburg.de**

Sehenswertes

▶ Schloss Weilburg

Die Schlossanlage, die sich auf einem von der Lahn umschlossenen Felssporn erstreckt und das Stadtbild prägt, lohnt einen Besuch. Eine Führung durch das vierflügelige Renaissanceschloss mit seinem romantischen Innenhof sowie den prunkvollen Wohnräumen lässt in den unverwechselbaren Charme vergangener Zeiten eintauchen. Der älteste Teil des Schlosses, das vierflügelige Hochschloss, wurde 1533–1572 im Renaissancestil erbaut. Der dreiterrassige barocke Schlossgarten schließt sich auf der Südseite des Schlosses an. Eine Besonderheit im Schlossgarten ist die Sonnenuhr (geschaffen 1694 vom Weilburger Steinmetz Balthasar

Seyfert) mit dem Wappen des Grafen Johann Ernst auf der unteren Terrasse.

Öffnungszeiten: Nov–Febr tägl. 10.00–16.00 Uhr; **Führungen** tägl. außer Mo 15.00 Uhr; März–Okt tägl. 10.00–17.00 Uhr, **Führungen** außer Mo halbstündlich. Der Schlossgarten ist tägl. von 8.00 Uhr bis Einbruch der Dunkelheit geöffnet.

▸ Historische Altstadt

Zahlreiche Fachwerkhäuser aus dem 16. bis 19. Jh. prägen das Stadtbild. Zwei der ältesten Bauwerke stehen in der kurzen Turmgasse: das Eckhaus Marktstraße 21 von 1578 und der am Ende der Turmgasse befindliche Rundturm, der als Teil der Stadtbefestigung unter Graf Johann I. (1309–1371) erbaut wurde. Der Marktplatz mit dem Neptunbrunnen wurde 1703–1711 angelegt. Die Ostseite wird von der Stadt- und Schlosskirche mit dem alten Rathaus in der Südwestecke des Bauwerks dominiert. 13 einheitlich gestaltete, zweigeschossige, verputzte Bruchsteinbauten mit Walmdächern begrenzten die anderen Seiten des Marktplatzes. Zahlreiche Themen-Führungen werden den Besuchern geboten und lassen die Weilburger Geschichte lebendig werden: Nacht-

Das vierflügelige Hochschloss wurde 1533–1572 im Renaissancestil erbaut.

stadtführungen mit Fackeln, Weilburger Bürgermeisterspaziergang, Stadtführungen für Kinder und Jugendliche, Weilburg sagenhaft, Henriettenführung, Stadtpfeiferführung, Marktfrau „Walli" und viele mehr. Auskunft erteilt die Tourist-Information.

Ende Juni findet das Brunnenfest in Weilburg statt.

▸ Burgruine Merenberg

Die Burgruine liegt hoch auf einem Basaltkegel über dem Dorf Merenberg. Der weithin sichtbare runde Bergfried, eine Ecke des dreistöckigen Palas und Reste von Außenmauern bzw. Kellern sind erhalten geblieben. Die Ruine ist ganzjährig begehbar.

▸ Schiffstunnel

Bereits 1809 war die Wasserstraße bis Runkel freigelegt. 1810 wurde die Strecke Runkel-Weilburg eröffnet, um die Wirtschaft anzukurbeln und die vielfältigen Rohstoffe des Lahntales, wie Holz, Eisenstein, Kalkstein, Marmor, Ton und Basalt per Schiff an den Rhein zu bringen. Seine wirtschaftliche und strategische Bedeutung hat dieser Lahnwasserweg schon bald durch den Bau der Eisenbahnlinie Koblenz–Gießen (1862) verloren. Er ist ganzjährig geöffnet.

▸ Terrassengärten

In der Straße „Im Bangert" zwischen dem Lahnlauf und dem Altstadtfelsen, befindet sich seit Ende des 19. Jh. ein terrassenartig angelegter Hanggarten. 2004 wurde die Anlage durch den Obst- und Gartenbauverein angepachtet und die Gärten neu angelegt. Es gibt verschiedene Obstarten, einen kleinen Weinberg mit historischen und modernen Weinreben, einen Kräutergarten mit Heil-Duft-Gewürzpflanzen und Blütenpflanzen. Auch der Europa-Brunnen zählt zu den Attraktionen der Schau- und Nutzgartenanlage. **Führungen** unter ☎ 06471/2120

Museen

▸ **Bergbau- und Stadtmuseum**
Das Museum dokumentiert mit Maschinen, Originalgeräten und Bildern den ehemaligen Bergbau im Lahn-Dill-Gebiet. Der Tiefe Stollen zeigt ein naturgetreu nachgebautes Bergwerk mit einer Länge von etwa 200 m. Die Begegnung mit betriebsbereiten Maschinen unter Tage und die Grubenatmosphäre machen den Besuch zu einem spannenden Erlebnis.
Adresse: Schlossplatz 1, 35781 Weilburg, ☎ 06471/379447, **Öffnungszeiten:** Mo–So 10.00–17.00 Uhr (Nov–März nur Mo–Fr)

▸ **Kubacher Kristallhöhle**
Oberhalb des Ortsteils Kubach liegt ca. 50–70 m unter der Erdoberfläche die Kubacher Kristallhöhle. Sie ist mit 30 m Höhe die höchste Schauhöhle und die einzige Calcitkristallhöhle in Deutschland. Umgeben von 350 Millionen Jahre altem Kalkstein, geschmückt mit unzähligen Kristallen und Perltropfsteinen, bietet sie dem Besucher einen guten Einblick in erdgeschichtliche Vorgänge. Sachkundige Führer erläutern den Besuchern während der ca. 45 Minuten dauernden Besichtigung alles Wissenswerte. Im dazugehörigen Museum ist u. a. eine beachtliche Mineralien- und Gesteinssammlung beheimatet.
Adresse: Auf dem Kalk 1, 35781 Weilburg, ☎ 06471/94000, ⊕ www.kuhbacher-kristallhoehle.de, **Öffnungszeiten:** Mo–Fr 15.00–17.00 Uhr, Sa/So 10.00–17.00 Uhr

▸ **Deutsches Baumaschinen-Museum**
Rund 1000 verschiedene Modelle von Baumaschinen aus verschiedenen Ländern können hier besichtigt werden.
Adresse: Brückenstraße 64, 35781 Weilburg, ☎ 06471/5020, **Öffnungszeiten:** Mi 14.00–18.00 Uhr, So 9.30–12.00 Uhr

Freizeit und Natur

▸ **Wandern und Radfahren**
Weilburg liegt am 290 km langen Lahnwanderweg. Entlang des Weilburger Geopfads (7 km) informieren 13 Schilder über geologische und geschichtliche Aspekte der Stadt Weilburg. Pläne sind bei der Tourist-Information erhältlich. Wer die Landschaft auf dem Drahtesel oder Mountainbike erkunden möchte, hat zwei Optionen: Der Lahntalradweg R 7 erschließt auf 245 km die Schönheit des Lahntals von der Quelle bis zur Mündung. Von Weilburg aus lohnen sich Tagesausflüge auf dem am Flussufer entlangführenden Leinpfad bis Limburg oder Wetzlar. Sehr reizvoll ist auch der rund 47 km lange Weiltalradweg von den Taunushöhen nach Weilburg. Ein Shuttle-Bus mit Fahrradanhänger bringt So zwischen Mai und September die Radler von Weilburg bis zum Ausgangspunkt unterhalb des Großen Feldbergs.

▸ **Wasserwandern**
Für eine Fahrt mit Kajak, Canadier, Ruder- oder Paddelboot steht alles in Weilburg bereit. Bootsverleih bei der Boots- und Kanuvermietung in der Bahnhofstraße 2 a.

▸ **Rollschiff**
Seit mehr als 300 Jahren setzt die Fähre oberhalb des zweiten Weilburger Wehrs an der Anlegestelle „Im Bangert" auf die

andere Lahnseite über. Seinen Namen hat das Rollschiff einem Drahtseil zu verdanken, welches über Rollen geführt wird. Ein Fährmann zieht das Schiff an dem Drahtseil über den Fluss. Das Rollschiff fährt von Apr bis Anf. Okt Sa und So sowie an Feiertagen von 11.00–18.00 Uhr.

▸ Angeln
Tageserlaubnisscheine zum Fischfang in der Lahn erhält man in Verbindung mit einem Jahresfischereischein bei der Tourist-Information Weilburg.

▸ 😊 Wildpark Tiergarten
Heimischen oder ehemals heimischen Tierarten kann man dort begegnen, darunter Wisente, Wildschweine, Dam- und Rothirsche, Przewalskipferde, Wildkatzen, Luchse, Bären, Wölfe und die aus Hausrindern rückgezüchteten Auerochsen sowie Tarpane. Besondere Attraktionen sind die Elche und das Fischottergehege.
Adresse: An der Kreisstraße nach Weilburg-Hirschhausen, **Öffnungszeiten:** im Sommer tägl. 9.00–19.00 Uhr, im Winter tägl. 9.00 Uhr bis Einbruch der Dunkelheit

▸ Modellbaupark
Auf über 2500 m² wurde vom Weilburger Funktionsmodellbau-Team eine kleine Welt erschaffen: Am Bahnhof besteigt man die elektrische Diesellok und passiert mehrere Bahnübergänge, fährt vorbei an Seen, der Altstadtpassage, einer Feuerwehrstation und vielen weiteren Attraktionen.
Adresse: Hainallee 11, 35781 Weilburg, ☎ 06471/52209, **Öffnungszeiten:** Mai–Okt. jedes dritte Wochenende im Monat, Sa 13.00–18.00 Uhr, So 10.00–18.00 Uhr

▸ Kreishallenbad
Das Hallenbad mit Saunabereich befindet sich in unmittelbarer Nachbarschaft des Bahnhofs und des Busbahnhofs.

Adresse: Bahnhofstraße, 35781 Weilburg, 🌐 www.kreishallenbad-weilburg.de, **Öffnungszeiten:** Mo, Di, Mi 15.00–21.15 Uhr, Do 12.30–17.00 Uhr, Sa 10.00–18.00 und So 8.00–12.00 Uhr

Veranstaltungen und Feste

Die **Weilburger Schlosskonzerte** finden regelmäßig von Juni bis August statt (🌐 www.weilburger-schlosskonzerte.de). In der Schlosskirche Weilburg – einem wunderschönen barocken Festsaal – werden im Winterhalbjahr Werke alter Meister in Originalfassung auf alten Instrumenten oder deren Nachbauten musiziert. Alljährlich 14 Tage vor Ostern kann man die Demonstration **österlichen Handwerks** bewundern. Im Juni ist **Brunnenfest,** am zweiten Wochenende im Oktober **Residenzmarkt.** An den beiden letzten Adventwochenenden findet der nostalgische **Weilburger Weihnachtsmarkt** statt.

Umgebung

▸ Western Ranch
Ein Freizeitspaß der besonderen Art kann man auf der Big Sky Ranch in Löhnberg erleben. Die Western-Reitanlage im amerikanischen Stil hat für Pferdefreunde genauso viel zu bieten wie für Nichtreiter. Dazu gehört zum Beispiel die Unterbringung in rustikalen Holzblockhäusern oder im Indianertipi. Echtes Western-Flair vermittelt das Freizeitprogramm mit Hufeisen- und Lasso-Werfen, Barbecue oder Luftgewehr-Schießen.
Adresse: Steinkehof 1, Löhnberg, ☎ 06471/981171,, 🌐 www.Big-Sky.de.

▸ Planwagenfahrten
Erholsam geht es mit dem Planwagen durch das idyllische Lahntal.
Adresse: Wolfgang Grün, Pfannerhof 1, 35792 Löhnberg, ☎ 06471/8463, 🌐 www.pfannerhof.de

Weilmünster

(Landkreis Limburg-Weilburg)

Auf den Höhen des Vordertaunus im Weiltal leben rund 9500 Menschen in der Gemeinde, die sich aus zwölf Ortsteilen zusammensetzt. Weilmünster wurde im Jahre 1217 erstmals urkundlich erwähnt. Ab 1601 ist ein regelmäßiger Markt nachgewiesen. Ende des 16. Jh. bereits existierte ein Hüttenwerk mit Hochofen. In der Folge siedelten sich Gießereien und weitere metallverarbeitende Betriebe an. Vor der 1897 gegründeten „Landes-Heil- und Pflege-Anstalt" erinnert eine Gedenkstätte an die während der nationalsozialistischen Herrschaft getöteten Menschen.

Gemeinde Weilmünster
Rathausplatz 8
35789 Weilmünster
📞 06472/91690
🌐 www.weilmuenster.de

Sehenswertes

Sehenswert ist das alte Nassauische Amtshaus, ein Fachwerkhaus mit Krüppelwalmdach und sechseckigem Firstreiter, das im 17. Jh. errichtet wurde. Angebaut ist das kleine Backhaus, das lange Zeit als Gefängnis, Wachlokal, Sitz des Nachtwächters und des Ortsschäfers genutzt wurde. Neben weiteren Fachwerkhäusern ist die Heimatstube, ein traufständiges Doppelhaus von 1700, hervorzuheben.

▶ Kirbergturm
Der Kirbergturm, im Volksmund auch „Römerturm" genannt, ist ein etwa 20 m hoher Turm oberhalb der Gemeinde. Es handelt sich um einen Wachturm als Teil der mittelalterlichen Befestigungsanlage von Weilmüns-

ter. Der Bau stammt aus der Zeit um 1600. In der Nachbarschaft befinden sich Reste der Befestigungsmauer. 1986–87 wurde der Turm saniert.

Museen

▶ Heimatstube Rohnstadt
Im alten Rat- und Backhaus des Ortsteils Rohnstadt findet der Besucher Exponate aus der Zeit von ca. 500 v. Chr. bis zur Gegenwart aus der Rohnstädter Vergangenheit.
Adresse: Schultheißenstraße 5, 35789 Weilmünster, **Öffnungszeiten:** einmal im Monat, Termine bitte erfragen unter 📞 06472/7921 oder 1042

▶ Heimatstube Weilmünster
1601 erhielt der Flecken an der Weil von Kaiser Rudolf II. die Marktrechte. Die geschichtlichen Daten, Handlungen und Geschehnisse der Vergangenheit und zahlreiche Relikte aus diesen Zeiten werden hier gewürdigt.
Adresse: Am Bleidenbach 29, 35789 Weilmünster, **Öffnungszeiten:** nach Vereinbarung (Auskunft erteilt die Gemeinde)

▶ Heimatstube Aulenhausen
In der alten Schule Aulenhausens erfahren Besucher Wissenswertes über die Geschichte des Ortsteils.

▶ Dorfmuseum Laubuseschbach
Folgende Themen werden im alten Rathaus historisch dokumentiert: Apotheke, Frisierstube, Schusterei, Schneiderei, Medizin, Wäschepflege, Landwirtschaft, Holzverarbeitung und Wohnküche.
Adresse: Kirchgasse 3, 35789 Weilmünster, **Öffnungszeiten:** jeden letzten So im Monat 14.00–17.00 Uhr

▶ Lichthäuschen Laubuseschbach
Das Museum Lichthäuschen im ehemaligen Transformatorenturm bietet eine Plattform

für Künstler, Historiker und Sammler und Kunst, Kultur und Fachkompetenz für den Besucher.

Öffnungszeiten: jeden, letzten So im Monat 14.00–16.00 Uhr und nach Voranmeldung

Freizeit und Natur

▶ Wandern und Radfahren

Es bestehen mehrere Wanderwege um Weilmünster, Rohnstadt, Laubuseschbach und Möttau. Überörtliche Wander- und Radwege: Weiltal-Rad- und Wanderweg, Schinderhannespfad, Hugenotten- und Waldenserpfad und der Radweg R 7. Bei der Gemeinde ist eine Karte erhältlich. Der Weiltalweg erstreckt sich mit einer Gesamtlänge von 47,5 km bis nach Weilburg. Dabei ist ein Höhenunterschied von 560 m zu bewältigen.

▶ Möttauer Weiher

Der Möttauer Weiher mit einer Wasserfläche von 45 000 m², mit Grillstellen und Wassertretanlagen bietet zahlreiche Erholungsmöglichkeiten. Auch Angler kommen hier auf ihre Kosten.

▶ Freibad Weilmünster

Ausstattung: Große Liegewiesen rund um die Schwimmbecken, ins Gelände integrierte Großrutsche, separater Kleinkinderbereich, Spielgeräte und ein Kiosk.
Adresse: Schwimmbadweg, 35789 Weilmünster, ☎ 06472/91690, **Öffnungszeiten:** im Sommer Di–So 9.00–19.30 Uhr

Veranstaltungen und Feste

Weilmünster besitzt seit mehr als 400 Jahren Marktrechte und macht vom Handel und Markttreiben auch heute noch regen Gebrauch. **Frühlings-, Bauern-** und **Martinimarkt** (Nov) sorgen für großen Publikumsandrang. Außerdem ziehen Sportveranstaltungen wie der **Weiltal-Marathon** und das „autofreie

Weiltal" immer wieder viele Gäste an. Im Juli finden **Apfellauf** und **Weinfest** statt.

Umgebung

▶ Burgruine Freienfels in Weinbach

Die wohl Ende des 13. Jh. von den Grafen von Weilnau errichtete Burg bietet das typische Bild einer spätmittelalterlichen Befestigungsanlage. Jedes Jahr (in der Regel am ersten Maiwochenende) wird das romantische Dorf Freienfels mit seiner imposanten Burgruine Schauplatz eines mittelalterlichen Getümmels. Dann üben sich Ritter in Turnieren, die von einem bunten Markttreiben begleitet werden.
Besichtigungen: tägl. 15. März–15. Okt.

Wettenberg

(Landkreis Gießen)

Krofdorf-Gleiberg, Launsbach und Wißmar schlossen sich 1979 zur Großgemeinde Wettenberg zusammen. Derzeit leben dort rund 12 500 Menschen. Der Berg Wettenberg bei Launsbach ist Namensgeber der Gemeinde. Das größte zusammenhängende Waldgebiet Hessens, der Krofdorfer Forst (rund 4000 ha), liegt zur Hälfte auf dem Gemeindegebiet.

Gemeindeverwaltung
Sorguesplatz 2
35435 Wettenberg
☎ **0641/8040**
🌐 **www.wettenberg.de**

Sehenswertes

▶ Burg Gleiberg

Im Ortsteil Krofdorf-Gleiberg erhebt sich die auf einem 308 m hohen Basaltstiel erbaute

Wettenberg

Burg, eines der bedeutendsten Kulturdenkmale Mittelhessens. Sie besteht aus der älteren Oberburg (950) und einer später erbauten Unterburg (heute gastronomisch genutzt). Der mächtige Hauptturm stammt aus dem 12. Jh. und ist 30 m hoch. Von der Plattform auf dem Bergfried hat man eine herrliche Aussicht über das Gießener Becken zum Vogelsberg, Westerwald und Taunus hinüber. Das Burggelände und der Bergfried sind jederzeit zugänglich.
Führungen nach Anmeldung unter
☏ 0641/82586

▶ **Evangelische Kirche Krofdorf-Gleiberg**
Durch ein altes Eingangstor erreicht man den Bereich der Unterburg mit zahlreichen Fachwerkhäusern, restaurierter Befestigungsanlage, Stadtmauer mit Toren und Burgmannenhäusern. Am Fuße der Unterburg steht die 1350 erbaute evangelische Katharinenkirche, die 1619 in der Querachse erweitert wurde.

▶ **Naturdenkmal Roter Graben**
Die Erosionsrinne Roter Graben in Wettenberg-Wißmar, die bereits 1953 als Naturdenkmal ausgewiesen wurde, ist das einzige Erosions-Naturdenkmal im Landkreis Gießen.

Museen

▶ **Holz- und Technik-Museum**
Viele Objekte und Aktionen zum Anfassen und Mitmachen erwarten große und kleine Besucher. Besondere Highlights: eine alte Dampfmaschine aus dem Jahr 1937 und ein historisches Sägegatter. An besonderen Dampf- und Gattertagen kann man Holzarbeitern in historischen Handwerkskostümen bei der Arbeit zuschauen.
Adresse: Heimatvereinigung Wißmar e. V., Im Schacht 6, 35435 Wettenberg,
☏ 06406/8307400, **Öffnungszeiten:** Di, Do und So 11.00–17.00 Uhr

▶ **Froaschgass Museum**
Das private Museum hat seinen Namen nach der alten Straßenbezeichnung. In der über 200 Jahre alten Hofreite werden auf drei Etagen etwa 5000 Exponate aus Wohnküche, Backstube, Keramik- und Blechwarensammlung, Brautausstattung, Krämerladen und Spielzeug gezeigt.
Adresse: Rodheimer Straße 34, 35435 Wettenberg-Krofdorf, ☏ 0641/82776, **Öffnungszeiten:** nur nach Voranmeldung

▶ **Heimatmuseum Krofdorf-Gleiberg**
Über 2000 Exponate aus den Bereichen bäuerliches Wohnen und Arbeiten, Brauerei und Gastwirtschaft, Feuerwehr, landwirtschaftliche Geräte, Schusterwerkstatt, Waldarbeit, Zigarrenfabrikation sind hier ausgestellt.
Adresse: Inselstraße/Hauptstraße,

Alljährlich im Juli findet in Wettenberg eine große Oldiefete mit Musik und Motoren der 1950er- bis 70er-Jahre statt.

35435 Wettenberg-Krofdorf, 📞 0641/84210, **Öffnungszeiten:** nur nach Voranmeldung

▶ 😊 Belzgass

Das Bürgerprojekt Belzgasse e. V. ist ein lebendiges Museum. Der ehemalige Bauernhof wurde im Stile der 1950er-Jahre belassen. Besucher können sich an Kühen, Schafen, Ziegen, Schweinen und Hühnern erfreuen – vor allem etwas für kleine Besucher.
Adresse: Kirchstraße 10, 35435 Wettenberg-Launsbach, 📞 0641/8773549, **Öffnungszeiten:** nur nach Voranmeldung

▶ Heimatstube Launsbach

Das Museum befindet sich in den oberen Räumen des Backhauses. Zu sehen sind eine Wohnküche und eine gute Stube mit Originalmöbeln, Gebrauchsgegenstände, landwirtschaftliche Geräte und vieles mehr.
Adresse: Lahnstraße, 35435 Wettenberg-Launsbach, 📞 0641/8040, **Öffnungszeiten:** nur nach Voranmeldung

▶ Heimatmuseum Wißmar

Schwerpunkt der Ausstellung sind Landwirtschaft und Handwerk, Trachten, Geschirr und Spielzeug. In der benachbarten Schulscheune sind Einrichtungen von Schuster-, Schreiner-, Sattler- und Schmiedehandwerkern zu sehen.
Adresse: Schulstraße 8, 35435 Wettenberg-Wißmar, 📞 06406/76632, **Öffnungszeiten:** Apr–Okt jeweils am zweiten und vierten So 10.00–12.00 Uhr

Freizeit und Natur

▶ Wandern und Radfahren

Der 21 km Rundwanderweg Gleiberger Forstring verläuft durch den Krofdorfer Forst; der 14 km lange Krumbacher Weg führt von Biebertal nach Wettenberg. 27 km lang ist der Dünsbergpfad von Wettenberg nach Lahnau. Radfahrer können u. a. die 43 km lange Gleibergroute von Wettenberg über Heuchelheim nach Biebertal erradeln oder die 20 km lange Burgenrunde.

▶ Waldlehrpfad

Zwischen der Gesamtschule Gleiberger Land und dem Tennisplatz in Krofdorf verläuft die 4 km lange Strecke. Zahlreiche Bäume und Büsche wurden mit Namensschildern versehen und die Wegstrecke markiert. Ausführlichere Informationstafeln runden das Angebot ab.

▶ Wißmarer See

Das Erholungsgebiet um den Wißmarer See bietet viele Erholungsmöglichkeiten: Sandstrand mit Kinderspielplatz, Liegewiese, Tischtennis, Minigolf, Zeltplätze, Badebucht und vieles mehr. Der Vorteil des Wißmarer Sees ist seine geografische Lage: Die Lahnschleife am See und der nahe gelegene Lahnwanderweg sorgen für eine gute Erreichbarkeit für unsere Wanderer zu Lande und zu Wasser.

▶ Launsbacher See

Der See unterteilt sich in drei nahezu getrennten Becken, wovon der mittlere Teil zum Baden freigegeben ist. Baden (ohne Aufsicht) und Angeln möglich.

▶ Weitere Angebote

Freibad Gleiberger Land (Rodheimer Straße), Planwagenfahrten (📞 0641/80446), Reiten (Krofdorf, 📞 0641/82435)

Veranstaltungen und Feste

▶ Golden Oldies

Am letzten Wochenende im Juli findet alljährlich im Wettenberger Ortsteil Krofdorf-Gleiberg Deutschlands wohl schönste Oldiefete mit Musik und Motoren der 1950er- bis 1970er-Jahre statt. Geboten werden über 50 Bands auf neun Bühnen

und ein origineller 50er-Jahre-Flohmarkt. Ein besonderer Publikumsmagnet sind die über 1000 Oldtimer, die an diesen Tagen in den Straßen von Krofdorf zu bestaunen sind. ⊕ www.golden-oldies.de
Der **Märchen- und Krämermarkt** findet jedes Jahr an Himmelfahrt statt. Und jedes Jahr am dritten Wochenende im Juli das **Wißmarer Seefest** mit Tanz, Disko, Vergnügungspark und einem großen Feuerwerk.

Wetter

(Kreis Marburg-Biedenkopf)

In einem landschaftlich reizvollen Teil des hessischen Berglandes liegt die 1250-jährige Stadt Wetter (9000 Einwohner). In Urkunden des 8. und 9. Jh. wird Wetter bereits erwähnt, unter dem heutigen Namen wird es aus dem Jahr 1108 überliefert, und 1239 besaß der Ort bereits Stadtrechte. Die Entwicklung des Orts ist eng mit der alten Heer- und Handelsstraße, der „Weinstraße", verbunden, die im Mittelalter eine bedeutsame Nord-Süd-Verbindung war.

Burgwald-Touristservice
Marktplatz 1
35083 Wetter
📞 **06423/820**
⊕ **www.burgwald-touristservice.de**

Sehenswertes

Der Geschichtsverein bietet von Mai bis Oktober an den letzten Sonntagen im Monat **Führungen** an. Auskunft erteilt die Tourist-Information.

▸ Marktplatz
Das heutige Rathaus am Marktplatz stammt aus dem Jahre 1680. Es ersetzte einen 200 Jahre älteren Vorgängerbau, der dem Stadtbrand zum Opfer fiel. Gegenüber stehen drei Häuser, die den Flammen trotzen konnten. Besonders hervorzuheben ist das Haus am Marktplatz 7, das Pincierhaus. In ihm soll der 1556 in Wetter geborene spätere Arzt Johannes Pincier (gest. 1624) gelebt haben. Er war Professor und später Rektor an der Universität in Marburg.

▸ Stiftskirche St. Maria
Das gotische Gotteshaus am Marktplatz entstand in der zweiten Hälfte des 13. Jh. In den Architekturformen folgt es der Marburger Elisabethkirche. Bis ins 18. Jh. war der Kirchturm mit etwa 100 m der höchste in Hessen, er wurde aber im Zuge von Renovierungsarbeiten mehrfach gekürzt. Auch der Innenraum erfuhr im Lauf der Jahrhunderte mehrfach Veränderungen. Beachtenswert sind im Chor zum einen Figuren an den Kapitellen, die die vier Evangelisten Matthäus, Markus, Lukas und Johannes symbolisieren. Ihnen gesellen sich aber auch 10 weibliche Figuren hinzu, die die fünf törichten und fünf klugen Jungfrauen aus Matthäus 25 darstellen sollen. Ebenso wertvoll ist die auf der Empore platzierte Heinemann-Orgel aus dem 18. Jh. Das eindruckvollste Gesamtkunstwerk aus neuester Zeit ist die komplette Neuverglasung der Fenster in Querschiff und Langhaus mit Malereien von Prof. Dr. Hans Gottfried von Stockhausen. Das Pfarramt erreicht man unter 📞 06423/6107.

▸ Stadtbefestigung
Die kräftige Sandsteinmauer mit rundem Turmansatz am Guckpfortenturm ist Teil der ehemaligen Stadtbefestigung, die in Teilen der Altstadt noch heute sichtbar sind. Seit etwa 1400 umgaben eine Mauer und ein Graben, der teilweise mit Wasser gefüllt war, Wetter. Fünf Türme ermöglichten den Blick ins Land und somit frühzeitige Warnung vor einem herannahenden Feind.

▶ Diebsturm

Im 18. Jh. gehörte zur ordentlichen Bestrafung das Einsperren in den Diebsturm, allerdings nur für Wetteraner Bürger. Bis Anfang des 19. Jh. wurde der Turm, einst eine Warte der Stadtbefestigung, als Gefängnis genutzt, danach wurde er verpachtet und verfiel. Nachdem das Mauerwerk des Turmes saniert und eine Treppe eingebaut wurde, ist der Turm nunmehr wieder begehbar.

▶ Ehemalige Synagoge

Mitten in der Altstadt befindet sich die alte Synagoge, die 1897 von der damaligen jüdischen Gemeinde auf dem Gartengrundstück ihres Mitglieds Levy Hess erbaut wurde. Das Gebäude ist im Fachwerk-Stil einer typischen Landsynagoge errichtet. Herausragendes Element ist der achteckige Dachreiter. Die Stadt Wetter konnte das Gebäude im Jahr 2000 kaufen und im Rahmen der Altstadtsanierung von Grund auf sanieren. Seit 2005 bietet ein gemeinnütziger Trägerverein regelmäßig kulturelle Veranstaltungen hier an.

▶ Burgruine Mellnau

Die Burg wurde 1250 von den Erzbischöfen von Mainz als Verteidigungsanlage gegen die hessischen Landgrafen erbaut. Zu Beginn war sie kaum mehr als ein solides Steinhaus. Später wurde die Burg zur ritterlichen Kampfburg ausgebaut. Der Bergfried ist heute weit sichtbar und zum Wahrzeichen der Burg geworden. Heute ist die Burgruine ein beliebtes Ausflugsziel für Wanderer und Ausflügler. Der Besucher hat hier einen weiten Ausblick in das Marburger und das Frankenberger Land.

▶ Teehäuschen

Im Stadtteil Amönau findet man das älteste Teehäuschen Westdeutschlands (1615), auch Rapunzelturm genannt. Es besteht aus zwei übereinanderliegenden Räumen, von denen der untere durch eine Tür zugänglich ist, während der obere durch eine entlang der Mauer laufende Steintreppe betreten werden kann. Dem Maler Otto Ubbelohde, der die Märchen der Gebrüder Grimm illustrierte, diente es als Vorlage für die Bebilderung der Rapunzelgeschichte.

Im Ortsteil Amönau steht das Rapunzelhäuschen, das dem Maler Otto Ubbelohde als Vorlage für seine Illustration des Rapunzel-Märchens diente.

Museen

▸ Dorfmuseum Oberrosphe

Das Museum zum „Begreifen" ist Mittelhessens größtes kulturhistorisches Museum. Hier wird das dörfliche Leben von 1900–1950 dargestellt in einer umfangreichen Sammlung historischer Alltagsgegenstände und Lebensräume vom Stall bis zur Waldarbeiterhütte, vom Flüchtlingszimmer bis zur guten Stube.
Adresse: Im Rosphetal 8, 35083 Wetter-Oberrosphe, ☎ 06423/2345, **Öffnungszeiten:** Sa und So 14.00–18.00 Uhr

Freizeit und Natur

▸ Wandern und Nordic Walking

Die Region Burgwald umfasst ein dichtes Netz gut markierter Wanderwege von über 700 km Gesamtlänge. Eine Besonderheit stellen neben dem 50 km langen Burgwaldpfad, der mit allen Haltepunkten der Burgwaldbahn verbunden ist, die acht Extratouren im Burgwald dar, unter ihnen die Extratour Christenberg. Für alle, die Ruhe und Entspannung suchen, bietet sich die Extratour Stirnhelle, der Hollenderrundweg, Wollenberg W1 und W2 sowie der Hugenotten- und Waldenserpfad an. Das Nordic-Walking-Zentrum bietet drei unterschiedliche Strecken in wunderschöner Landschaft im Burgwald. Die Strecken beginnen und enden am Parkplatz „Forsthaus Dammberg" östlich von Wetter, zwischen Mellnau und Oberrosphe.

▸ Radfahren

Ein vielfältiges Angebot an Radwegen führt Radwanderer in die Täler der Wetschaft und Wohra, sowie entlang der Lahn und der Ohm und durch märchenhafte Wälder und malerische Plätze des Burgwaldes. Lahntal-Radweg und Lahn-Eder-Radweg bieten sich an. Darüber hinaus gibt es zahlreiche Erlebnisradwege an. Näheres bei der Tourist-Information.

▸ Reiten

Reiten kann man beim Reitverein Wetter e. V.
Adresse: Kalkwiesenweg 5, 35083 Wetter, ⊕ www.reitverein-wetter.de

▸ Weitere Angebote

Das Hallenbad verfügt über Sonnenbank und Dampfsauna. **Adresse:** Schulstraße 27, 35083 Wetter, ☎ 06423/969403
Das Wassertretbecken „Am Dammberg" ist ganzjährig geöffnet.

Veranstaltungen und Feste

Der Treisbach-Marathon hat bereits Tradition und wird jährlich am letzten Sonntag im April von fast tausend Wanderern aus nah und fern besucht. Alle sieben Jahre findet das Grenzgangfest statt (wieder 2022). Außerdem gibt es das Weinfest im September und den Amönauer Rapunzelmarkt im August.

Wetzlar

(Lahn-Dill-Kreis)

In Wetzlar und seinen acht Stadtteilen haben rund 52 000 Menschen ihr Zuhause. Eine erste Marktsiedlung entstand im 9. Jh. 897 wurde dort, wo heute der Dom steht, eine erste Kirche geweiht. Der Hohenstaufenkaiser Friedrich I. Barbarossa schuf im Wetzlarer Gebiet eine Reichsvogtei, Wetzlar wurde gleichzeitig Reichsstadt und blieb es bis 1803. Im 19. Jh. wurde Wetzlar vor allem durch seine optische und feinmechanische Industrie bekannt.

Tourist-Information
Domplatz 8
35573 Wetzlar
☎ 06441/997755
⊕ **www.wetzlar.de**

Sehenswertes

▶ Historische Altstadt

Der im Zweiten Weltkrieg weitgehend unzerstört gebliebene Stadtkern war einst von einer Stadtmauer mit fünf Toren und mindestens neun Türmen umgeben. Noch heute bilden liebevoll restaurierte Fachwerkhäuser einen reizvollen Kontrast zu prachtvollen Barockbauten. Mit der über 700 Jahre alten Lahnbrücke und dem in seiner stilistischen Vielfalt einzigartigen Dom prägen sie das

Die Kostümführung ist nur eine von vielen interessanten Stadtführungen, die in Wetzlar angeboten werden.

unverwechselbare Bild der Altstadt. Bei der Tourist-Information ist eine kleine Broschüre erhältlich, die den Besucher über mittelalterliche Marktplätze und steile Treppchen, durch enge Gassen und romantische Winkel durch die historische Altstadt begleitet. Dort können auch **Stadtführungen** gebucht werden.

▶ Dom

Roter Sandstein an Turm und Fassade, verputzte Wandflächen und hin und wieder offen liegender grüner Schalstein lassen ihn schon aus der Entfernung uneinheitlich erscheinen. In der Tat ist die Fassade unfertig:

Der geplante linke Turm gelangte nie über das Sockelgeschoss hinaus. Ein großes Mittelportal ist angelegt, doch es fehlt die Treppenrampe. Hinter der Fassade klafft leerer Raum, begrenzt durch eine zweite Fassade – massig, gedrungen, grauschwarz. Es ist der Rest jener spätromanischen Basilika, die Stift und Stadt zugunsten eines imposanteren Neubaus abbrechen wollten. Der Kirchenbau kam nur langsam voran, unterbrochen von jahrzehntelangen Pausen. Immer wieder kamen neue Bauhütten nach Wetzlar und mit ihnen neue Stilideen und neue Konstruktionstechniken. So hat von der Spätromantik bis zum Barock jede Epoche der deutschen Kirchenbaukunst ihre Abzeichen am Wetzlaer Dom hinterlassen. Eine einstündige Domführung (Auskunft erteilt die Tourist-Information) beantwortet alle offenen Fragen. **Öffnungszeiten:** Apr–15. Okt 9.00–19.00 Uhr, 16. Okt– März 10.00–16.30 Uhr

▶ Stadtmauer

Die mittelalterliche, 1,7 km lange Ringmauer (am Ende der Hauser Gasse sind noch Reste zu sehen) wurde abschnittsweise zwischen 1250 und 1300 erbaut; sie besaß flache, mit Erde aufgefüllte Sparbögen und auf der Stadtseite einen Wehrgang mit Brustmauer und einfachen Schießscharten. Die Mauer besaß fünf Tore, mehrere kleine Pforten und mindestens neun Türme. Im Bereich der Wetzbach-Niederung wurde sie durch eine ca. 350 m lange Zwingermauer geschützt. Als sich die Stadt im 19. Jh. ausdehnte, legte man große Teile der Ringmauer nieder. Das Lahnpförtchen (am Ende der Lahnstraße), ein kleiner Durchlass in der Stadtmauer, diente den hier angesiedelten Handwerkern dazu, ihren Wasserbedarf im Mühlengraben und an der Lahn zu decken. Im Volksmund wird sie auch Tränkepforte genannt.

Die 1764 evangelisch-lutherische Hospitalkirche zeigt eine schöne Rokoko-Ausstattung mit einem Kanzel-Altar.

Museen

▶ Lottehaus

Neben der Ordensherberge und der Zehntscheune wurde als Verwalterhaus der Marburger Deutschordensniederlassung 1653 ein drittes Gebäude errichtet. Die noch heute gebräuchliche Bezeichnung „Lottehaus" erhielt das Haus, nachdem 1863 Wetzlarer Bürger dort eine Gedenkstätte für Charlotte Kestner, geb. Buff, eingerichtet hatten. Johann Wolfgang Goethe lernte Charlotte Buff in seiner Wetzlarer Zeit als Praktikant am Reichskammergericht während der Sommermonate 1772 kennen. Sie inspirierte ihn – als ein Teil des autobiografischen Hintergrunds – zu der Hauptfigur der „Lotte" in seinem ersten Roman „Die Leiden des jungen Werthers" (1774). Das Lottehaus präsentiert Bildnisse der Familie Buff, Gegenstände des persönlichen Bedarfs, aber auch bürgerliches Mobiliar und Hausrat des 18. Jh.
Adresse: Lottestraße 8–10, 35573 Wetzlar, ☎ 06441/994140, **Öffnungszeiten:** Di–So 10.00–13.00 und 14.00–17.00 Uhr

▶ Jerusalemhaus

Benannt wurde das Gebäude nach dem Legationssekretär Karl Wilhelm Jerusalem, der hier bis zu seinem tragischen Selbstmord im Jahr 1772 wohnte und Vorbild für Goethes Romanfigur des „Werther" wurde. Die Gedenkzimmer zeigen neben bürgerlichem Mobiliar des 18. Jh. grafische Bildnisse, Landkarten und Druckschriften mit zeitlichem und persönlichem Bezug zu Karl Wilhelm Jerusalem.
Adresse: Schillerplatz 5, 35573 Wetzlar, ☎ 06441/994131, **Öffnungszeiten:** Di–So 14.00–17.00 Uhr

▶ **Sammlung von Lemmers-Danforth**

Die bedeutende Ausstellung europäischer Wohnkultur der Renaissance und des Barock geht auf die Sammelleidenschaft der Kinderärztin Dr. Irmgard Freiin von Lemmers-Danforth zurück.
Adresse: Kornblumengasse 1, 35573 Wetzlar, ☎ 06441/994150, **Öffnungszeiten:** Di–So 10.00–13.00 Uhr und 14.00–17.00 Uhr

▶ **Reichskammergerichtsmuseum**

Leistungen und Wirkungen des Reichskammergerichts während der gesamten Zeit seiner Tätigkeit, seine Rolle im Zusammenwirken der Reichsorgane und seine Bedeutung für die Entwicklung der Rechtsliteratur und der Sozial- und Mentalitätsgeschichte stehen im Mittelpunkt.
Adresse: Hofstatt 19, 35573 Wetzlar, ☎ 06441/994160, **Öffnungszeiten:** Di–So 10.00–13.00 Uhr und 14.00–17.00 Uhr

▶ **Stadtmuseum**

Es gibt eine Abteilung ältere Stadtgeschichte, die barockes Mobiliar zeigt und Hausgeräte aus der Zeit, in der Wetzlar Sitz des Reichskammergerichts war. In der volkskundlichen Abteilung sind Möbel, Geschirr, Gerätschaften und Trachten ausgestellt. Die Geschichte des Eisenerzbergbaus und der Industrialisierung präsentiert die Abteilung neuere Stadtgeschichte.
Adresse: Lottestraße 8–10, 35573 Wetzlar, ☎ 06441/994140, **Öffnungszeiten:** Di–So 10.00–13.00 Uhr und 14.00–17.00 Uhr

▶ **Viseum**

14 Unternehmen aus der optisch-feinmechanischen Industrie laden zur Entdeckungsreise durch das restaurierte Bürgerhaus aus dem 18. Jh. Auf die Darstellung optischer Grundlagen folgt die Demonstration legendärer, alltäglicher und zukünftiger Anwendungen: Optik und Feinmechanik in neuem Licht.
Adresse: Lottestraße 8–10, 35573 Wetzlar,

☎ 06441/994140, **Öffnungszeiten:** Di–So 10.00–13.00 Uhr und 14.00–17.00 Uhr

▶ **Landwirtschaftsmuseum**

Die umfangreiche Sammlung von Pflügen und anderen Bodenbearbeitungsgeräten wird durch eine fast vollständige Sammlung von Saat- und Erntemaschinen ergänzt.
Adresse: Frankfurter Straße 113, 35573 Wetzlar, ☎ 06441/782220, **Öffnungszeiten:** nach Vereinbarung

▶ **Heimatstube Blasbach**

Die Dorfgeschichte ist von Landwirtschaft und bis ins 19. Jh. von Eisenerzabbau und Verhüttung geprägt. Anlässlich der 1200-Jahr-Feier im Jahr 1987 wurde die Heimatstube im ehemaligen Backhaus der Gemeinde eröffnet. Dort sind Objekte dörflicher Wohnkultur und alten Handwerks ausgestellt.
Adresse: Bergstraße 31, 35573 Wetzlar, ☎ 06446/1383, **Öffnungszeiten:** nach Vereinbarung

▶ ☺ **Heimatmuseum Steindorf**

Neben alten Karten und Schulbildern finden sich auch Schulbücher, Schulfotos und alles, was vor rund 100 Jahren zur Ausstattung von Schülern und Schule gehörte. Für Gruppen bietet das Museum die Möglichkeit, sich mit Schiefertafel und Griffel auf Zeitreise zu begeben und „Schulunterricht wie zu Großmutters Zeiten" zu erleben.
Adresse: Schulstraße 2, 35573 Wetzlar, ☎ 06441/92074, **Öffnungszeiten:** Dez–März jeden zweiten So im Monat 14.30–17.00 Uhr

▶ **Heimatmuseum Grabenheim**

Dort erfährt der Besucher Wissenswertes über Ur- und Frühgeschichte der Region, Orts- und Kirchengeschichte, über die Arbeit der Landbevölkerung, der heimischen Handwerker und Bergleute, ihre Trachten und Gerätschaften. Daneben gibt es eine bäuerliche Schlafstube, eine Bauernküche, eine Dorfschmiede, eine Schuster- und eine Schreinerwerkstatt.

Adresse: Untergasse 3, 35573 Wetzlar, 📞 06441/410626, **Öffnungszeiten:** jeden ersten So im Monat von 15.00–17.00 Uhr

Freizeit und Natur

▶ Wandern und Radfahren

Gut ausgeschilderte Wanderwege erschließen die stadtnahen Erholungsgebiete, etwa die schönen Wälder am Stoppelberg und das Kirschenwäldchen, in dessen Ausflugslokalen sich im Sommer ganz Wetzlar zu treffen scheint. Literaturfreunde begeben sich auf den Spaziergang „auf Goethes Spuren" über den Höhenrücken von Wetzlar nach Garbenheim. Oder wie wäre es mit der Vier-Türme-Wanderung oder der Bergmannsroute? Karten und Informationsmaterial hält die Tourist-Information bereit. Zudem begleiten die 245 km lange Lahn zahlreiche gut ausgezeichnete Wege, allen voran die drei „Lahnhöhenwege". Wetzlar liegt im mittleren Abschnitt des Lahntalradweges, darüber hinaus bieten sich folgende Touren an: Ausblicke rund um Nauborn (25,6 km), Wetzlar von oben (25,9 km), Kloster Altenberg und Grube Fortuna (28,4 km), Von der Lahn ins Gleiberger Land (27,4 km), Rundfahrt zum Braunfelser Schloss (39,8 km), Köhlerbergrunde (33,1 km) an, um nur einige zu nennen.

▶ Kanu und Boot fahren

Die Lahn ist einer der romantischsten und wasserwanderfreundlichsten Flüsse. Für Kanu- und Paddel-Touren von Wetzlar nach Naunheim, zur Fischerhütte, zur Colchester-Anlage und zur Bachweide können bei mehreren Anbietern Kanus ausgeliehen werden. **Adresse:** Kanu Lahn-Dill auf dem Campingplatz Wetzlar, Dammstraße 52 & 54, 35576 Wetzlar-Niedergirmes, 📞 06441/7869432, 🌐 www.kanu-lahn-dill.de

Adresse: Kanustation Lahnkanu, Eiserne Hand 3, 35578 Wetzlar, 📞 06441/2086084, 🌐 www.lahnkanu.com
Adresse: Lahntours Kanu- und Rad-Station, hinter dem zweiten Wehr, unweit der Altstadt, 📞 06441/4490007, 🌐 www.lahntours.de

▶ Dutenhofener See

Keine zehn Autominuten von Wetzlar, über die A 45 bequem erreichbar, liegt das ganzjährig geöffnete Freizeitgelände Dutenhofener See (Campingplatz, Badesee mit Sandstrand, Gaststätte mit Seeterrasse, Biergarten).

▶ Kletterwald

Neben Kletterkursen jeglicher Art können individuelle Trainingsstunden und Klettertechnik-Kurse absolviert und auch spezielle Angebote für Schulklassen oder Gruppen gebucht werden. Nicht zuletzt steht das Kletterzentrum auch für Kindergeburtstage und Betriebsfeiern zur Verfügung.
Adresse: Sportparkstraße 1–3, 35578 Wetzlar, 📞 06441/4494350, **Öffnungszeiten:** Mo, Mi, Do, Fr 16.00–22.00 Uhr, Di 10.00–14.00 Uhr und 16.00–22.00 Uhr, Sa/So 10.00–22.00 Uhr

▶ Im Reich der Düfte

Wer bei seinem Besuch in Wetzlar ein besonderes Mitbringsel sucht, der wird im Naturseifenladen von Ulla Banach-Rogage und Heinz Rogage in der Hauser Gasse fündig. Seit 2014 bietet das Ehepaar in der Wetzlarer Altstadt Naturseifen und selbst gemachte Kosmetikprodukte ohne Zusätze in Lebensmittelqualität an. Doch nicht nur Einkaufen kann man im Seifenladen in der Hauser Gasse. Regelmäßig öffnet Ulla Banach-Rogage ihre liebevoll als „Hexenküche" bezeichnete Seifensiederei. Interessierte Gruppen können dann bei der Herstellung über die Schulter schauen und Fragen stellen.

Benannt wurde das Gebäude nach Karl Wilhelm Jerusalem, der bis zu seinem Selbstmord im Jahr 1772 hier wohnte und Vorbild für Goethes Romanfigur des „Werther" wurde.

Adresse: Hauser Gasse 27, 35578 Wetzlar, **Öffnungszeiten:** Di–Fr 13.00–18.00 Uhr, Sa 10.00–16.00 Uhr, ⊕ www.westerwaldseife.de

▶ Dunkelkaufhaus

Dinge, die normalerweise wie von selbst von der Hand gehen, werden auf eine völlig andere, aber besondere Weise ganz intensiv erfahren. Wie ist es also, wenn einer unserer Sinne, das Sehen, ausfällt, und man sich auf seine anderen Sinne konzentrieren muss? Ein Besuch des Dunkelkaufhauses ist ein Erlebnis, das der Besucher nicht so schnell vergessen wird!
Adresse: Karl-Kellner-Ring 48–50, 35578 Wetzlar, ☏ 06441/2091529, ⊕ cms.dunkelkaufhaus.de

▶ Weitere Angebote

Segelfliegen auf dem Fluggelände in Garbenheim, Reiten auf dem Ponyhof Nauborn, Freibad „Domblick", Hallenbad „Europa"

Veranstaltungen und Feste

Alle drei Jahre im Juli wird das traditionsreichste Fest der Region gefeiert, das **Ochsenfest**. Neben einem Vergnügungspark, Festzelten und Biergärten steht eine Tier- und Gewerbeschau auf dem Programm. Jedes Jahr findet am dritten Wochenende im Oktober der traditionelle **Gallusmarkt** statt. Verkaufsstände und vielfältige Aktionen von Einzelhändlern, Vereinen und gemeinnützigen Organisationen sorgen für einen bunten Mix an Aktivitäten in den Straßen Wetzlars. Weitere regelmäßig wiederkehrende Veranstaltungen sind das **Brückenfest** rund um die Alte Lahnbrücke im Juni, das **Sommernachtsweinfest** auf dem Schillerplatz in der Altstadt im Juli und die **Adventsmärkte,** die in der Vorweihnachtszeit in der Altstadt und in Bahnhofsnähe abgehalten werden.

▶ Theater und Konzerte

Bedeutsam sind die alljährlich in den Monaten Juni, Juli und August stattfindenden **Wetzlarer Festspiele** mit Opern, Operetten, Musicals, mit Schauspiel, Konzerten und Kleinkunst, die überwiegend im Rosengärtchen, im Lottehof und im Hofgut Hermannstein präsentiert werden.
Weitere kulturelle Höhepunkte sind die **Internationalen Gitarrentage Wetzlar** und die **Sommer-Matineen** im Rosengärtchen. Die **Wetzlarer Kulturtage** Mitte Juni sind ein dreitägiges sommerliches Musikfestival auf der Lahninsel und in der Innenstadt mit Musik, Folklore, Theater und Kunst.

Sehenswertes

▶Friedhöfe

▶Historische Gebäude

▶Historische Ortsteile

▶Kirchen, Kapellen, Klöster, Synagogen

▸**Stadtführungen**

▸**Sonstige Sehenswürdigkeiten**

Museen

▸**Freilichtmuseen**

▸**Heimat-, Stadt- und Regionalmuseen**

Handwerkliche und Industriemuseen

▶Kunstmuseen und Galerien

▶Sonstige Museen

Natur und Landschaft

▸Aussichtspunkte

▸Berge und Erhebungen

▸Höhlen

▸Naturdenkmäler

▸Naturschutzgebiete

Stichwortverzeichnis

Freizeit

▶ Angeln

▶Bühnen, Theater und Kultur

▶Fliegen/Modellflug

▶Freizeitparks und -anlagen

▶Golf und Minigolf

▶Kanu- und Bootstouren

▶Kutsch- und Planwagenfahrten

▶ **Tennis**

▶ **Wandern und Radfahren**

▶ Wintersport

▶ Sonstige Freizeitaktivitäten

Abbildungsverzeichnis

S. 1: Holger Leue/Rhön Touristik, S. 3:
Dominik Ketz/Tourist-Information Wetzlar,
S. 7 (beide): Vobitz/Tourist Center Alsfeld,
S. 10: Stadt Amöneburg, S. 15: Gemeinde
Bad Camberg, S. 17: Fouad Vollmer/Werbe-
agentur für den Hessischen Heilbäderver-
band e. V., S. 20: Freundeskreis Gail'scher
Park e. V., S. 23: Lumenphoto/Frankfurt/
Main, S. 26: Gemeinde Bischoffen, S. 29:
Lahntal Tourismus Verband e. V. / Foto:
Dominik Ketz, S. 30: Klaus-Peter Kappest ,
S. 33: Dirk Haas, S. 37: Gemeinde Dietzhölz-
tal, S. 39: Stadt Dillenburg/ Peter Patzwaldt,
S. 43: Gemeinde Driedorf, S. 45: Gemeinde
Ebsdorfergrund, S. 48: Gemeinde Eschen-
burg, S. 50: Vogelsberg-Touristik, S. 53: Vo-
gelsberg-Touristik, S. 55, 56, 57: Tourismus
und Kongressmanagement der Stadt Fulda,
S. 60: Rhön Touristik/Holger Leue, S. 61: Julia
Djabalameli, S. 62: Günter Wehner, S. 63, 64.
LahntalTourismus Verband e. V., S. 67: Gie-
ßen Marketing - www.giessen-entdecken.de,
S. 71: Vogelsberg-Touristik, S. 72: Vogels-
berg-Touristik, S. 75: Gemeinde Greifen-
stein, S. 78: Vogelsberg-Touristik, S. 83: Ralf
Triesch, S. 85, 87: Stadtmarketing Herborn,
S. 88: Vogelsberg Touristik, S. 91: Land-
kreis Gießen, S. 93: Gemeindeverwaltung
Hofbieber, S. 95: Vogelsberg Touristik, S. 98,
100: Martina Beele-Peters (Stadtmarketing
Hungen e. V.), S. 102: Hans Gerhard Fischer,
S. 104: Stadt Kirchhain, S. 106: Vogelsberg
Touristik, S. 109: Gemeinde Lahntal, S. 110:
Landkreis Gießen, S. 112: Laubacher Kultur-
und Bäder GmbH, S. 115: Vogelsberg Tou-
ristik/Marx, S. 118: Geopark Vulkanregion
Vogelsberg, S. 122: Landkreis Gießen, S. 124,
125: Stadtmarketing und Touristik Limburg
an der Lahn, S. 129: Evelyn Mohr, S. 131, 133,
134: Georg Kronenberg/www.georgkro-
nenberg.com, S. 140: Vogelsberg Touristik,
S. 142: Gemeinde Münchhausen, S. 143:
Landkreis Gießen, S. 145, 146: Arnulf Müller,
S. 148: Landkreis Gießen, S. 152: Vogelsberg
Touristik, S. 154: Christina Marx, Hungen;
www.christina-marx.de, S. 159: Christina
Marx, Hungen; www.christina-marx.de,
S. 161: Vogelsberg Touristik, S. 165: Gemeid-
ne Sinn, S. 166: Lahntal Tourismus, S. 169:
Stadtallendorf, S. 172: Arnulf Müller, S. 176:
Stadt Ulrichstein, S. 178: Lahntal Toursimus,
S. 179: Vogelsberg Touristik, S. 181 (beide):
Stadt Weilburg , S. 186: Landkreis Gießen,
S. 189: Stadt Wetter (Hessen), S. 191, 192,
195: Tourist-Information Wetzlar

Veranstaltungen und Feste

... übers Jahr